Antropológica do espelho

Dados Internacionais de Catalogação na Publicação (CIP)
(Câmara Brasileira do Livro, SP, Brasil)

Sodré, Muniz, 1942-

Antropológica do espelho : uma teoria da comunicação linear e em rede / Muniz Sodré. – Petrópolis, RJ : Vozes, 2002.

ISBN 85.326.2684-X

Bibliografia.

1. Antropologia social 2. Comunicação e cultura I. Título.

01-6228 CDD-302.2

Índices para catálogo sistemático:

1. Comunicação em rede : Ciências sociais 302.2
2. Comunicação linear : Ciências sociais 302.2

Muniz Sodré

Antropológica do espelho

Uma teoria da comunicação linear e em rede

2ª Edição

EDITORA VOZES

Petrópolis
2006

Rua Frei Luís, 100
25689-900 Petrópolis, RJ
Internet: http://www.vozes.com.br
Brasil

Editoração e org. literária: Fernanda Rezende Machado

ISBN 85.326.2684-X

Este livro foi composto e impresso pela Editora Vozes Ltda.

Este livro é parte de uma pesquisa empreendida sob os auspícios do Conselho Nacional de Pesquisas Científicas (CNPq), ao qual agradeço.

Sumário

Apresentação

Espelho – com seus espectros – é metáfora para o novo ordenamento artificial do mundo e suas resultantes em termos de poder, identidade, mentalidade e conduta. É figura relativa tanto à mídia linear ou tradicional quanto às teletecnologias, comunicação em rede ou simplesmente "hipermídia" que, vetorizadas pelo universalismo jurídico e pelo mercado, vêm produzir transformações importantes no modo de presença do indivíduo no mundo contemporâneo.

Vamos levar em consideração:

– a transformação da pauta de interesses e costumes, por efeito de uma qualificação virtualizante da vida: é o que se descreve em 1) *O ethos midiatizado*;

– a transformação das referências simbólicas com que se forma (educacionalmente, politicamente) a consciência de jovens e adultos: é o que se discute em 2) *A hexis educativa*;

– a transformação dos modos operativos da consciência, isto é, dos processos de construção da realidade, da memória e da identificação dos sujeitos: é o que se especula em 3) *Virtus como metáfora;*

– a transformação do campo das normas e valores de sociabilidade: é o que se apresenta em 4) *Communitas, ethiké*;

– a transformação do sistema de pensamento pelo qual se vem tradicionalmente aferindo os fatos socioculturais: é o que se sugere em 5) *Communicatio e epistème*.

I
O *ethos* midiatizado

Aqui se vai procurar mostrar que a mídia ("meios" e "hipermeios") implica uma nova qualificação da vida, um *bios* virtual. Sua especificidade, em face das formas de vida tradicionais, consiste na criação de uma eticidade (costume, conduta, cognição, sensorialismo) estetizante e vicária, uma espécie de "terceira" natureza. À maneira do "anjo", mensageiro de um poder simultâneo, instantâneo e global exercido num espaço etéreo, as tecnologias da comunicação instituem-se como "boca de Deus": uma sintaxe universal que fetichiza a realidade e reduz a complexidade das antigas diferenças ao *unum* do mercado.

A virada do século coincide com a passagem da comunicação centralizada, vertical e unidirecional (*comunicação de massa*, identificada por Edgar Morin num texto célebre como o "espírito do tempo") as possibilidades trazidas pelo avanço técnico das telecomunicações, relativas à interatividade e ao multimidialismo. Há quem a elas se refira como tecnologias "pós-midiáticas".

As novas tecnologias apóiam e coincidem, em termos econômicos, com a extraordinária aceleração da expansão do capital (o "turbocapitalismo") esse processo tendencial de transnacionalização do sistema produtivo e de atualização do velho liberalismo de Adam Smith a que se vem chamando de "globalização" e cuja autopropaganda, atravessada pela ideologia do pensamento único, lhe atribui poderes universais de uniformização. Na realidade, esta última característica é mais postulado do que fato, uma vez que a globalização mostra-se claramente regional (os investimentos concentram-se em determinadas regiões do mundo) no seu modo de ação. Global mesmo é a medida da velocidade de deslocamentos de capitais e informações, tornados possíveis pelas teletecnologias – globalização é, portanto, um outro nome para a "teledistribuição" mundial de pessoas e coisas. De fato, o que o fenômeno globalista (já antigo) tem de muito novo no fim deste milênio – além da "financeirização" do mundo capitaneada pela vocação imperial dos Estados Unidos – é primeiramente uma base material caracterizada por verdadeira *mutação* tecnológica, que decorre de maciça concentração de capital em ciências como engenharia microeletrônica (nanotecnologia), computação, biotecnologia e física. Em seguida, esbatida contra este pano de fundo, a "informação", palavra de grande ambigüidade semântica, mas que vem designando modos operativos, baseados na transmissão de sinais, desde estruturas puramente matemáticas até as organizacionais e cognitivas.

No mercado, o termo informação recobre uma variedade de formas (filmes, notícias, sons, imagens, dígitos, etc.), definidas em última análise como "fontes de dados" e economicamente caracterizáveis como *produtos*. Sobre este último tipo de informação incide principalmente a mutação, que favorece o intercâmbio ampliado e acelerado entre nações. Sobre os novos produtos não paira mais o temor – típico dos anos 1960 e 1970 – de destruição da "alta cultura" por uma suposta homogeneização inapelável da "cultura de massa", uma vez que as fronteiras entre ambas se apagam diante da onda planetarista da globalização ou da chamada "sociedade da informação", indiferente a tudo que não seja a velocidade de seu processo distributivo de capitais e mensagens.

Não faltam os que exaltem o computador e a Internet como "a verdadeira revolução do século", comparável à imprensa de tipos móveis de Gutenberg, que modificou a maneira de pensar e aprender. É corrente a expressão "Revolução da Informação", como um sucedâneo de "Revolução Industrial", para designar os impactos em curso.

A palavra "revolução" pode revelar-se, aqui, enganosa. Ela sempre implicou o inesperado do acontecimento (portanto, o transe de uma ruptura) e o vigor ético de um novo valor. Revolução não é conceito que se reduza ao da mudança pura e simples, uma vez que seu horizonte teleológico acena ético-politicamente com uma nova justiça. As transformações tecnológicas da informação mostram-se francamente conservadoras das velhas estruturas de poder, embora possam aqui e ali agilizar o que, dentro dos parâmetros liberais, se chamaria de "democratização".

Mesmo do ponto de vista estritamente material, *mutação tecnológica* parece-nos expressão mais adequada do que "revolução", já que não se trata exatamente de descobertas linearmente inovadoras, e sim da maturação tecnológica do avanço científico, que resulta em hibridização e rotinização de processos de trabalho e recursos técnicos já existentes sob outras formas (telefonia, televisão, computação) há algum tempo. Hibridizam-se igualmente as velhas formações discursivas (texto, som, imagem), dando margem ao aparecimento do que se tem chamado de hipertexto ou hipermídia.

Com a Revolução Industrial ocorreu algo semelhante, como bem assinala Drucker[1]. A máquina a vapor (transformadora da relação matéria/energia) foi, assim como o computador para a contemporaneidade, o gatilho das transformações que levaram à mecanização da produção de bens. Mas o impacto efetivamente revolucionário, no sentido da transformação de economia, política e vida social, deu-se com a invenção da ferrovia – uma recombinação de recursos técnicos já existentes –, que unificou nações e mercados, modernizando processos e mentalidades. O "novo", como se vê, consistiu propriamente no aumento da velocidade de deslocamento ou "distribuição" de pessoas e bens no espaço.

Aí se nucleava propriamente o poder civilizatório do industrialismo europeu. Isto fica sintomaticamente explicitado na declaração de uma escritora inglesa, Mary Kingsley, ao retornar de uma visita à África, uma década depois da divisão daquele continente entre as potências imperialistas da Europa (1884): "[...] O que me deixa orgulhosa de ser inglesa não são as nossas maneiras e costumes [...], é aquilo que está corporificado nas ferrovias. [...] É a manifestação da superioridade da minha raça".

No que diz respeito à Revolução da Informação, novo mesmo é o fenômeno da estocagem de grandes volumes de dados e a sua rápida transmissão, acelerando, em grau inédito na História, isto que se tem revelado uma das grandes características da Modernidade – a

1. Cf. Drucker, Peter. O futuro já chegou. *Revista Exame*, de 22/03/2000, p. 113-126.

mobilidade ou a circulação das coisas no mundo. Se a Industrial centrou-se na mobilidade espacial, a da Informação centra-se na virtual anulação do espaço pelo tempo, gerando novos canais de distribuição de bens e a ilusão da ubiqüidade humana.

Reencontra-se aí parcialmente o sentido grego de economia, que era propriamente distribuição ordenada dos bens – o *nomos* da palavra *oikonomos* deriva do verbo *nemein*, que significa propriamente apascentar, bem distribuir o rebanho no espaço, no ritmo adequado. O *nomos* da modernidade tardia caracteriza-se por velocidade e fluidez dos processos.

Esta é a singularidade ou o espírito do tempo presente. Frente aos teóricos que buscam caracterizar a sociabilidade atual a partir da metáfora explicativa da "rede" (onde as conexões e as interseções tomam o lugar do que seria antes pura linearidade, característica do "telégrafo"), é preciso abandonar a ilusão de uma originalidade substancialista desta hipótese e trabalhá-la, sob o prisma da velocidade e fluidez das conexões. O diferencial é a aceleração distributiva (o *oikonomos* intensificado) dos processos. Não é, portanto, a mera presença maciça da técnica nos processos sociais, e sim a singular relação intensificadora das neotecnologias com o fluxo temporal.

Entram em questão as novas nuances da economia capitalista, que tendem a favorecer uma *catalaxia*, ou seja, um ordenamento mercadológico do mundo, para além de qualquer desígnio humano. Isto se realiza historicamente por meio de políticas diferenciadas em seus modos de aplicação, mas com um denominador comum configurável como um novo tipo de ideologia planetarista capaz de perpassar as instâncias econômicas, políticas, sociais e culturais.

Em termos públicos, o fenômeno recebe o nome de globalização, mas politicamente coincide com a ideologia do "neoliberalismo", uma plataforma econômico-político-social-cultural, empenhada em governo mínimo, fundamentalismo de mercado, individualismo econômico, autoritarismo moral e outros. A exacerbação desta ideologia em governos ou doutrinas, tais como os da inglesa Margaret Thatcher ou do norte-americano Ronald Reagan, pode eventualmente conhecer um recesso. Mas, de um modo geral, livre trânsito de *commodities* e a velocidade circulatória dos capitais especulativos são valores excelsos do novo "oikonomos".

De fato, na esfera econômico-financeira, acelera-se a mobilidade de grandes massas de capitais. A negociação empresarial e o comércio por meios eletrônicos demandam a mudança de métodos, gestões e padrões de qualificação profissional, ensejando uma nova cultura pública, fortemente comprometida com o espírito do tempo em crescente hegemonia. No âmbito dos objetos técnicos, o "futuro" comparece na forma de cada novo indutor de nomadismo e velocidade inscrito num instrumento: à fluidez da telefonia celular e da Internet, acrescenta-se, por exemplo, o híbrido "Internet móvel", ou seja, Internet pelo celular para gente em trânsito. No campo da mídia, a tônica do discurso social passa da televisão em circuito aberto para as telecomunicações por toda parte, avança-se na direção da montagem de infra-estruturas para as infovias ou para os serviços de informação de alta velocidade.

À aceleração do *processo* circulatório dos produtos informacionais (culturais) tem-se chamado de *comunicação*, nome de velha cepa que antes designava uma outra idéia: a vinculação social ou o ser-em-comum, problematizado pela dialética platônica, pela *koinonia politikē* aristotélica e, ao longo dos tempos, pela palavra *comunidade*. Daqui parte a comunicação de que hoje se fala, mas vale precisar que não se trata exatamente da mesma coisa – ela agora integra o plano sistêmico da estrutura de poder.

Com efeito, já é lugar-comum afirmar que o desenvolvimento dos sistemas e das redes de comunicação transforma radicalmente a vida do homem contemporâneo, tanto nas relações de trabalho como nas de sociabilização e lazer. Mas nem sempre se enfatiza que está primeiramente em jogo um novo tipo de exercício de poder sobre o indivíduo (o "infocontrole", a "datavigilância"). Os sistemas informacionais e as redes de telecomunicações, originalmente concebidos no âmbito estratégico das máquinas bélicas e de controle da população civil preconizadas pela Guerra Fria, ampliam-se continuamente como gigantesco dispositivo de espionagem global, controlado principalmente pela rede de inteligência norte-americana, centralizada na National Security Agency (NSA).

São sintomáticos os debates realizados no Parlamento europeu, no final do milênio, sobre o chamado "Echelon", sistema utilizado para a prática de espionagem econômica e industrial em países da

União Européia, assim como na China, Rússia e América Latina. Em meados do ano 2000, avaliava-se que o sistema seria capaz de realizar diariamente três bilhões de interceptações de mensagens[2].

Tudo isso se põe hoje a serviço não apenas do Estado, mas também das grandes organizações civis (empresas multinacionais, corporações de serviços, etc.) que, *pari passu* com o aumento exponencial de dados sobre consumidores reais e virtuais, consolidam pela vigilância contínua o seu poder de identificação e imobilização dos antigos cidadãos políticos nas funções atribuídas pelo mercado.

Está depois em jogo um novo tipo de formalização da vida social, que implica uma outra dimensão da realidade, portanto formas novas de perceber, pensar e contabilizar o real. Impulsionadas pela microeletrônica e pela computação ou informática, as neotecnologias da informação introduzem os elementos do *tempo real* (comunicação instantânea, simultânea e global) e do *espaço virtual* (criação por computador de ambientes artificiais e interativos), tornando "compossíveis" outros mundos, outros regimes de visibilidade pública. Mas também intensificando os cenários de antecipação dos acontecimentos, o que de algum modo neutraliza a abertura para o futuro.

Na realidade, toda e qualquer sociedade constrói (por pactos semânticos ou semióticos), de maneira mais ostensiva ou mais secreta, regimes auto-representativos ou de visibilidade pública de si mesma. Os processos públicos de comunicação, as instituições lúdicas, os espaços urbanos para os encontros da cidadania integram tais regimes.

No sistema moderno de comunicação das sociedades ocidentais, seja baseado na transmissão oral ou na escrita, as informações eram simplesmente *representadas*, isto é, apresentadas ao receptor numa forma isenta de sua dinâmica ou de seu fluxo original, o que implica como principais recursos de linguagem a palavra e o conceito. Nesta esfera movem-se o livro e a imprensa clássica, caracterizada pela ideologia política das liberdades civis e do discurso crítico.

Com as tecnologias do som e da imagem (rádio, cinema, televisão), constituiu-se o campo do audiovisual, e o receptor passou a aco-

2. Em *La marca de la bestia – Identificación, desigualdades e infoentretenimiento en la sociedad contemporánea* (Editorial Norma, 1999), Anibal Ford traça um quadro bastante preciso dessa questão.

lher o mundo em seu fluxo, ou seja, fatos e coisas *reapresentados* a partir da simulação de um tempo "vivo" ou real, na verdade uma outra modalidade de representação, que supõe um outro espaço-tempo social (imaterialmente ancorado na velocidade do fluxo eletrônico), um novo modo de auto-representação social e, por certo, um novo regime de visibilidade pública. Fala-se aqui, por conseguinte, de *simulação*, quer dizer, da existência de coisa ou fato gerados por técnicas analógicas (ondas hertzianas, transmissão por cabo).

A partir do computador, a simulação *digitaliza-se* (a informação é veiculada por compressão numérica) e, nos atuais termos tecnológicos, passamos da dominância analógica à digital, embora os dois campos estejam em contínua interface. Daí decorre a conformação atual da tecnocultura, uma cultura da simulação ou do fluxo, que faz da "representação apresentativa" uma nova forma de vida. Saber e sentir ingressam num novo registro, que é o da possibilidade de sua exteriorização objetivante, de sua delegação a máquinas.

Atesta-se a presença, no atual regime de visibilidade, de um verdadeiro paradigma analógico-digital, que introduz novas variáveis técnicas, econômicas e políticas. Vejamos as *técnicas*: a convergência digital reduz as barreiras materiais, permitindo a unificação de telefonia, radiodifusão, computação e imprensa escrita; além disso, registra-se em determinados países uma tendência para a aproximação entre o campo comunicacional e toda e qualquer empresa que trabalhe com fluxo ou rede, a exemplo de eletricidade, eletrônica, transportes, etc.

Em seguida, as *econômicas*: do lado da produção, a tendência é de fusão das indústrias setoriais, gerando conglomerados poderosos (seis grandes empresas dominam hoje o mercado mundial) enquanto que do lado do consumo prevê-se maior ajuste entre a oferta e à demanda (um exemplo é a televisão digital, de alta definição, que permite ao usuário "montar" o seu próprio programa), capaz de levar a redefinição da relação produto/consumidor[3]. Mas é preciso observar que,

3. No final do milênio, a "economia digital" – comércio eletrônico e indústrias de tecnologia da informação – já era o setor econômico de maior crescimento nos Estados Unidos, embora com uma participação ainda relativamente modesta de 1,7% do Produto Nacional Bruto. Mas o setor tornou-se responsável por cerca de um quarto de toda a capitalização do mercado de ações norte-americano, o que significa um papel central na dinamização do crescimento tanto do mercado de consumo quanto do investimento de capitais.

apesar dos discursos sobre o "acesso universal", o consumo desses produtos é cada vez mais privatizado e socialmente diferenciado; e *políticas*: na medida em que as indústrias da telefonia e da computação avançam sobre o território tradicionalmente ocupado pela radiodifusão em circuito aberto, abrem-se as vias para o redesenho do controle político dos meios de comunicação; tais vias, entretanto, dentro do atual modelo neoliberal para a mídia, favorecem quase exclusivamente apenas o setor privado das comunicações.

É enorme o impacto da chamada "economia digital" sobre o mundo do trabalho e sobre a cultura: na indústria, na pesquisa científica, na educação, no entretenimento, as novas variáveis transformam velozmente a vida das pessoas. Um sistema produtivo pode fragmentar-se numa escala global, organizando a divisão do trabalho segundo suas conveniências regionais ou sindicais. O comércio mundial tende a confluir para a rede cibernética, abrindo possibilidades de novos empregos e atividades rendosas. Desenha-se a partir daí a possibilidade de um novo tipo de empresa, a "empresa virtual", definida como uma estrutura híbrida de atividades organizadas, mas sem a dependência constante de decisões hierárquicas ou de canais de controle.

Ao mesmo tempo, o virtual representa no âmbito da economia a possibilidade de se agir generalizadamente em função de expectativas difusas, indeterminadas. Marx já falava de "capital fictício", uma outra dimensão da *ratio* econômica, onde se especula com opções reais para um futuro imaginário. As opções podem, estrategicamente, tornar-se mais importantes que os lucros especulativos imediatos. A exacerbada mobilidade contemporânea torna aguda a consciência de que é preciso acompanhar as mudanças, mesmo sem que se conheça exatamente a sua natureza.

Por exemplo, no final do século XX, as ações das empresas que trabalhavam com a Internet (ditas "pontocom") passaram a ter muito valor, embora a maioria tivesse lucro inexpressivo ou até mesmo operasse no vermelho. O que importava era o *potencial* de lucro implicado na empresa. Evidentemente, isto não poderia durar muito tempo, uma vez que existe o contrapeso concreto da economia: muitas das empresas ditas "virtuais" terminaram em falência, senão expulsas do mercado por aquelas que efetivamente dispunham de sustentação no mundo "real-histórico".

É largo, no entanto, o espectro das transformações epocais. Muda, por exemplo, a natureza do espaço público, tradicionalmente animado pela política e pela imprensa escrita. Agora, formas tradicionais de representação da realidade e novíssimas (o virtual, o espaço simulativo ou telerreal da hipermídia) interagem, expandindo a dimensão tecnocultural, onde se constituem e se movimentam novos sujeitos sociais.

A imprensa escrita, como apontam vários analistas de mídia, sempre esteve no centro desse processo representativo. Numa perspectiva diacrônica, pode-se formular para ela modelos diversos de comunicação, correspondentes a diferentes etapas históricas nas sociedades liberais-democráticas.

Miège[4], por exemplo, distingue quatro modelos: 1) *imprensa de opinião* – caracterizada pela produção artesanal, tiragens reduzidas, estilo polêmico e manifestação de idéias; foi o tipo de imprensa que introduziu no espaço público a razão argumentativa cara à burguesia ascendente; 2) *imprensa comercial* – organizada em bases industriais/mercantis, com prioridade para a publicidade e a difusão informativa (notícia), politicamente ligada à democracia parlamentar; 3) *mídia de massa* – produção definitivamente dependente de investimentos publicitários e técnicas de *marketing*, predomínio das tecnologias audiovisuais e grande valorização do espetáculo; 4) *comunicação generalizada* – a reboque do Estado, das grandes organizações comerciais e industriais, dos partidos políticos, a informação insinua-se nas clássicas estruturas socioculturais e permeia as relações intersubjetivas; trata-se aqui do que também se vem chamando de realidade virtual.

Na contemporaneidade, dá-se progressivamente primazia ao quarto modelo, em que a rede tecnológica praticamente confunde-se com o processo comunicacional e em que o resultado do processo, no âmbito da grande mídia, é a imagem-mercadoria. Mas não se recusam os modelos anteriores. Podem todos coexistir sincronicamente, num mesmo espaço social, desde que se integrem num mesmo plano tecnológico e econômico. Assim, a convergência do computador

---

4. Cf. Miège, Bernard. O Espaço público: Perpetuado, ampliado e fragmentado. *In*: *Novos Olhares*, número 3, 1º semestre de 1999 – ECA/USP, p. 4-11.

com a televisão pode ascender, mas no interior do modelo neoliberal para o setor da mídia e das telecomunicações. É isto mesmo a dita "sociedade da informação": um *slogan* tecnicista, manejado por industriais e políticos.

Nada há aqui do que antes se chamaria de "revolucionário". Há tão-só hibridização dos meios, acompanhada da reciclagem acelerada dos conteúdos (*sampling*, no jargão da tecnocultura), com novos efeitos sociais. Uma fórmula já antiga, como o noticiário jornalístico, quando transmitida em tempo real, torna-se estratégica nos termos globalistas do mercado financeiro: um pequeno boato pode repercutir como terremoto em regiões do planeta fisicamente distantes.Uma enciclopédia temporalmente acelerada torna-se "hipertexto".

Apoiadas no computador, as redes e as neotecnologias do virtual deixam intacto, todavia, o conceito de *medium*, entendido como canalização – em vez de inerte "canal" ou "veículo" – e ambiência estruturados com códigos próprios. É inadequada, por isto, a designação de "pós-midiáticas" – baseada na consideração de que a nova mídia não implica apenas uma extensão linear da tradicional – para as novas tecnologias.

Medium, entenda-se bem, não é o dispositivo técnico. Um exemplo comparativo: o gênero musical conhecido como "rock'n roll" é, na verdade, o negro *rythm'n blues*, acoplado à então novidade técnica do disco de vinil em 33 rotações por minuto e socialmente produzido por rádio (*disc-jockey*) e mercado. Da mesma maneira, *medium* é o fluxo comunicacional, acoplado a um dispositivo técnico (à base de tinta e papel, espectro hertziano, cabo, computação, etc.) e socialmente produzido pelo mercado capitalista, em tal extensão que o código produtivo pode tornar-se "ambiência" existencial. Assim, a Internet, não o computador, é *medium*.

O *medium* televisivo (com possibilidades de mutação técnica, a exemplo das previsões de especialistas sobre o "telecomputador") permanece ainda hoje como fulcro da mídia tradicional, enquanto que o virtual e as redes (Internet), até agora isentos do regime de concessões estatais, apontam para caminhos ainda não totalmente discerníveis. Indiscutível é a evidência de que tempo real e espaço virtual operam midiaticamente o redimensionamento da relação espácio-temporal clássica.

1. Um quarto bios

Tudo isto, associado a um tipo de poder designável como "cibe-rocracia", confirma a hipótese, já não tão nova, de que a sociedade contemporânea (dita "pós-industrial") rege-se pela *midiatização*, quer dizer, pela tendência à "virtualização" ou telerrealização das relações humanas, presente na articulação do múltiplo funcionamento institucional e de determinadas pautas individuais de conduta com as tecnologias da comunicação. A estas se deve a multiplicação das tecnointerações setoriais.

É preciso esclarecer o alcance do termo "midiatização", devido à sua diferença com "mediação" que, por sua vez, distingue-se sutilmente de "interação", um dos níveis operativos do processo mediador. Com efeito, toda e qualquer cultura implica mediações simbólicas, que são linguagem, trabalho, leis, artes, etc. Está presente na palavra mediação o significado da ação de fazer ponte ou fazer comunicarem-se duas partes (o que implica diferentes tipos de interação), mas isto é na verdade decorrência de um poder originário de descriminar, de fazer distinções, portanto de um lugar simbólico, fundador de todo o conhecimento. A linguagem é por isto considerada mediação universal.

Para inscrever-se na ordem social, a mediação precisa de bases materiais, que se consubstanciam em instituições ou formas reguladoras do relacionamento em sociedade. As variadas formas da linguagem e as muitas *instituições mediadoras* (família, escola, sindicato, partido, etc.) investem-se de valores (orientações práticas de conduta) mobilizadores da consciência individual e coletiva. Valores e normas institucionalizados legitimam e outorgam sentido social às mediações.

Já midiatização é uma ordem de mediações socialmente realizadas no sentido da comunicação entendida como processo informacional, a reboque de organizações empresariais e com ênfase num tipo particular de interação – a que poderíamos chamar de "tecnointeração" –, caracterizada por uma espécie de prótese tecnológica e mercadológica da realidade sensível, denominada *medium*[5]. Trata-se de dispositivo

5. O espelho é, na História humana, a prótese primitiva que mais se assemelha ao medium contemporâneo, guardadas as devidas diferenças. É que o espelho – superfície capaz de refletir a radiação luminosa – traduz reflexivamente o mundo sensível, fechando em sua rasa superfície tudo aquilo que reflete. O *medium*, por sua vez, *simula* o espelho, mas não é jamais puro reflexo, por ser também um condicionador ativo daquilo que diz refletir.

cultural historicamente emergente no momento em que o processo da comunicação é técnica e industrialmente redefinido pela informação, isto é, por um regime posto quase que exclusivamente a serviço da lei estrutural do valor, o *capital*, e que constitui propriamente uma nova *tecnologia societal* (e não uma neutra "tecnologia da inteligência") empenhada num outro tipo de hegemonia ético-política.

A astúcia das ideologias tecnicistas consiste geralmente na tentativa de deixar visível apenas o aspecto técnico do dispositivo midiático, da "prótese", ocultando a sua dimensão societal comprometida com uma forma específica de hegemonia, onde a articulação entre democracia e mercadoria é parte vital de estratégias corporativas. Essas ideologias costumam permear discursos e ações de conglomerados transnacionais e de ideólogos dos novos formatos de Estado.

Aplicado a medium, o termo "prótese" (do grego *prosthenos*, extensão), entretanto, não designa algo separado do sujeito, à maneira de um instrumento manipulável, e sim a *forma* tecnointeracional resultante de uma extensão especular ou espectral que se habita, como um novo mundo, com nova ambiência, código próprio e sugestões de condutas. Isto equivale a dizer que essa forma é que não se pode instrumentalizar por inteiro, isto é, objetivá-la socialmente como um dispositivo submetido a um sujeito, por ser uma entidade capaz de uma retroação expropriativa de faculdades tradicionalmente atinentes à soberania do sujeito, como saberes e memória.

Já existe, aliás, algo de especular em toda e qualquer conduta, como bem viu Goethe, ao dizer que "a conduta é o espelho em que todos exibem a sua imagem". Mas a canalização em que implica a prótese midiática não se confunde com a prótese clássica de um espelho, ainda que possa, a exemplo da imagem especular, ser chamada de "extensiva e intrusiva", por nos permitir olhar onde o olho não alcança (o rosto, as costas, etc.). A palavra deve ser agora tomada como metáfora intelectiva, para um ordenamento cultural da sociedade em que as imagens deixam de ser reflexos e máscaras de uma realidade referencial para se tornarem simulacros tecnicamente auto-referentes, embora político-economicamente a serviço de um novo tipo de gestão da vida social.

No espelhamento de parte da mídia tradicional ou "linear" (cinema, televisão), ainda se mostra ou se aponta com imagens "paraespeculares", para um espaço externo (como na figura retórica da hipotipose), que se busca representar realisticamente. Ou seja, ainda há na representação um efeito irradiado do referente externo. Já nos ambientes digitais da nova mídia, porém, o usuário pode "entrar" e mover-se, graças à interface gráfica, trocando a representação clássica pela vivência apresentativa.

O "espelho" midiático não é simples cópia, reprodução ou reflexo, porque implica uma forma nova de vida, com um novo espaço e modo de interpelação coletiva dos indivíduos, portanto, outros parâmetros para a constituição das identidades pessoais. Dispõe, conseqüentemente, de um potencial de transformação da realidade vivida, que não se confunde com manipulação de conteúdos ideológicos (como se pode às vezes descrever a comunicação em sua forma tradicional). É forma condicionante da experiência vivida, com características particulares de temporalidade e espacialização, mas certamente distinta do que Kant chamaria, a propósito de tempo e espaço, de forma *a priori*.

A forma midiática condiciona apenas na medida em que se abre a permeabilizações ou permite hibridizações com outras formas vigentes no real-histórico. Trata-se de fato da afetação de formas de vida tradicionais por uma qualificação de natureza informacional – uma tecnologia societal, como já frisamos – cuja inclinação no sentido de configurar discursivamente o funcionamento social em função dos vetores mercadológicos e tecnológicos é caracterizada por uma prevalência da forma (que alguns autores preferem chamar de "código"; outros, de "meio") sobre os conteúdos semânticos.

São os aspectos de hipertrofia e de um certo vampirismo dessa forma codificante e tecnointeracional que suscitam as desconfianças de críticos da cultura tardo-moderna (como Baudrillard), mas que também atraem as alvíssaras de outros, a exemplo de McLuhan, para quem nessa forma-meio está a própria mensagem, isto é, o conteúdo. Nela se põem em primeiro plano o envolvimento sensorial, a pura relação, a "mensagem".

Todo este processo é uma expansão do que Giddens chama de "reflexividade institucional" – um dos motores da modernidade –, ou seja, o uso sistemático da informação ou do saber com vistas à reprodução de um sistema social[6]. Na modernidade clássica, a reflexividade histórica uma pletora de recursos racionais (filosofia, ciências sociais, publicismo, etc.) aplicada à vida caracterizava-se por uma competência analítica voltada para a compreensão dos fenômenos humanos e sociais: a auto-reflexividade, exaltada como uma demonstração da soberania do espírito.

Hoje, o processo redunda numa "mediação" social tecnologicamente exacerbada, a midiatização, com espaço próprio e relativamente autônomo em face das formas interativas presentes nas mediações tradicionais. A reflexividade institucional é agora o reflexo tornado real pelas tecnointerações, o que implica um grau elevado de indiferenciação entre o homem e a sua imagem – o indivíduo é solicitado a viver, muito pouco auto-reflexivamente, no interior das tecnointerações, cujo horizonte comunicacional é a interatividade absoluta ou a conectividade permanente.

Desde o imediato pós-guerra, esse processo vem alterando costumes, crenças, afetos, a própria estruturação das percepções e agora se perfaz com a integração entre os mecanismos clássicos da representação e os dispositivos do virtual. Mas o conceito de midiatização – ao contrário do de mediação – não recobre a totalidade do campo social, e sim, como já frisamos, o da articulação hibridizante das múltiplas *instituições* (formas relativamente estáveis de relações sociais comprometidas com finalidades humanas globais) com as várias *organizações* de mídia, isto é, com atividades regidas por estritas finalidades tecnológicas e mercadológicas, além de culturalmente afinadas com uma forma ou um código semiótico específico.

Implica a midiatização, por conseguinte, uma qualificação particular da vida, um novo modo de presença do sujeito no mundo ou, pensando-se na classificação aristotélica das formas de vida, um *bios* específico. Logo nas primeiras páginas de sua *Ética a Nicômaco*,

---

6. Cf. Giddens, A. Une Théorie Critique de la Modernité Avancée. *In: Structuration du Social et Modernité Avancée*. Org.: Michel Audet et Hamid Bouchikhi, PUL, Québec.

Aristóteles distingue, a exemplo do que já fizera Platão no *Filebo*, três gêneros de existência (*bios*) na *Polis*: *bios theoretikos* (vida contemplativa), *bios politikos* (vida política) e *bios apolaustikos* (vida prazerosa, vida do corpo)[7].

Cada *bios* é, assim, um gênero qualificativo, um âmbito onde se desenrola a existência humana, determinado por Aristóteles a partir do Bem (*to agathon*) e da felicidade (*eudaimonia*) aspirados pela comunidade. A "vida de negócios", a que o filósofo faz breve referência no mesmo texto, não constitui nenhum *bios* específico, por ser motivada por "alguma coisa mais" (entenda-se: mais do que o Bem e a felicidade), apontada como "algo violento".

Partindo-se da classificação aristotélica, a midiatização ser pensada como tecnologia de sociabilidade ou um novo *bios*, uma espécie de *quarto âmbito* existencial, onde predomina (muito pouco aristotelicamente) a esfera dos negócios, com uma qualificação cultural própria (a "tecnocultura"). O que já se fazia presente, por meio da mídia tradicional e do mercado, no *ethos* abrangente do consumo, consolida-se hoje com novas propriedades por meio da técnica digital.

De fato, as descrições correntes de ambientes interativos e imersivos digitalmente criados apontam para traços análogos as formas de vida. Murray, por exemplo, relaciona propriedades *processuais*, que consistem em programar e definir aptidões para a execução de regras; *participatórias*, ou seja, programam-se comportamentos e respostas; *espaciais* ou possibilidades de movimentar-se, de "navegar" topologicamente e *enciclopédicas*, devido à gigantesca capacidade de conservação de dados pelo computador[8].

Nossa idéia de um quarto *bios* ou uma nova forma de vida não é meramente acadêmica, uma vez que já se acha inscrita no imaginário contemporâneo sob forma de ficções escritas e cinematográficas. Tal é, por exemplo, a base narrativa do filme norte-americano *O show de Truman*, em que o personagem principal vive numa comunidade

---

7. Cf. Aristóteles. *Ética a Nicômaco*, livro I, parte 5. Referimo-nos aqui a duas edições: 1) *Ética Nicomaquea y Ética Eudemia*. Biblioteca Clássica Gredos, 1988; 2) *Nicomachean Ethics*. The Univesity of Chicago (tradução de David Ross).

8. Cf. Murray, Janet H. *Hamalet on the holodeck: The future of narrative in cyberspace*. The Free Press, 1977, p. 71-89.

sem saber que todas as suas ações cotidianas, de trabalho, vizinhança, amizade, amor, etc. são cenarizadas e transmitidas a um público mundial, em tempo real, por ubíquas câmaras de televisão, controladas por técnicos e um diretor de programação. A cidade imaginária de Truman é de fato uma metáfora do quarto *bios*, um arremedo da forma social midiática.

O mesmo princípio imaginário, embora com diferentes hipóteses tecnológicas, tem sido trabalhado em filmes como *Matrix*, *O 12º andar*, *A cidade das sombras* e outros. Nestes, não se trata mais de um espetáculo para a indústria cultural, nem de mídia tradicional (a televisão), mas de "realidade virtual" produzida por computação. Diferentemente de *O show de Truman*, aqui já se joga com a hesitação coletiva na determinação do que é original (substância) ou simulado (linguagem, discurso, informação numérica) em matéria de vida.

Na verdade, há muito tempo se sabe que a linguagem não é apenas designativa, mas principalmente *produtora* de realidade. A mídia é, como a velha retórica, uma técnica política de linguagem, apenas potencializada ao modo de uma antropotécnica política – quer dizer, de uma técnica formadora ou interventora na consciência humana – para requalificar a vida social, desde costumes e atitudes até crenças religiosas, em função da tecnologia e do mercado.

A questão inicial é a de se saber como essa qualificação – historicamente justificada pelo imperativo de redefinição do espaço público burguês em face das mudanças estruturais, que vêm deslocando o Estado liberal clássico e desestruturando a sociedade de classes tradicional – atua em termos de influência ou poder na construção da realidade social (moldagem de percepções, afetos, significações, costumes e produção de efeitos políticos) desde a mídia tradicional até a novíssima, baseada na interação em tempo real e na possibilidade de criação de espaços artificiais ou virtuais.

Esta é, na verdade, a questão central de toda sociologia ou toda antropologia da comunicação contemporânea. E a maior parte das pesquisas até agora realizadas sobre influência e efeitos, especialmente os políticos, tem levado à convicção de que a mídia é estruturadora ou reestruturadora de percepções e cognições, funcionando como uma espécie de agenda coletiva.

Ancora-se nessa convicção a hipótese (acadêmica) norte-americana da *agenda-setting*[9], em especial no que diz respeito ao impresso. A palavra *agenda* é, em latim, um particípio futuro passivo: "(as coisas que) devem ser feitas". Agendar é organizar a pauta de assuntos suscetíveis de serem levados em conta individual ou coletivamente.

Não se trata de mera preocupação da Academia. A pergunta freqüente sobre as possibilidades de democracia participativa na mídia ou sobre seus poderes de transformação social exige um esclarecimento preliminar quanto à natureza do poder da informação, quanto à sua especificidade.

Evidente já se fez que a democratização (ou qualquer ponto-de-fuga para o *status quo* monopolista) não é nada que se obtenha pela multiplicidade técnica de canais, nem por uma legislação liberal aplicada às telecomunicações, nem mesmo pela concentração de espaços promovida pelas redes cibernéticas, que faz os "grandes" equivalerem virtualmente aos "pequenos".

É que a tecnocultura – essa constituída por mercado e meios de comunicação, a do quarto *bios* – implica uma transformação das formas tradicionais de sociabilização, além de uma nova tecnologia perceptiva e mental. Implica, portanto, um novo tipo de relacionamento do indivíduo com referências concretas ou com o que se tem convencionado designar como verdade, ou seja, uma outra condição antropológica.

Do ponto de vista da mídia tradicional – televisão e entretenimento, basicamente –, o poder da tecnocultura é homólogo (e a homologia não se dá por acaso, passa pelo vetor globalizante do chamado "turbocapitalismo" e do mercado) à hegemonia norte-americana no Ocidente, que reside em sua capacidade de formar a agenda política e noticiosa internacional, de produzir em seus laboratórios e indústrias a maior parte dos objetos da economia midiática e de atrair as consciências para uma forma de vida sempre modernizadora, por vias do liberalismo democrático e do consumo.

Na verdade, a lógica dos processos de mídia associa-se, desde fins do século XIX, à dinâmica da vida norte-americana, assim definida

9. Cf. Mac Comb, M. & Shaw, Donald. *The Agenda-Setting Function of Mass-Media*. Public Opinion Quarterly, 36, 72, p. 176/187.

pelo presidente Calvin Coolidge: "O negócio dos Estados Unidos são os negócios". Mas sob o feitio neoliberal assumido pela globalização no final do milênio, desde quando começou a extraordinária expansão da economia dos Estados Unidos, exacerbou-se a dimensão imperial (em detrimento da dimensão republicana), do poder desse país sobre o mundo, sobrecarregando o agendamento midiático com as molduras neoliberais da homogeneização.

Por mais despolitizado que pretenda parecer, o *bios midiático* implica de fato uma refiguração do mundo pela ideologia norte-americana (portanto, uma espécie de narrativa política), caucionada pelo fascínio da tecnologia e do mercado. Nele, estão presentes as marcas essenciais de uma "universalidade" americana. Se o Império Romano dominou o mundo pela espada e pelos ritos, o Império Americano controla pelo capital e pela agenda midiática do democratismo comercial (informação, difusionismo cultural, entretenimento). Não há nada de verdadeiramente "libertário" nos ritos do *rock'n roll* e do consumo, há tão-só coerência liberal.

2. Efeitos políticos

Agenda não significa, porém, doutrinação ou inculcação de idéias em consciências dispostas como tábula rasa. Induz às vezes a esta crença o tipo de crítica dirigido à mídia por militantes políticos ou então autores como Noam Chomsky e Hans Magnus Enzensberger, quando a caracterizam como "indústria de manipulação das consciências". Embora seja ponderável o diagnóstico de que a mídia restringe, ao invés de ampliar a liberdade de expressão, esses autores deixam passar despercebida a dificuldade da categoria "manipulação", que implica pura linearidade ou instrumentalidade absoluta do *medium* e a hegemonia de uma consciência sobre a outra. Como já vimos, inexiste esse tipo de linearidade, e a própria mídia, especialmente em sua nova configuração de plena realidade virtual, já é uma nova forma de consciência coletiva, com um modo específico de produzir efeitos.

Por exemplo, os efeitos políticos: ninguém vota num político "televisivo" porque a tevê manda, à maneira manipulativa do Grande Irmão orwelliano, e sim porque fez sua escolha a partir de um cenário – que a tevê cria por notícias convenientemente editadas, dramas, espetáculos, entrevistas, comentários –, na verdade, uma "agenda" sub-reptícia do que deve ser o político ou do que deve fazer o eleitor para tornar-se compatível com a modernidade apregoada pela economia de mercado, que por sua vez sustenta a televisão.

Mas alguém pode votar num político determinado simplesmente porque ele aparece, no modo quase-presente da imagem, ocupando o espaço publicitário que lhe foi reservado pelas disposições da legislação eleitoral. Ou seja, vota porque o outro simplesmente *existe* num espaço valorizado (a mídia), o que o torna legitimado pelo regime de visibilidade pública hegemônico. O *slogan* da Internet – "o que não está na Internet simplesmente não existe" – aplica-se igualmente à mídia tradicional. Daí, a disputa acirrada dos partidos – nos países em que há um horário eleitoral reservado gratuitamente a políticos – por minutos a mais na televisão.

A análise de processos eleitorais concretos pode contribuir para o melhor esclarecimento desse ponto. Por exemplo, a sintomática eleição de Fernando Collor de Mello para a presidência da república brasileira em 1989. Sabe-se que ele detinha o apoio de setores conservadores da sociedade (desde as elites empresariais e financeiras que desejam aumentar a flexibilidade econômica com a manutenção da organização tradicional do Estado até os setores privilegiados da classe média) e da rede hegemônica de televisão (Rede Globo), assustados com a plataforma política do Partido dos Trabalhadores. Restava conquistar a) a massa de eleitores flutuantes ou indecisos, em geral os mais suscetíveis de serem influenciados nas últimas horas pelos meios de comunicação ou pelos resultados da simulação de um "turno eleitoral antecipado", em que se constituem as pesquisas de opinião; b) a massa de eleitores socialmente desarraigados.

As avaliações estritamente políticas do papel da televisão nesse processo eleitoral tendem a atribuir um grande peso ao viés da rede hegemônica favorável a Collor, assim como à manipulação das imagens no debate final entre os dois candidatos (mais tempo e melhores momentos para Collor; menos tempo e piores momentos para Lula, o candidato do PT). Inicialmente, é preciso redefinir a natureza desse "peso": antes das imagens televisivas favoráveis, houve um fato muito importante da capitalização de recursos e de influências, pelo conglomerado Globo, junto a lideranças de empresas privadas e estatais.

Quanto às imagens televisivas, não há dúvida de que tiveram sua importância, em especial nas regiões mais remotas do país (onde a tevê é o único canal de acesso à "moderna" realidade nacional), como se evidencia no relato de uma repórter: "Quando eu perguntava aos índios que iam votar na penúltima eleição para presidente da república qual era o candidato deles, eles diziam que era Fernando Collor. Pedia-lhes a razão de tal escolha, e eles diziam que 'todo mundo estava falando que ele era o melhor'. Quem era esse todo mundo? Claro, a Rede Globo"[10].

Mas a afirmação da influência televisiva como causa determinante, em última instância, é absolutamente indecidível: não é possível fazer a prova sociológica do fato. Veja-se, por exemplo, o caso (embora situado num outro contexto) da eleição presidencial no Peru, em abril de 2000. A mídia dominante, controlada pelo presidente da república em exercício, Alberto Fujimori, desfavorecia o principal candidato da oposição, Alejandro Toledo. Este, no entanto, valeu-se na campanha de sua origem indígena (quechua), mobilizando a variável da etnicidade junto às mesmas massas que provavelmente elegeram Fujimori uma década antes.

Toledo, como se sabe, conseguiu ir para o segundo turno (embora terminasse desistindo de concorrer), apesar da fraude evidente na contagem dos votos pela máquina eleitoral do governo, apoiado por movimentações populares e pressões norte-americanas no sentido da correção do processo democrático. Pode-se afirmar que, aqui, apesar do resultado final que manteve formalmente Fujimori na presidência, a mídia saiu derrotada[11]. Tempos depois, nas eleições subseqüentes, Toledo chegaria à presidência da república.

No caso brasileiro, entretanto, inexistia qualquer variável independente daquela ou de outra natureza. A realidade era que, desde dois anos antes da eleição, a televisão vinha construindo junto a um público mais amplo, por telenovelas e sub-reptícias inflexões doutri-

10. Cf. Batista, Rosalis e Batista, Oduvaldo. *Compromisso com a Verdade – Meio século de jornalismo*. Ed. Universitária UFPB, 1999, p. 48.

11. Curiosamente, porém, a própria mídia, em sua forma "alternativa" (vídeo), terminou sendo responsável pelo desmoronamento do governo. As escandalosas imagens televisivas do chefe do serviço secreto peruano subornando um deputado levaram Fujimori a primeiramente convocar novas eleições e depois a fugir do país, asilando-se no Japão.

nárias nos noticiários e programas de entrevistas, um cenário ou uma agenda do que deveria ser o chefe-da-nação[12]. Nessa agenda, ratificada pela maior parte da imprensa escrita (por trás da qual se desenha um longo capítulo de influências e dinheiro), perdia crédito a imagem do político tradicional – figurado ora como corrupto, ora como ideólogo sectário – e iluminava-se a imagem de um tipo-ideal afim à mitologia do mercado: aspecto jovial, descomprometido com a classe política, investido das aparências de sujeito da moral pública e com toda a cosmética (pose, roupa, expressões faciais, gestos) de apresentador de tevê.

Neste caso, a ausência de um programa político definido pode concorrer para estimular o imaginário popular na direção de um "eu-ideal" qualquer, não necessariamente sustentado pela suposta racionalidade do progresso democrático. Numa população constituída em quase dois terços por analfabetos e semi-alfabetizados (a eleição de 89 foi a primeira a permitir o voto dos analfabetos e dos jovens entre 16 e 18 anos), a maioria fica culturalmente excluída do jogo partidário. Este é tão-só a necessária base jurídico-constitucional para a continuidade do formalismo democrático-representativo.

O modelo serve, com variações, para Fernando Henrique Cardoso, o primeiro presidente eleito depois de Collor. Amparado no êxito de um plano de estabilização monetária, FHC capitalizou a força de uma espécie de neopopulismo caracterizado por um "topo de pirâmide" tecnocrático, por uma base socialmente desarraigada, mas adulada pela ligeira elevação da capacidade de consumo e por uma ação governamental apoiada em imagens midiáticas. FHC era também interpretante vivo de uma conjuntura tecnopopulista.

Nas reeleições de 98, ficou mais definido o lugar estratégico da televisão no jogo político-eleitoral. É preciso inicialmente considerar que, mesmo pertencendo a um *bios* específico, a tevê não é um ator social isolado, está sempre inserida em contextualizações de ordem sócio-histórica. Colocada dentro de uma tradição sociocultural patrimonialista, como a brasileira, a tevê, apesar do transnacionalismo de sua forma, produz efeitos específicos, regionais. Assim é que,

---

12. Cf. Lima, Venício. Televisão e Política: Hipótese sobre a eleição presidencial de 1989. *In: Revista Comunicação & Política*, ano 9, nº 11, 1990, p. 29-54.

nos estados da Federação brasileira, as emissoras de tevê, rádios e jornais de maior audiência são totalmente controlados pelas oligarquias, o que obriga as candidaturas políticas a passarem pelo crivo dos interesses dominantes e da imagem compatível com a mídia[13].

Apenas em casos desta ordem, a *manipulação* é categoria pertinente à explicação da influência televisiva, uma vez que, no âmbito regional ou local, o controle dos conteúdos midiáticos por grupos políticos determinados termina produzindo um foco semiótico, sistematicamente afim, sem disfarces, interesses e visões-de-mundo particulares. Por isto, a posse dos meios de comunicação por elites regionais ou mesmo por facções orientadas para fins doutrinários específicos (religiosos, morais, etc.) redunda num novo tipo de caciquismo político-ideológico. É desta maneira que se mantém em alguns estados da Federação brasileira o velho "coronelismo" político e que, em grande parte do mundo, governos autoritários, manipulando o fluxo de informação, preservam o controle dos aparatos repressivos de Estado.

Reduzida, assim, a força universalista e modernizante do mercado em favor de variáveis conjunturais administradas por elites locais ou por sofisticados dispositivos de infovigilância a serviço do Estado, os meios de comunicação podem perder algumas das características predominantes na mídia mercadológica de caráter nacional e converterem-se temporariamente em mecanismos de propaganda política (muito bem descritos no clássico *A violação das massas pela propaganda política*, de Serge Tchakhotine, 1939), a exemplo de qualquer imprensa partidária ou oficialista. Daí, a importância estratégica para as coalizões governamentais – especialmente nos países ditos de "terceiro mundo" – do favorecimento estatal nas concessões de rádio e televisão.

---

13. A velocidade e a plasticidade da mídia eletrônica ajudam-na a adequar-se mais facilmente a novas conjunturas institucionais e políticas. Sem a fixação por escrito de uma linha ideologicamente coerente, sem memória, excessivamente dependente do mercado e dos dispositivos legais do Estado, a televisão é instrumento de fácil controle, identitariamente oscilante entre diário oficial do consumo e diário oficial de governo. Vale recordar a tevê brasileira sob o regime militar, em especial a frase do presidente-ditador Garrastazu Médici sobre o telenoticiário da Tv Globo: "É como tomar um calmante após um dia de trabalho". São muitos os exemplos disso, ainda no final de milênio, em outros países latino-americanos, onde os governos podem controlar as emissoras por meio do monopólio de verbas publicitárias.

No Brasil, à aliança entre as elites tecnoburocráticas do Centro-Sul e as oligarquias regionais para consolidação do projeto de poder subordinado à nova ordem mundial – em termos partidários, uma coalizão de centro-direita –, correspondia, no plano do *broadcast* televisivo, uma exacerbação de conteúdos popularescos (a programação esteticamente grotesca), que vem aqui traduzindo uma espécie de pacto simbólico ou "contrato de leitura" entre a tevê e os estratos economicamente inferiores da sociedade.

A mídia televisiva atua com mais força de influência onde são altas as taxas de analfabetismo ou então onde ocorrem uma redução das formas organizadas de mediação do conflito social (sindicatos, partidos políticos e outras instituições da sociedade civil) e um aumento da atomização do comportamento eleitoral, isto é, de eleitores flutuantes – partidariamente confusos ou institucionalmente indiferentes. E isto se dá onde é mais marcante a convergência dos velhos eixos ideológicos (esquerda/direita) para um centro político-gerencial (um bom exemplo disso é o que no final do milênio os europeus chamavam de "terceira via"), mais preocupada com telecomunicações, transportes, ecologia, etc., do que com as grandes teses desenvolvimentistas ou reformistas do pensamento político tradicional.

Pode-se ponderar que, mesmo nessa temática centrista-gerencial, exista uma ideologização. O que certamente não existe é uma polarização antagônica de posições, já que tendem todas a convergir para um ponto comum, afinado com as novas exigências da tecnologia, do mercado e do *status quo* societal. As coalizões e as táticas pragmáticas abrem caminho para novas formas de política, que acabam por tornar contínua a erosão de identidade dos grandes partidos doutrinariamente centralizados.

Este fenômeno generaliza-se nas sociedades contemporâneas, embora em graus de intensidade diferentes, como parte de um processo desconstrutivo que vem abalando os modos clássicos de identificação e organização das demandas sociais. Ao lado de outras mediações, os partidos vão sendo progressivamente esvaziados de seu papel histórico de canalização dos interesses coletivos e de institucionalização representativa (não apenas estatal) do acesso ao poder.

A expressão "novas formas de política" comporta a idéia de um retrabalho generalizado das mediações tradicionais, também com conseqüências que apontam para uma mutação identitária em outras instâncias da sociedade. Uma pesquisa dada a público no final do milênio[14] mostrava o Poder Judiciário no Brasil como foco de uma sociabilização inusitada: os magistrados são progressivamente convocados a julgar ações que não têm necessariamente a ver com as questões de natureza jurídica, e sim com pleitos sociais, existenciais, éticos, etc., não mais subsumidos nas formas habituais de acolhimento do conflito humano.

A chamada "despolitização" midiática ou tecnológica resulta, por sua vez, do enfraquecimento ético-político das antigas mediações e do fortalecimento da midiatização. Sob a égide da produção informacional da realidade, a tecnointeração toma o lugar da mediação, desviando os atores políticos da prática representativa concreta (norteada por conteúdos valorativos ou doutrinários) para a performance imagística.

Eleitoralmente, os candidatos são como que absorvidos ou "solicitados" por uma conjuntura político-social onde predomina uma esfera de valores midiática, suscetível de acionar a força plebiscitária das massas contra o formalismo burocrático, ou eventualmente doutrinário, dos partidos. A "absorção" implica, na prática, a conversão da identidade político-partidária do indivíduo em pura *imagem pública*, isto é, em aparência – constituída por um ou mais traços publicitariamente convenientes – experimentada como entidade original ou "virtualizada".

Como já enfatizamos, porém, a esfera midiática é hibridizante, não atua sozinha. Não basta, por exemplo, a visibilidade pura e simples de um indivíduo na mídia – a excessiva exposição de sua imagem na tevê ou nos jornais. É preciso que se apele para todo um arsenal de identificações entre a imagem e a audiência, a fim de se obter efeitos, não mais apenas projetivos, como no caso do entretenimento clássico, e sim de reconhecimento narcísico de si mesmo no "espelho" tecnocultural.

Por isto constam do imaginário midiático motivações características de modos de funcionamento tradicionais, como preocupações

---

14. Cf. pesquisa sobre o Poder Judiciário (1999), coordenada pelo professor Luis Werneck Viana, do Instituto Universitário de Pesquisas do Rio de Janeiro (IUPERJ).

com segurança existencial, religião e família. Estes são elementos e valores ressignificados pelos dispositivos tecnoculturais em função da imagem pública que se deseja construir.

Tudo tende a confluir para a imagem publicitária como valor coletivo, o que pode tornar a interpretação cênica da realidade mais importante do que qualquer modo tradicional de representação. Publicamente, importa mais a capacidade pessoal de gerar espetáculo (telegenia, histrionismo, agressividade bem dosada, etc.), portanto, a performatividade midiática, do que conteúdos programáticos.

É um modelo tipicamente norte-americano, que nada tem de conjuntural, por ser estruturalmente afim à forma de vida compatível com a organização capitalística do mercado nos Estados Unidos. Já o publicista brasileiro Joaquim Nabuco observa em *Minha formação* que, numa visita que fizera aos Estados Unidos em fins do século XIX, lhe chamara a atenção o espetáculo público em que se convertiam as campanhas eleitorais.

O espetáculo ampliou-se ao longo de todo o século XX, midiatizou-se fortemente, culminando no fenômeno dos atores-presidentes, isto é, chefes de governo que, mesmo não sendo necessariamente profissionais do ramo, seguem os padrões de uma certa cosmética cênica. Diante da progressiva despolitização substantiva da democracia norte-americana, o modelo só tem feito intensificar-se. Na campanha eleitoral para senado e presidência dos Estados Unidos, em 2000, bastava consultar esporadicamente a imprensa para dar-se conta do jogo intersimulativo entre a realidade político-eleitoral e o imaginário holywoodiano: astros cinematográficos assumiam discursos políticos, enquanto políticos profissionais faziam as vezes de atores.

Bruce Newman, famoso especialista em marketing político e consultor do ex-presidente Bill Clinton, admite que "a televisão tornou-se tão importante na política que os políticos precisam ter as mesmas habilidades dos atores". Ciente de que as pessoas acompanham os acontecimentos na Casa Branca como se assistissem a uma novela, ele afirma que "para muitos americanos a Casa Branca é apenas mais uma estação de tevê".

Isto ficou muito evidente no final de 2000, após o famoso empate eleitoral entre Al Gore e George Bush, na disputa pela presidência dos Estados Unidos. Diante do que se passou depois, o papel anterior da televisão foi mesmo considerado modesto por observadores. A batalha judiciária entre os dois políticos desenrolou-se em tempo real-televisivo, à maneira de uma *soap-opera*, com heróis e vilões, surpresas cotidianas, clímax e doses razoáveis de suspense. O embate pós-eleitoral foi tanto judiciário como televisivo.

Todo esse processo é adaptável, pela americanização generalizada das campanhas eleitorais, às peculiaridades de cada região ou país. Assim é que, quando se discutia em meados de 1999 a viabilidade de Ciro Gomes como candidato à presidência da república, o que nele sublinhava a imprensa (supostamente interpretando o senso comum) era o fato de seu namoro com uma conhecida atriz de televisão, sua fotogenia e, até mesmo, como sugeriu um jornalista, sua cútis: "Pela cor da pele pode-se tornar aceitável o que, em Lula, sofreria as reações do preconceito da classe média. No fundo, votarão em Ciro os que não acreditam no que ele diz"[15].

Mas fingem que acreditam, vale acrescentar, porque na verdade está em jogo a mera adesão por simpatia a uma imagem consoladora. O que aí realmente se vê é o epifenômeno de um padrão politicamente associado e culturalmente analógico ao do *broadcast* televisivo – um Centro irradiador de discursos modernizantes e moralistas (inserção do país na economia-mundo, campanhas contra bodes-expiatórios, estabilização monetária) num espaço de maioria populacional tendencialmente excluída da nova ordem socioeconômica.

Já no período pré-eleitoral de 2001, a ascensão da candidatura de Roseana Sarney, então governadora do Maranhão, à presidência da república, foi preparada por publicitários como se costuma proceder com um produto comercial qualquer. Primeiro, dado o sinal verde de lideranças partidárias da coalizão de centro-direita instalada no Poder, houve a inserção televisiva de filmetes que deveriam servir como balões de ensaio junto à audiência. Em seguida, a colocação oportuna do nome da governadora em pesquisas de opinião, para se testarem os índices de aprovação e de rejeição. Por trás de tudo isso, o aproveitamento midiático de uma "novidade" eleitoral, ou seja, uma imagem feminina jovem e simpática, ainda que à frente de um

---

15. Coelho, Marcelo. *In: Folha de S. Paulo*, de 29/09/1999.

governo de eficácia administrativa duvidosa. O presidente FHC resumiria o processo de produção dessa imagem-produto, em tom aprovativo: "O povo quer uma coisa de mulher, nova e positiva".

Convertido em imagem-produto, o político é investido pela lógica da circulação de signos no mercado, ou seja, pela *moda*, que é sempre arbitrária em suas imposições: ora uma feição conservadora, ora inovadora, a depender do grau de desgaste da imagem em questão. Por esta última razão, nem sempre é publicitariamente desejável a excessiva visibilidade do candidato na televisão, a fim de se evitar a vulgarização de sua imagem.

Ainda que eventualmente fora do dispositivo material (a reprodução técnica da mídia), o homem público pode definir-se pela cosmética personalista implicada na performance midiática e deste modo tornar-se "imagem" tecno-semiótica, funcionando como uma espécie de "signo" resultante da midiatização. Assim como num dispositivo de realidade virtual, onde o usuário faz do computador a sua "pele" (o chamado *wearable computer*), o sujeito humano "veste-se" semioticamente de televisão – isto é, incorpora o código televisivo, passando a reger-se por suas regras quanto a aparência, atitudes, opiniões.

Deve-se, desta maneira, distinguir *medium* de empresa ou corporação de mídia. Enquanto esta última implica uma linha de montagem industrial e comerciais de produtos tecnoculturais (jornalismo, entretenimento, etc.), o medium pode constituir-se a partir da impregnação de esferas particulares de ação da sociedade nacional e mundial (estruturas políticas, tecnoburocráticas e outras) por tecnologias da comunicação, hoje predominantemente eletrônicas e cibernéticas.

Por isso, o próprio indivíduo é suscetível de converter-se em realidade midiática. Núcleo de tecnointerações várias, ele torna-se imagem e *medium* (análogo ao *self-medium* da realidade virtual) e investe-se, por uma espécie de imersão virtual na esfera significativa, das regras do código de visibilidade pública vigentes no momento, tornando-se boa "cara de vitrine". Imagem pública, como se infere, não é a representação tecnicamente audiovisual (retrato, filme, etc.) de um referente humano, mas um simulacro verossímil ou crível. É a realidade tecnocultural de uma aparência, de uma sombra.

Esta concepção não é nada estranha à teoria pragmatista dos signos de Charles Sanders Peirce. Buscando ultrapassar a dicotomia entre signo (uma convenção social, a exemplo de uma palavra, para indicar ou analisar um referente) e pensamento, ele estabelece que o significado é dado por um "interpretante", que atribui valor ao signo. O interpretante é também um signo, que pode atualizar-se ou hipostasiar-se num indivíduo.

Ser "imagem" (signo icônico) pública significa tornar-se interpretante vivo ou núcleo politópico de uma determinada conjuntura de valores, significa tornar-se "medium". Mas significa também se realizar como forma acabada e abstrata da relação humana mediada pelo mercado, ou seja, existir como indivíduo "irreal", mero suporte para signos que se dispõem a representar uma realidade instituída exclusivamente como mercadoria.

3. Um espaço evanescente

Já Schumpeter, um dos precursores das teorias sobre a racionalidade econômica no sistema democrático, detectava traços analógicos entre democracia e mercado de livre-concorrência. Sustentava a equivalência entre eleitores e consumidores: os votos seriam a moeda com que se pagam os programas propostos por "empresários políticos", isto é, os candidatos a postos eletivos[16]. Até aí nada demais. Problemática é a suspeita levantada por Schumpeter de que os compradores (eleitores) agem irracionalmente por não poderem avaliar de fato as mercadorias (programas propostos) que adquirem, enquanto os vendedores (os políticos) voltam-se apenas para a acumulação do próprio poder.

Com a entrada da mídia, exacerba-se o irracionalismo (do ponto de vista utilitário) do jogo formal e competitivo das práticas democráticas. Seria um erro, porém, estabelecer relações de causa e efeito entre a midiatização e as transformações contemporâneas do campo político. O que efetivamente parece ocorrer, segundo Caletti, é "o princípio de um crescente desligamento entre as dimensões do espaço público e do político, e, mais ainda, o princípio de uma crescente

---

16. Cf. Schumpeter, Joseph. *Capitalisme, socialisme et démocratie*. Payot, 1965.

labilidade dos valores socialmente partilhados a respeito do caráter necessário de sua estreita associação"[17].

Entenda-se: com as mudanças profundas nas formas clássicas de sociabilização e participação social, está chegando ao fim a coincidência entre as dimensões do espaço público e do espaço político (a centralidade da política no espaço público), típica do clássico modelo de Estado republicano (ou democrático) no Ocidente. Este é um fenômeno generalizado, como já acentuamos, porém mais agudo em regiões (América Latina, por exemplo) onde predomina o sistema partidário que os politólogos chamam de "não-consolidado", isto é, instável e sem vínculos profundos com a vida social, com a estrutura indiferente ao território e cada vez mais burocraticamente voltada para a sua auto-reprodução.

Público, como se sabe, é primeiramente a designação do controle ou do ordenamento estatal (direito e político) da vida social. Depois, é o espaço onde a sociedade torna visível tudo aquilo que tem em comum, inclusive a semiose coletiva (etiquetas, praças, monumentos, teatros, salões, etc.) resultante da representação que os grupos sociais fazem de si mesmos. Na república moderna, o fenômeno político centralizou ao longo de séculos o espaço público, por ser o modo adequado de acolhimento do conflito social.

Política, por sua vez, é a expressão contraditória dos múltiplos interesses em jogo, logo um fenômeno aberto ao debate e à argumentação racional – por isto, podia Proudhom dizer que "política é a ciência da liberdade". A imprensa escrita foi técnica comunicacional ("a tipografia é a arte criadora da liberdade", sustentava o iluminista Condorcet) própria ao princípio de publicidade, próprio dessa dimensão político-democrática. Tudo isto tinha maior importância, por outro lado, no âmbito do Estado-nação.

Na medida em que o Estado se transnacionaliza, ou pelo menos assim se orienta, e a política torna-se uma dimensão autônoma da vida social, limitando progressivamente as decisões legislativas, as comissões especializadas e as instâncias tecnoburocráticas, assim

---

17. Caletti, Sergio. *Repensar el espacio de lo publico*. Texto apresentado no Seminário Internacional: Tendencias de la Investigación en Comunicación en America Latina, 20/22 de julho de 1999, Lima-Peru, p. 17.

como no jogo eleitoral as coalizões burocráticas, debilita-se o princípio de publicidade dos assuntos de Estado e restringem-se os temas de debate geral. Não se trata exatamente da "morte da política", anunciada pelo discurso pós-modernista, e sim da retirada da atividade política da cena pública e de sua localização em sistemas especialistas (compostos de assessores técnicos, peritos, burocratas financeiros, etc.).

Isso se faz acompanhar do fato, amplamente verificável, de que os setores profissionais e sociais ligados ao que se tem chamado de "análise simbólica" (trabalho altamente qualificado de identificação e solução de problemas) pautam-se por modalidades individualistas de representação, ao invés daquelas implicadas na associação a sindicatos ou partidos políticos[18]. Pode-se chamar a isto de "individualismo de grupo", epifenômeno da individualização generalizada na sociedade contemporânea.

A política em seu sentido mais forte simplesmente deixa de compor a visibilidade do espaço público ou a pluralidade da representação. Passa da linguagem contraditorial e substancialista de um sistema de delegação de poder ao campo concorrencial e adjetivista dos produtos oferecidos ao consumo, tal como o descrito por Schumpeter. A diferença dos valores dissolve-se na equivalência geral da forma-produto. Em vez da sedução sofística (às vezes, dialética) da razão argumentativa, a fascinação tecnonarcísica obtida pela retórica do imaginário.

Por isto, o espaço público da contemporaneidade é cada vez mais construído pelas dimensões variadas do entretenimento ou da estética, em sentido amplo, cujos recursos provêm do imaginário social, do *ethos* sensorial e do subjetivismo privado. Profundamente afetada pela esfera do espetáculo, a vida comum torna-se *medium* publicitário e transforma a cidadania política em performance tecnonarcísica.

Disso resulta a prevalência da mídia na cena pública de hoje. Não se pretende aqui afirmar que ela seja a chave explicativa de todo o processo eleitoral, uma vez que poder financeiro e apoio partidário

18. Em países da periferia capitalista ou "terceiro-mundista", a política tradicional, assolada pelo elitismo e pela corrupção, tende a entrar em colapso, pela incapacidade de representar reais interesses coletivos diante da insegurança econômica. O caso da Venezuela, na virada do milênio, é paradigmático.

são decisivos, além do fato de que dezenas de milhões de pessoas costumam votar (partidariamente, ideologicamente) na oposição ao bloco conservador. O que se sustenta é a tendência à substituição do discurso objetivista, argumentativo e racionalista, compatível com a imprensa clássica, pela narratividade (na forma de "casos") emocionalista da midiatização, o que significa trocar a opinião arrazoada pela percepção esteticista da performance.

Muda a subjetividade dos profissionais da política, assim como sua relação com a sociedade civil. Submetidos a uma pura lógica de mercado, avatares do irracionalismo competitivo apontado por Schumpeter, eles convertem-se em modelos midiáticos, meros "signos" galvanizadores de afetos, sem qualquer outra função representativa além de interesses próprios, forçosamente coincidentes com as formas hegemônicas de controle social.

Collor e FHC – tomados aqui como sujeitos de processos eleitorais paradigmáticos de um novo tipo de controle social, portanto comutáveis com os atores de outros processos políticos – são figuras laboratoriais da implementação forçada de uma nova etapa do capital-mundo no Brasil. Coincidiram, por um lado, com o auge de duas décadas neoliberais marcadas pelo aumento da concentração da renda mundial e pelo conseqüente alargamento do fosso das desigualdades sociais. Por outro, com o momento em que a ditadura político-militar havia cedido lugar a um sistema técnico de organização do consenso (tecnoburocracia decisória, burocratismo partidário, mídia e pesquisas de opinião), que se empenha em simular a humanização democrática do exercício do poder.

Esse não é um fenômeno personalista. Trata-se mesmo de um processo complexo, com muitas variáveis sócio-econômicas, que afetam inclusive os partidos de oposição, publicamente identificados com a velha esquerda política. Nas eleições municipais de 2000, o Partido dos Trabalhadores (suspeito, durante muitos anos, de pretender uma tomada "socialista" do poder) ampliou consideravelmente a sua força política, possivelmente porque já não era mais a mesma formação "ideológica" de antes. Tinha passado de uma predominância politicamente mais radical à condição de uma organização pragmática, caracterizada por uma imagem pública de compostura moral e de eficácia administrativa em nível municipal. Assim é que, no período pré-eleitoral para a presidência em 2001, o assunto da contratação de um grande especialista em marketing eleitoral soava mais alto dentro do partido do que a discussão de qualquer projeto político novo para o país.

Como ironizara um órgão da imprensa escrita conservadora, o PT aparentemente "saiu do vermelho" para o "cor-de-rosa". Leia-se sem a inflexão direitista: adaptou-se às novas regras de um jogo eleitoral, que mais não tinha como pano de fundo social um movimento sindical forte ou ativo, um produtivismo fordista e um empresariado nacionalista. De fato, a vitória e a ascensão eleitoral dos petistas podiam ser objetivamente interpretáveis, não simplesmente como uma "redução do vermelho", mas como a conseqüência de uma rejeição *política* da consciência popular enraizada em seus territórios de vida real aos desígnios globalistas, neoliberais e antiterritoriais do bloco dominante.

Seja à esquerda ou à direita, a adesão consciente do cidadão à normatividade da Ordem é, como se sabe, decisiva para a estabilização das formas contemporâneas de poder. E a mídia assume aí um lugar estratégico. Capitaneada pela televisão, move-se no quadro de um "democratismo" de escolhas binárias (o sim e o não das sondagens ou pesquisas de opinião), influindo normativa e sensorialmente no que diz respeito a costumes, hábitos e juízos de valor circulantes num grupo social determinado. A ela se articulam as pesquisas de opinião, reforçando um campo imaginário (com foros de ciência política) denominado "opinião pública", que tendencialmente substitui o discurso político-representativo tradicional por outro de natureza plebiscitária, afim a uma suposta democracia direta.

Não é nada novo o conceito de opinião pública – produto ideológico direto da Revolução Francesa. Resultado totalizante das opiniões individuais da cidadania, ele se legitimava como uma espécie de substrato ético e apresentava-se como uma entidade moral e fiscalizadora dos três poderes institucionais da república. Mas só a partir dos anos 30 no século XX é que os franceses introduzem este conceito no discurso da ciência política, dando margem ao surgimento da medida estatística do substrato coletivo, administrado por institutos de pesquisa. A disseminação dos métodos de modelagem matemática da opinião é, no entanto, um fenômeno norte-americano.

Essa "opinião" é instrumento de um novo regime de visibilidade pública e, portanto, um novo tipo de controle. Tende a não ser mais do que pura imagem ou objeto inexistente: "[...] Na realidade, o que existe não é a 'opinião pública' ou mesmo 'a opinião avaliada pelas sondagens de opinião', mas, de fato, um novo espaço social dominado por um certo número de agentes – profissionais das sondagens, cientistas políticos, conselheiros em comunicação e *marketing* político, jornalistas, etc. – que utilizam tecnologias modernas como a pesquisa por sondagem, computadores, rádio, televisão, etc.; é através destas que dão existência política autônoma a uma 'opinião pública' fabricada por eles próprios, limitando-se a analisá-la e manipulá-la e, em conseqüência, transformando profundamente a atividade política tal como é apresentada na televisão e pode ser vivida pelos próprios políticos"[19].

Isso que se vem chamando de "novo" jogo político já existe há bastante tempo.

> Há mais de 70 anos, Walter Lippmann, um importante jornalista de seu tempo, em seu livro *Public Opinion*, desconfiava das afirmações de que os cidadãos baseiam suas decisões políticas e sociais no estudo objetivo dos fatos pertinentes. A maioria das nossas decisões se baseia no que ele chamou de "imagens em nossas cabeças", isto é, percepções e preconceitos estanques. A idéia de uma opinião pública informada decidindo questões e ações, disse ele, é, em grande parte, uma fantasia desejável; a tarefa de dirigir o país é realizada pelas elites, comenta Dizard[20].

Isto significa que "a opinião pública não existe", conforme têm sustentado sociólogos como Pierre Bourdieu, Patrick Champagne e outros? O que dizer então da convicção de sérios analistas da política norte-americana de que o *impeachment* do presidente Bill Clinton, em virtude do escândalo sexual com uma estagiária da Casa Branca, teria sido evitado apenas pelo peso da opinião pública? É por demais complexa e obscura a trama dos acontecimentos, mas pode-se levar

---

19. Champagne, Patrick. *Formar a opinião – O novo jogo político*. Vozes, 1988, p. 32.

20. Dizard, Wilson. *A nova mídia – A comunicação de massa na era da informação*. Zahar, 1998, p. 51-52.

principalmente em consideração as afirmações de outra linha séria de analistas (dentre os quais a própria primeira-dama do país) no sentido de que a tentativa de *impeachment* foi de fato um quase golpe de Estado manobrado por facções direitistas. Assim como no caso do término da guerra do Vietnã, as determinantes do resultado final ocorreram nos bastidores do poder, na forma dos velhos *arcana imperii* ou segredos de Estado.

Na verdade, o controle estatístico da cidadania pelas sondagens (a organização do questionário para as entrevistas induz respostas e produz um pseudofenômeno político), canaliza e orienta certas disposições preexistentes ou latentes um *ethos*, portanto convertendo-as virtualmente em opinião "política". Não há dúvida de que a "opinião pública" existe, mas como uma estratégia de buscar o que de algum modo já se tem. E nas campanhas políticas, o *eleitoralismo* resultante termina levando à convicção de que democracia seria pura soma de vontades individuais – a exemplo da escolha "democrática" na esfera do consumo – em vez do equilíbrio real de forças entre interesses de grupos divergentes.

Hoje, de fato, a política – como já dissemos, progressivamente autonomizada em face de outras práticas sociais e dissociada da antiga esfera pública – tende a ser vivida virtualmente ou de modo espasmódico pelos cidadãos, ao sabor de gostos e humores idiossincráticos, como fato de mentalidade e costume, sem que as causas ou as questões públicas tenham maiores conseqüências para a sociedade como um todo[21]. O que na esfera política se experimenta como puro *ethos* é absorvido por todas as técnicas de consenso e controle que confluem para a mídia.

Da mídia para o público não parte apenas influência normativa, mas principalmente emocional e sensorial, com o pano de fundo de uma estetização generalizada da vida social, onde identidades pessoais, comportamentos e até juízos de natureza supostamente ética passam pelo crivo de uma invisível comunidade do gosto, na realida-

---

21. Tecnicamente, tudo isso redunda numa espécie de *know-how* que os especialistas chamam de "americanização das campanhas": o predomínio das aparências políticas criadas por um marketing que não dispensa radiodifusão, Internet, editoração eletrônica e *softwares* de gerência de bases de dados. A palavra-chave é, aqui, "foco político" – transformar o candidato na imagem e na mensagem que os eleitores adorariam "consumir".

de o gosto "médio", estatisticamente determinado. Estimula-se assim uma extroversão sistemática, na forma de um emocionalismo desabrido, cuja influência sensorial – relacionamento das tecnologias comunicacionais com o aparelho perceptivo dos indivíduos – conforma o sentido de nossa presença no território que habitamos, no nosso espaço humano de realização.

4. Habitação e costumes

A esse espaço disposto para a realização ou para a ação humana, forma organizativa das situações cotidianas, o grego antigo deu o nome de *ethos* e fez dele o objeto de uma epistème, a Ética (*Ethiké*). Na palavra *ethos*, e nos modos diferentes como era escrita em grego, ressoa o sentido de habitar, com toda a extensão e conexões dessa idéia. Ela designa tanto morada[22] quanto as condições, as normas, os atos práticos que o homem repetidamente executa e por isso com eles se acostumam, ao se abrigar num espaço determinado. Daí, significar também "caráter" e, por derivação, na retórica aristotélica, a imagem moral que o orador construía discursivamente para o público.

De um modo geral, *ethos* é a *consciência* atuante e objetivada de um grupo social – onde se manifesta a compreensão histórica do sentido da existência, onde têm lugar as interpretações simbólicas do mundo – e, portanto, a instância de regulação das identidades individuais e coletivas. Costumes, hábitos, regras e valores são os materiais que explicitam a sua vigência e regulam, à maneira de uma "segunda natureza" (como estatui um aforisma popular a respeito do hábito), o senso comum. Bem vê o romancista Adolfo Bioy Casares: "Nossos hábitos supõem uma maneira de as coisas acontecerem, uma vaga coerência do mundo" (em *A invenção de Morel*).

Séculos atrás, já para Hume – figura de proa do empirismo iluminista inglês, também teórico utilitarista da moralidade – tudo o que se infere da experiência é mais um efeito do hábito do que do raciocínio: "O hábito é, assim, o grande guia da vida humana. É só esse princípio que torna nossa experiência útil para nós e faz-nos es-

22. Este é o sentido de *ethos* no obscuro fragmento "ethos antropou daimon", de Heráclito, que recebe traduções bastante diversas, como "a morada do homem é o extraordinário", "o homem mora nas imediações de seus deuses" e outras.

perar, no futuro, uma cadeia de acontecimentos semelhante às que ocorreram no passado"[23].

A ética social imediata ou *eticidade*, esta que experimentamos no cotidiano de nossas relações com o *socius*, é propriamente a maneira (que vem de *manere*, permanecer, morar), a forma de vida de um grupo social específico. Forma social (para a sociologia da linhagem de Georg Simmel) ou forma de vida (Wittgenstein) são categorias atinentes à noção de *ethos*. E não há *ethos* sem um ambiente cognitivo que o dinamize, sem uma unidade dinâmica de identificações do grupo, que é o seu modo de relacionamento com a singularidade própria, isto é, a cultura. Aí atuam as formas simbólicas que, historicamente, orientam o conhecimento, a sensibilidade e as ações dos indivíduos.

A palavra cultura é aqui empregada, como se vê, numa acepção mais ampla do que aquela característica da sociedade ocidental, que identificou o seu *ethos* particular com a idéia de universalidade atribuída à sua noção de cultura, por sua vez colocada no centro da experiência da modernidade, ora como realidade de um estamento elitista, ora como homogeneização social. O par cultura/civilização orienta-se – como bem assinala Freud em *Mal-estar na cultura* (1930) – no sentido de beleza, limpeza e de "uma espécie de compulsão à repetição que, tão logo se estabeleça definitivamente um regulamento, decide quando, onde e como uma coisa deve ser feita, de modo que em toda circunstância semelhante não haja hesitação ou indecisão".

Tal é a compulsão da ordem, outro nome para esse tipo de *ethos*, que gera as normas estruturadoras do princípio de realidade, oferecendo segurança, mas por isto mesmo restringindo a liberdade individual. O *ethos* de um indivíduo ou de um grupo é a maneira ou o jeito de agir, isto é, toda a ação rotineira ou costumeira, que implica *contingência*, quer dizer, a vida definida pelo jogo aleatório de carências e interesses, em oposição ao que se apresenta como necessário, como dever-ser.

Toda repetição padronizada de uma ação implica também intervenção e controle da temporalidade, o que atesta o modo de presença do tempo no *ethos*. Por isto, a moderna organização técnica da produção capitalista sempre operou sobre a rotina do trabalho. A lógica tay-

23. Hume, David. *Investigação sobre o entendimento humano*. Ed. Unesp, 1999, p. 67.

lorista do tempo métrico previa o cálculo minucioso do tempo do trabalhador em toda parte da fábrica. No fordismo, a divisão técnica do trabalho mediante uma rígida hierarquia piramidal preconizava a reorganização das funções rotineiras. E se contemporaneamente (nos tempos da especialização dita "flexível") a rotina perde lugar na produção, certamente ressurge, com todo o vigor da mídia, no consumo, como figura de um novo tipo de intervenção social na temporalidade.

De modo geral, a ambiência afetiva ou sensorial gerada pela repetição inerente ao costume contingente ou à ordem é tão envolvente e tão importante na formação do sentimento de estabilidade psíquica ou de fidedignidade a valores e princípios – a "segurança ontológica" – que pode confundir-se com a própria vida. Corresponde à esfera do que Hegel chamou de "sentimento", isto é, uma primeira forma de razão, espontânea, subjetiva e contingente, presente no *ethos* que se transmite de uma geração a outra. Nela se constitui o quadro de referências (cognitivas, religiosas, morais) necessário ao processo de autoconstrução da subjetividade e aos mecanismos psicológicos que organizam as defesas contra as ansiedades existenciais.

Caráter e personalidade afirmam-se, portanto, no modo como o sujeito se conduz, age ou produz. Aí se instala a consciência "prática", de onde parte o controle reflexivo sobre a ação dos agentes sociais, esta que, ao realizar-se, pode transformar tanto o sujeito quanto o objeto. A palavra "prática" vem do grego *práxis* (de *pratto* ou *prasso*, que significa agir, negociar, fazer algo em favor de si mesmo) e designa, desde Platão, além da ação imanente pela qual o sujeito, o indivíduo vivencia o padrão rotineiro do *ethos*, também a possibilidade de transformá-lo, em virtude da finalidade de um bem-agir ou um bem-fazer.

Razão prática (*nous praktikós*) é a expressão de Aristóteles, que interpreta *práxis* como uma conduta modificadora da individualidade dentro da comunidade, portanto, como uma identificação entre ser e fazer, vínculo profundo entre o homem e suas obras. De um modo geral, implica uma ação em que teoria e produção técnica não se separam.

Na Modernidade, a partir de Kant, o bem-agir pertence ao campo da consciência movida pela razão prática, isto é, ao campo do agir que visa à qualidade do agente em função de fins "livres", por oposição aos pragmáticos ou utilitários. Mas, acima de todas as injunções e motivações, está o dever de obediência a um imperativo (categórico), que manda cada um agir da maneira como gostaria, a partir da perspectiva de qualquer ser racional, que os outros agissem. Esta é uma regra de conduta igualitária e submissa ao *universal* humano. Implica a lei moral, princípio definitivo de toda a ação, que se deduz da razão.

Nos termos kantianos, a lei moral – escudada no valor fundamental da humanidade – é um *a priori* do agir humano. Funda, para ele, a razão dita prática, em cujo campo desenvolve-se a consciência modernamente guiada por padrões de benevolência, ordenação, prudência, compaixão. Coletivamente, trata-se da opção pelo bom costume (*mos*, *moris*, em latim) e, individualmente, da faculdade superior de desejar, quer dizer, de produzir livremente efeitos correspondentes às suas representações.

É conhecida a confusão entre os termos moral e ética. Moral, como se sabe, é a tradução latina *moralis* para o grego *éthikos*, um adjetivo que designa em Aristóteles suas reflexões sobre o *ethos*, tanto no sentido de usos e costumes (portanto, como convenções de morada ou de ocupação de um espaço) quanto de atributos do caráter, isto é, virtudes e vícios. Diferenciá-la da ética é optar por uma estratégia de pensamento que reserva à dimensão ética o cuidado com o irrecusável apelo de liberdade (autonomia decisória), com a abertura do projeto humano em sua instalação numa determinada realidade histórica, com a consciência pública.

Embora a filosofia subseqüente tenha dado à palavra "moral" um alcance maior do que o de "costume" – o que muitas vezes legitima o emprego indistinto dos termos ética e moral –, este último significado permanece sempre latente, figurando em Kant (*Sitten,* em *Fundamentos da metafísica dos costumes*, onde "costume" na verdade equivale a moral) e em Hegel (*Fenomenologia do espírito, Princípios de filosofia do direito*), que constrói a idéia de uma moral superior (*Moralitaet*) baseada na moral dos costumes e tradições (*Sittlichkeit*, eticidade, moralidade objetiva ou ainda ética social imediata). Mas a *Moralitaet* hegeliana é uma moralidade subjetiva, ao modo do entendimento kantiano, enquanto que a *Sittlichkeit* implica a objetividade, o "ser dado", das regras em comunidades humanas concretas, politicamente regidas.

Inserindo o ato livre do homem numa historicidade (a sociedade e suas instituições), Hegel opõe-se à abstrata moral kantiana, apoiada em regras ou normas deontológicas (o formalismo dos deveres) com curso universal e veiculada pela subjetividade transcendental, independente da intenção de fazer um bem ou realizar um fim. O conceito de eticidade é muito importante no pensamento hegeliano, porque, comportando tanto as caracterizações objetivas de costumes e do próprio Estado enquanto um todo substancial como as subjetivas de dever e virtude, permite a unificação entre subjetividade e objetividade.

Ao juízo moral abstrato, por outro lado, interessa tão-só a conduta apropriada, no limite indiferente às idéias, aos fins, à política. Os valores a estes referentes têm a ver com a esfera do que é público ou comum a todos, enquanto que os valores definidos pelos juízos morais dizem respeito à esfera da consciência e das relações privadas. Assim é que a subjetividade moral corresponde historicamente a um novo modo de vinculação humana baseado no atomismo dos direitos e na sua reunificação pela vontade (noção por isso mesmo importante na doutrina kantiana) política.

Esse tipo de juízo tem prevalência sobre qualquer outro horizonte ético-político, o que explica em parte a sua adequação à ordem social contemporânea, regida pelo universalismo dos direitos individuais e pelo imperativo de se otimizar a produção e o consumo em detrimento de outros fins humanos.

É fato observável que a sociedade contemporânea determina e integra a sua prática relacional por meio da escolha individualista quanto a comportamentos e modos de pensar. Moral é um nome historicamente consolidado para a expressão básica e determinante do julgamento sobre o que, em ações e pensamentos, é bom ou mau. Apresenta-se, assim, como um paradigma de regras e pontos de vista ou como um conjunto sistemático de normas do foro interior, com o qual se identificam grupos e indivíduos em seus diversos processos de socialização.

O que há mesmo na vida prática, porém, é uma diversidade de "morais" ou moralidades, isto é, de conjuntos de regras de ação e conduta assumidas por diferentes estratos sociais, ou então de códigos deontológicos atuantes no âmbito corporativo/empresarial. Em termos mais claros, na diferenciação típica da moderna sociedade secular, um grupo específico pode ter como base de sua identificação qualitativa um paradigma de valores rejeitado por outro grupo. Como não existe consenso absoluto sobre o julgamento moral, impõe-se (apesar da discordância de Kant quanto a este ponto) o direito ou a legalidade.

Mas a obrigação moral permanece latente, representando uma interpelação anônima ou coletiva à consciência do sujeito social. É sempre a palavra de um outro que se impõe. Pode ser veiculada por qualquer instância, mas sua força costuma partir, na modernidade, da institucionalização da experiência religiosa (ainda quando esta se apresenta podada de vínculos com o sagrado) ou mesmo da palavra daqueles que se autorizam como porta-vozes de estruturas imutáveis e intemporais.

A força do profético ou do para-institucional – presente nesses discursos, que pretendem refletir a vontade de Deus ou de um Absoluto – está sempre ligada a uma moral. Calvino, o reformador, impunha-se moralmente como "a boca de Deus" e competia em influência político-social com os poderes institucionais.

O discurso profético-religioso com força moral transmuta-se eventualmente em revolta, política e, na contemporaneidade, em *ethos* dos meios de comunicação. A midiatização da sociedade oferece a perspectiva de um eticismo vicário ou paralelo, atravessado por injunções da ordem de "ter de" e "dever" e suscetível de configurar uma circularidade de natureza moral, fundamentada pela tecnologia e pelo mercado.

Nesta configuração circular, encontra-se a diferença entre a profecia antiga e a nova, midiática: enquanto a antiga referia-se a uma "outra" coisa, a exemplo do vaticínio de um evento futuro, a midiática fala autoprofeticamente de si mesma, procurando deixar claro que o futuro já chegou e que o reino dos céus está ao alcance do desejo de qualquer consumidor. Consumo e moralidade passam a equivaler-se.

Não se trata mais, portanto, da moral repressiva que impunha, nos termos freudianos, "grandes sacrifícios" à sexualidade e aos anseios de liberdade individual – a mesma que, na primeira modernidade, realizava os constrangimentos civilizatórios – e sim agora de uma eticidade injuntiva, exaltiva do desejo individual, para capturá-lo, em nome da qualificação existencial orientada pelo mercado. Chamar a atenção, atrair e manter sobre si mesmo o olhar do outro, converte-se em valor moral.

Como quarta esfera existencial ou quarto *bios* "aristotélico", a mídia é levada a encenar uma nova moralidade objetiva – consentânea com a reforma cognitiva e moral necessária à ordem do consumo –, pautada pela criação de uma eticidade (no sentido, parcialmente hegeliano, de costumes e rotinas socialmente dadas) vicária e de conteúdos "costumbristas" (desde a produção do "atual" até a reiteração de uma atmosfera familiar em formas de vida variadas), a partir de ensaios, "negociações" discursivas ou interfaces com o *ethos* tradicional. Se partirmos da afirmação aforística de hábito como uma "segunda" natureza, chegaremos necessariamente à idéia do *bios* midiático como uma "terceira natureza" humana.

Ao mesmo tempo, a mídia é também levada a encenar uma nova *doxa* (no antigo duplo significado de "opinião" e "celebridade"), a partir da qual se fala e se reconhece o valor social do outro. Com a Internet, mais do que encenação, há uma verdadeira virtualização do mundo, com possibilidades de caos e acaso.

No interior desse reordenamento social, os conteúdos (o que se diz), os significados, são naturalmente afins ao código de circulação das mercadorias, cuja economia responde pela manutenção do sistema. Mas no limite, com o sentido exaurido pela repetição acelerada, o conteúdo perde a importância para a forma lógica do sistema, que se impõe como vigência de um princípio sem significado e progressivamente sem apoio em referências concretas da realidade histórica – "o meio é a mensagem", como estipula a formulação mcluhaniana.

A *forma-medium* torna-se, assim, uma espécie de suporte da consciência prática na medida em que os fluxos informativos fazem interface, reorganizam ou mesmo inventam rotinas inscritas no espaço-tempo existencial. A própria recepção ou consumo dos produtos midiáticos apresenta-se como atividade rotineira, integrada em outras que são características da vida cotidiana. E tudo com um viés moral próprio, que corresponde, por um lado, ao *ethos* individualista do universalismo jurídico (o formalismo dos direitos humanos ou da suposta igualdade de todos diante da lei) e, por outro, à abstrata equivalência dos sujeitos da troca na economia monetária.

É o que se explicita na realidade do mercado: o sujeito é sempre individual e só existe socialmente enquanto tem algo para comprar ou vender, ou pelo menos assim pense. Mas ao mesmo tempo trata-se de viés idêntico ao da profecia, por oferecer-se em última análise como ponto de vista absoluto (porque onividente e ubíquo) sobre o mundo, como uma espécie de "boca de Deus" sem nenhum sagrado ou nenhuma divindade por detrás, a não ser o capital como lei universal de organização do mundo.

A alguns poderá talvez parecer inadequada a aplicação da noção de moral ao que se vem discutindo. Um argumento provável: a atitude de adesão à mídia não se define como exigência intersubjetiva e, portanto, não pertenceria à moral. A isto se poderá responder que a mídia, enquanto sintaxe de um novo modo de organização social e agendamento universalista, implica uma qualificação especial da vida, logo, uma ordem sub-reptícia de exigências no que diz respeito a valores, a partir de uma intersubjetividade simulada e paralela.

Outro argumento contrário seria o de que a idéia de moral traz à consciência conotações de imperatividade na direção da atitude virtuosa, com sanções implícitas. É preciso, no entanto, ter em mente que um princípio moral, apesar de Kant, não é exclusivamente imperativo, isto é, não se reduz ao enunciado de uma conduta repressivamente obrigatória, do tipo "todos devem andar vestidos em público", característica das *convenções* sociais, embora a idéia de um acordo possa estar latente em toda moralidade. A linguagem da moral é essencialmente prescritivista (algo assim como o conteúdo injuntivo de uma receita médica), o que implica pensá-la, para além da obrigatoriedade mandatória, como uma orientação racional ou logicamente justificável sobre possibilidades de conduta e dependente de um querer pessoal.

O obrigatório depende neste caso do reconhecimento intersubjetivo de práticas e hábitos adquiridos graças a uma *forma convincente* montada pelo grupo social. Deste modo, os enunciados morais vinculam as consciências individuais a padrões grupalmente aprovados (no empenho de resolver tensões e conflitos) e coordenam as ações públicas dos atores sociais. O convencimento decorre da racionalidade e da credibilidade dos conteúdos cognitivos dos enunciados.

Por isto, o "espelho" midiático, com todas as suas variadas técnicas de verossimilhança "naturalista" (a clonagem imagística do mundo, seja por imagens cinematográficas e televisivas, seja pela visualidade computacional das redes) é, em si mesmo, gerador de um novo tipo de controle moral, publicitário-mercadológico. Nos exemplos políticos que antes examinamos, a moralidade foi publicamente invocada para caucionar a derrubada civil de chefes de governo como Fernando Collor, Alberto Fujimori (e outros, no cenário internacional, em datas próximas). No caso de Fujimori (novembro de 2000), o Congresso peruano chegou a proclamar sua "inadequação moral" para o cargo. Publicamente exposto por um vídeo (mais do que por todas as suas mazelas políticas anteriores), perdeu a garantia estética da imagem.

A prescrição moral, com pressuposições lógicas (aja de tal modo, porque é "moderno", porque é o "melhor", etc., segundo a lógica da inserção social na contemporaneidade), está de fato implícita no discurso midiático. Inexiste sanção externa ou explícita para a falha na observância dessa prescrição, mas fica implícita a *vergonha* (fato interno), conseqüente à autodesvalorização estética, à inadequação pessoal a um padrão[24]. É o padrão identitário valorizado que vai permitir ao indivíduo atingir um *optimum* de reconhecimento social.

A eticidade moralista da mídia é de fato pensável como manifestação particular de uma "ética material", tal como a entende Scheler, ao sustentar que "toda ética material é forçosamente hedonismo e se funda na existência de estados de prazer sensível produzidos pelos objetos"[25]. Daí, a heteronomia dessa ética (sua dependência do mercado) e sua colocação da pessoa a serviço de seus próprios estados emocionais ou das "coisas-bens" chamadas mercadorias. O "bem" que aí se inclui no nexo causal das coisas reais é o ato de consumo.

5. O caos e o índice

Mas a prescrição moral-midiática é difusa, sem linearidade discursiva ou regulamentação explícita, de certo modo semelhante ao que Lyotard chama de *diferendo*, isto é, uma situação carente de regra

---

24. Vergonha é, aliás, a sanção prevista pelas teorias contratualistas da moral, em autores como J.L. Mackie e J. Rawls.

25. Scheler, Max. Ética – Nuevo ensayo de fundamentación de un personalismo ético. *Revista de Occidente*, 1948, p. 33.

de juízo estável, incapaz de solucionar um conflito[26]. Semelhante também, vale observar, à lógica não-seqüencial ou "caótica" do hipertexto cibernético, diante do qual a postura cognitiva mais adequada ao usuário é a da "exploração" interpretativa, em vez da dedução de verdades. Nenhuma hierarquia discursiva organiza os regimes heterogêneos de expressões da mídia, assim como não existe um agendamento homogêneo de seus conteúdos.

Indiciário é como Verón tem procurado aqui e ali caracterizar o regime semiótico da mídia em sua predominância televisiva[27]. Índice, como bem precisam os semiólogos, é um signo que não representa um significado universal e abstrato (lingüístico), mas uma situação, apropriável no interior de um processo dinâmico de significação, em especial nas relações interpessoais, onde gestos, olhares, movimentos corporais, etc., compõem a enunciação. Na ordem do indiciário, os conceitos ficam em segundo plano – logo, o discurso argumentativo –, dando lugar a posicionamentos subjetivistas caucionados por uma atmosfera sensorial, um gosto, oriundos do imaginário social e induzidos pela interpretação situacional dos índices. Desaparece aqui qualquer possibilidade de hipotaxe lógica dos enunciados.

Isso permite fazer uma aproximação entre o processamento dos conteúdos socioculturais da televisão e o processo conhecido pela teoria psicanalítica como *Durcharbeitung* ("perlaboração", em português), isto é, um retrabalho contínuo dos materiais discursivos (falas, sonhos, atos falhos, atuações) que se oferecem à interpretação, de tal maneira que nada pode definir-se como um produto racionalmente acabado[28]. Com efeito, diante de um material discursivo qualquer, pode-se trabalhar *com* ele – isto é, usá-lo instrumentalmente para a obtenção de uma finalidade específica –, mas também trabalhar ou "laborar" *através dele*, ou seja, percorrê-lo sem uma direção já pronta e estabelecida, aceitando a variedade dos caminhos sugerida pelo posicionamento do intérprete frente aos índices.

---

26. Cf. Lyotard, Jean-François. *Le Différend*. Minuit, 1983.

27. Cf. Verón, Eliseo. *Semiosis de lo ideológico y del poder – La mediatización*.Curso editado pela Oficina de Publicaciones del CBC, Universidad de Buenos Aires, 1995.

28. Cf. Ellis, J. Television as working through. *In:* Gripsrud, J. (ed.) *Media and knowledge – The role of television*. Working Papers, nº 2, University of Bergen (Noruega), 1996.

O conteúdo midiático – tanto na mídia tradicional quanto nas redes ciberculturais, na hipermídia – apresenta-se como um fluxo heterogêneo, senão estilhaçado, de dados significativos da existência, mas sempre sob modalidades de discurso afins ou compatíveis com microuniversos da eticidade cotidiana. Na mídia tradicional, a afinidade tende a ser regida em última instância pelo mercado (em sua mediação publicitária, propulsionada pela curiosidade e pela inovação), mas entra também em cena um sem-número de variáveis, que obrigam a levar em conta uma difusa demanda simbólica das classes economicamente subalternas e que ensejam negociações político-discursivas entre os dispositivos tecnoculturais e o público.

Nas redes ciberculturais predomina um contexto de processos inter-relacionados – o hipertexto –, mas de natureza mutante, já que qualquer novo texto pode introduzir uma modificação. Escrita e leitura sistematizam-se como não-seqüenciais, possibilita-se a interatividade e produzem-se elos (*links*) intertextuais.

Regime do indiciário, ausência de linearidade, diferendo, perlaboração, realidade hipertextual, transversalidade discursiva frente a um sentido totalizante das coisas, transformação dos modos clássicos de apreensão do espaço e dos objetos – diferentes perspectivas analíticas para uma mesma realidade de aumento da margem de indecidibilidade quanto a relações de causa e efeito entre mídia e sociedade. É como se fossem dois sistemas operativos baseados em regras diferentes – dois "mundos" – e cada um deles, mesmo em contínua interface, apenas projetasse a sua sombra, um simulacro de funcionamento, sobre o outro.

Essa "sombra" equivale ao fantasma que, desde meados do século XIX, alguns pensadores denominavam de "público", acusado por Kierkegaard de ser "tudo e nada, o mais perigoso e o mais insignificante dos poderes". Logo, uma sombra com efeitos práticos, considerando-se as interseções, as permeabilizações ou as interfaces hibridizantes de hoje.

Os autores que trabalham com a hipótese do "bom uso social" da mídia tendem geralmente a pesquisar e a explorar as possibilidades oferecidas por essas hibridizações, às vezes descritas como "mediações". É esta a orientação teórica, por exemplo, de Barbero, que costuma analisar as modalidades de interface cultural entre a mídia tradicional e a cultura popular, em especial os gêneros melodramáticos,[29] visando a mostrar suas articulações com relações sociais concretas.

Com outra linha metodológica, mas igualmente dentro da hipótese de um "contágio" cultural ou semiótico entre as duas ordens, o norte-americano Richard Dawkins criou a noção de "meme" (derivada de uma suposta teoria denominada *memetics*), ou "vírus da mente"[30]. O *meme* seria uma "unidade básica de imitação", capaz de replicar um repertório cultural, assim como o gene replica uma estrutura biológica. Só que o vírus funcionaria nos dois sentidos, contribuindo para o bombardeio da cultura tradicional americana por imagens midiáticas.

Mais convincentemente do que dissertações acadêmicas, uma ficção do conhecido escritor norte-americano Elmore Leonard, essa interpenetração entre as duas esferas existenciais. Na novela policial *Be Cool*, o personagem Chili Palmer, produtor de cinema, desenvolve suas ações por meio de um jogo de passagens entre o espaço "real" e o "diegético" da cinematografia. Um acontecimento na vida real, mesmo a morte de alguém, pode ser apenas o prólogo para uma cena num futuro filme. O real é ironicamente produzido pelo personagem em função do virtual cinematográfico e em tal intensidade, com torções contínuas entre os dois planos (como na cinta de Moebius, em que se passa, sem rupturas, da superfície interna para a externa e vice-versa), que o leitor se torna indeciso quanto à identidade do mundo original.

Sem rupturas espaciais ou temporais, entenda-se, porque há uma torção identitária, como um efeito especular, na passagem de um plano a outro. É o que acontece na televisão, tal como o descrito por Requena: "Encontramo-nos ante um dispositivo de enunciação estruturado em torno de um espelho, que se desenvolve em um jogo de espelhamentos: o enunciador é o espelho de um constructo (o espectador estatístico deduzido pelo audímetro), e, por sua vez, o enunciatário é o espelho desse espelho"[31].

---

29. Cf. Barbero, Jesus Martin. *Dos meios às mediações*. Editora UFRJ, 1998.

30. Cf. Dawkins, Richard. *O gene egoísta*. Itatiaia, 1989.

31. Requena, Jesus Gonzalez. *El discurso televisivo: Espectáculo de la posmodernidad*. Catedra, 1995, p. 129.

Na medida em que esse "jogo" continue por organização midiática, relacionada com instituições sociais, ou seja, por midiatização, a representação estatística dos indivíduos reais (uma abstração que se realiza como representação fantasmática da coletividade) termina realizando-se como imagem pública e reforçando o sentimento de indecisão quanto à realidade do mundo.

Parte efetivamente de um diagnóstico de incerteza identitária a metáfora de "desrealização" do mundo tradicional pela mídia, e possivelmente se deva à distância semiótica entre uma e outra ordem a dificuldade das categorias analíticas clássicas (sociológicas, psicológicas, antropológicas, etc.) para avaliar adequadamente a questão de influências e efeitos. Os especialistas em publicidade e marketing trabalham com a hipótese da incerteza, uma vez que nenhuma pesquisa garante realmente uma relação de causa e efeito entre seus resultados e o comportamento efetivo do público: os acertos são geralmente aleatórios.

De fato, apesar do volume impressionante de estudos sobre os efeitos dos diversos meios de comunicação sobre jovens e adultos, permanece próximo de zero o estado dos conhecimentos. Já em 1963, um relatório da Unesco sobre a relação do cinema com comportamentos desviantes de crianças atestava: "Tudo aquilo que sabemos com toda a certeza sobre o cinema é que não sabemos grande coisa com certeza"[32]. Mais de trinta anos depois, estudos desse gênero continuam concluindo pela mesma incerteza.

A hipótese da *agenda-setting* é insuficiente, como se vê. A agenda existe como função, mas não isolada, à maneira de um instrumento à parte do sujeito. O agendamento só funciona por força das prescrições de natureza moral, potencializadas pela *iluminação* da tecnologia e do mercado, em consonância com a profunda afetação da vida comum pela tecnocultura.

Afetação não significa total absorção da forma de vida tradicional pelo *bios* midiático, o que equivale a dizer que o "midiático" é apenas aquela parte de um fenômeno que a tecnocultura "ilumina", deixando fora deste foco partes em geral muito importantes, mas não adequadas à imagem ou não afinadas com o jogo das aparências

32. Cf. *L'influence du cinéma sur les enfants et les adolescents*. Unesco, 1963.

sociais. Isto pode variar segundo os diferentes momentos de uma mesma forma social ou segundo a variedade das características de cada sociedade.

Inexiste, assim, uma constante (logo, qualquer determinismo do tipo causa e efeito) no poder agendador da eticidade midiática. É como se a mesma impossibilidade de demonstrar matematicamente o perfeito equilíbrio do mercado se reencontrasse na determinação causal dos efeitos da mídia, comandada pelo mercado, sobre a vida social. O que o midiático deixa na obscuridade pode implicar aspectos cruciais da vida social (decisões político-econômicas, planejamento das cidades, investimentos em pesquisas tecnocientíficas, despesas públicas, etc.) muitas vezes responsáveis por causas que passam longe da superfície, onde em geral "surfam" os acontecimentos da mídia.

Pode-se também deixar na obscuridade fatos históricos importantes e assim apagá-los da consciência pública. Por exemplo, durante a Guerra do Golfo a mídia internacional conseguiu convencer o público de que praticamente não houve mortes (não eram mostradas, propagandeavam-se os bombardeiros "cirúrgicos"), quando se tem conhecimento de que 130 a 150 mil cadáveres foram o resultado de quarenta dias e noites de bombas sobre Bagdá. Já em 2001, a mídia eletrônica dos Estados Unidos e da América Latina, diferentemente da européia, não "iluminava" os corpos mutilados de crianças e velhos durante os bombardeios de Kabul, capital do Afeganistão.

Iluminar, por outro lado, significa não apenas concentrar o foco visionário das tecnologias comunicacionais sobre determinados aspectos da realidade, mas principalmente fazê-lo no quadro de uma *estesia* (a receptividade sensorial praticada na vida em comum) ou de uma estética que não se confunde com a arte. Já muito tempo atrás, Jan Mukorovsky, um dos principais teóricos do Círculo Lingüístico de Praga, sustentava que a arte não é o único veículo da função estética e que qualquer produto da atividade humana pode tornar-se "signo estético". Toda uma estesia prescritivista ou moral generaliza-se midiaticamente para a esfera social por meio de signos e ícones da ordem do consumo.

Por isto é que se pode ocultar mostrando, ou seja, exibir realisticamente um aspecto do mundo, mas ao mesmo tempo impedir a sua justa interpretação por meio de um "engana-olho" estético: o "agradável" da forma exibida anestesia sensorialmente a sensibilidade crítica. E o agradável está sujeito às variações da moda. Por exemplo, o tipo midiático ideal (o matuto ingênuo, mas honesto) que agradava nos teledramas anteriores à eleição de Collor já era desagradável depois de sua chegada à presidência da república, conforme os padrões "estético-esquerdistas" de uma minissérie televisiva (*Anos rebeldes*, TV Globo, 1992).

A estesia midiática é, assim, a mesma do consumo. Para melhor entender esta identificação, é preciso levar em conta que o veloz empilhamento dos objetos industriais postos no mercado leva à saturação de seu valor de uso, isto é, ao limite de sua existência como pura e simples utilidade. Considere-se um objeto como o relógio: na ordem do consumo tradicional, ele podia permanecer décadas ou gerações no pulso de um indivíduo; hoje, entretanto, a menos que seja de ouro e caríssimo, é um bem descartável, em rápida obsolescência, pronto a ser substituído por outro, com nova aparência. Não é tanto o objeto-valor-de-uso que move o desejo de consumir, mas a emoção ou a sensação vinculadas à semiose (marca, desenho, cores) do objeto, ou seja, à *imagem* como forma acabada da mercadoria.

É precisamente isto o que Baudrillard tem enfatizado há décadas: a ideologia do consumo seduz primeiramente a consciência, não com objetos ou bens materiais, mas com imagem. Imagem de quê? "Imagem consumida do consumo", isto é, a idéia do consumo enquanto modo novo de territorialização dos indivíduos[33], portanto um novo tipo de *ethos* e de moralidade. Basicamente sensorial, o consumo é a atmosfera mítica, emocional, do mercado e da mídia, que se empenham na reorganização das rotinas ligadas aos tempos mortos (o lazer) da produção em função do ato aquisitivo. Televisão, por exemplo, apresenta-se como o fluxo de um quotidiano quase-real. Mercado (seu princípio) é circulação infinita do psiquísmo em torno da mercadoria virtualizada (como se esta estivesse *dentro* do espelho), de sensações em suma, de modo a jamais interromper-se o fluxo do desejo de um "novo" – acontecimento, informação, objeto.

---

33. Este ponto de vista encontra-se disseminado em várias das análises de Jean Baudrillard, porém de modo mais sistemático em livros como *A sociedade de consumo* (Elfos, 1995) e *Pour une critique de l'économie politique du signe* (Gallimard)

A moral decorrente da eticidade mercadológico-midiática tem sintetizado elementos das velhas doutrinas do utilitarismo (o hedonismo individualista) e do sensualismo (os sentidos tendem a comandar a esfera das idéias). Mas ao mesmo tempo deixa bem claro que, mais do que conteúdos cognitiva e objetivamente sustentáveis (juízos), são afetos e sensações que presidem aos jogos discursivos da moralidade.

A eficácia da generalização dessa eticidade na sociedade tradicional é assegurada pela ilusão simulativa (nesta, tem-se a "sensação" de estar informado, por exemplo, pelo fato de estar "quase-presente" ao acontecimento veiculado pela imagem) e pela retórica repetitiva, simplificadora e veloz das mensagens. O emocionalismo infantilizante daí decorrente confunde-se com a informação classicamente definida pela transmissão de conteúdos pertinentes à compreensão da realidade histórica.

6. Uma outra realidade

Esse mecanismo esteticista responde por efeitos e influências. Um exemplo na esfera política: desde que entrou no ar, em fevereiro de 1996, a TV Senado alterou em muito o comportamento dos senadores. É que, diante da vigilância de um público potencial de dez milhões de telespectadores, mudou o tom dos debates, tornando-se os discursos mais agressivos e mais cuidadosos no que diz respeito ao apuro lingüístico, à qualidade da informação e à aparência física dos parlamentares.

No vídeo, encena-se uma "outra" realidade[34]. Foi precisamente a constatação deste fato que, em certo momento da vida brasileira, gerou suspeição sobre os atos das comissões parlamentares de inquéritos, corretas quanto aos objetivos institucionais, mas progressivamente voltadas para a produção de efeitos espetaculares. A preocupação com o foco midiático terminava levando os parlamentares a esquecer as regras comezinhas do ordenamento jurídico.

Os exemplos se sucedem, em várias instâncias. Um de natureza social: nos primeiros meses do ano de 1999, uma telenovela – cujos

---

34. Cf. *Jornal do Brasil*, de 04/04/1999.

personagens mais bem situados na vida moravam na Barra, bairro de novos ricos ou "emergentes", na Zona Sul do Rio de Janeiro – sugeria esporadicamente o anacronismo ou a condição social inferior de bairros tradicionais da cidade. Ao mesmo tempo, desenvolvia-se na mídia uma campanha publicitária (claramente vinculada a interesses de especulação imobiliária ou outros de natureza mercantil). Morar na Barra tornava-se estético-moralmente agendado, portanto iluminado como um "bem", em detrimento de lugares mais antigos, aos quais se atribuía um *ethos* negativo.

A mídia não determina coisa alguma, como se vê, mas prescreve. E isto pode funcionar com qualquer coisa, inclusive com opções eleitorais, como já vimos. Desta maneira, hábitos fortemente arraigados podem mudar: a ordem religiosa das carmelitas, segundo consta, conseguiu associar a seu rígido voto de silêncio o uso dos telefones celulares, então na ordem do dia do consumo.

Dá-se na prática uma epifania banal, que advém do poder midiático de prescrever o nome adequado para as coisas, de "batizar", segundo os cânones da modernidade tecnológica e comercial. Nomear, como bem se sabe, implica apropriar-se de algum modo daquilo que se nomeia, mas pode também implicar a própria criação daquilo de que fala, do mesmo modo que a observação de um fenômeno é capaz de modificar tanto o observado quanto o observador.

A iluminação midiática implica uma retórica, que observa, dá nome e cria um *ethos* particular, compatível com a razão tecnomercadológica. É esclarecedor aqui rever o aspecto retórico do conceito de *ethos* (imagem moral do orador), uma vez que a mídia funciona exatamente como o realizador do que Aristóteles (*Arte retórica*, II, 1) designava como *prova ética*, isto é, a produção de um discurso eficaz (por espetáculo, persuasão, verossimilhança, etc.) junto ao público. A *prova patética* (igualmente constante da retórica aristotélica e cujo principal efeito era a mobilização sensorial) é, na mídia, uma das dimensões estéticas dessa eficácia.

À luz dessa iluminação estetizante, que leva ao agendamento eticista, pode-se entender as flutuações da "opinião pública" diante de situações conjunturais. Por exemplo, quando houve a crise global dos mercados financeiros em fins de 1997, as pesquisas de opinião atestaram uma baixa na popularidade do presidente brasileiro, devido à providência governamental de aumentar os juros para reter os capitais especulativos. Não era a informação econômica – entendida aqui como o conhecimento racional das causas e efeitos virtuais da crise – que efetivamente condicionava a "opinião" do público, mas uma atmosfera (sensorial, emocional) de dúvidas suscitada pela mídia, mesmo sem ataques diretos ao presidente. Prescrevia-se, na verdade, um *ethos* negativo para o estado de coisas conduzido pelo governo.

Um *ethos* positivo pode ser prescrito às vezes contra a opinião doutrinariamente conservadora de setores ponderáveis das classes médias urbanas. Um exemplo é a telenovela *O rei do gado* (de Benedito Ruy Barbosa, TV Globo, 1996/1997), que chegou a criar uma atmosfera simpática para o Movimento dos Sem Terra (MST), um dos mais significativos movimentos populares do Brasil nas últimas décadas, geralmente satanizado pela grande imprensa e por estratos sociais politicamente retrógrados. O clima favorável devia-se a personagens comunicativos e ao reconhecimento emocional de problemas identificáveis como "humanos". Nada disso implica qualquer apoio político-ideológico. Um ano após o término da novela, uma pesquisa revelava que o mesmo tipo de público já havia mudado o seu foco emocional para outros objetos "agendados" e era incapaz de saber o que fosse reforma agrária.

O agendamento prescritivo opera não apenas no circuito aberto da mídia (os clássicos meios de comunicação como jornal, rádio, revista, televisão, cinema, disco, etc.), mas também nos desdobramentos privados, a exemplo dos videojogos, bons exemplos atuais da realidade virtual destinada ao consumo de massa.

Tomemos como exemplo "Runabout" (japonês, na forma de *compact disc*, vendido no final dos anos noventa), que mistura ação e velocidade. O que se propõe:

> Na história, você trabalha para a máfia e tem uns "servicinhos" sujos para executar a pedido dos grandes chefões. De início, o usuário pode escolher entre quatro veículos para detonar nas pistas. Dá para regular a direção, suspensão, aceleração e freios. Usando um mapa, você consegue com mais facilidade localizar seus objetivos e depois fugir antes que o tempo da corrida se encerre.

São múltiplas as situações e as instruções: "No centro da cidade (*downtown*), para executar sua missão, você precisa pegar seis caixas no bairro chinês, e escapar disparado da polícia. Para cortar caminho, passe por dentro do *shopping*". E assim por diante.

Seja no monitor da televisão ou do computador, o videojogo implica experiências psicológicas e morais com a identidade do usuário. *Runabout*, por exemplo, consiste numa fragmentação do espetáculo televisivo ou cinematográfico, uma derivação de clichês ficcionais tecnicamente interativa: retoma, em forma de imagens sintéticas, situações e cursos de ação típicos de filmes populares correntes na mídia, com o acréscimo de prescrições explícitas, já que se trata precisamente de jogar com as possibilidades oferecidas. A moral que prescreve é claramente maníaca ou criminogênica.

Poderia ser (a depender das intenções pedagógicas do produtor) algo "edificante" ou com conteúdos atinentes à moralidade tradicional. Na verdade, para o mercado, pouco importa: a fórmula essencial da moral midiática, pelo menos até agora, é comprar e vender.

Dessa moral surge uma perspectiva teórica – na verdade, uma "doutrina de acompanhamento" de realidades já socialmente estabelecidas – que legitima socioculturalmente o consumo como novo *locus* de reprodução da força de trabalho e de expansão do capital. Para criticar a racionalidade elitista da Escola de Frankfurt e mesmo o mecanicismo econômico, as doutrinas apologéticas do que se vem chamando de hibridização tecnomercadológica vêem no substrato relacional implicado no consumo a possibilidade de repartição do "produto social" e a chave do novo sistema de integração e comunicação. Na possível interação do sujeito com a mídia vislumbra-se um espaço de criatividade e liberdade, até mesmo um novo horizonte de cidadania.

Esse tipo de pensamento costuma deixar de lado a evidência de que o encolhimento do Estado contemporâneo, concomitante à expansão do mercado, significa a diminuição da esfera social em que se desenvolve a cidadania. Claro, é possível pensar numa montagem de um tipo novo de cidadania, que a técnica tenha o primado. Mas não se pode desconhecer que se enfraquece aí a cidadania medida pela relação ético-política do Estado com a demanda cívica e social das massas. A euforia tecnomercadológica por parte de estratos privilegiados da sociedade faz parte de uma estratégia autolegitimitadora. Diz Friedman: "Os híbridos e os teóricos da hibridização são produtos de um grupo que se auto-identifica ou identifica o mundo nesses termos, não como resultado de compreensão etnográfica, mas como ato de autodefinição"[35].

Tudo isto, na verdade, já soa antigo, de mais de três décadas atrás, embora ainda seja capaz de gerar na América Latina, sob o influxo do neoliberalismo globalista, ideologias teóricas voltadas para a ilusão de uma nova "cidadania" por vias do mercado. Ilusão, com efeito, porque cidadania é um conceito fundamentalmente político, ligado à tradição republicana, e não econômico-mercantilista. Levar em consideração o caráter técnico da constituição de uma cidadania nos dias de hoje não significa absolutamente atrelar esse conceito aos dispositivos do mercado.

O que deixa evidente, no entanto, esse tipo de pensamento é o reconhecimento implícito de que a natureza da mídia tradicional é mesmo a de uma sociabilidade vicária, organizada pelo imperativo publicitário do consumo, na verdade uma reinterpretação pragmática da moral utilitarista – doutrina formulada tanto por Jeremy Bentham (1748-1832) quanto por John Stuart Mill (1808-1873), que propõe o princípio de utilidade, medido por um "cálculo hedonístico", para determinar o acerto de uma ação – justificada pela lógica universalista do mercado.

A mídia fala do mundo para vendê-lo ou para agilizá-lo em termos circulatórios – sua verdadeira agenda é a do liberalismo comercial. Sua moral utilitarista, com o mercado como vetor de mudanças (portanto, um moral liberal de comerciantes, anglo-saxônica em seu velho acento liberal sobre o individualismo e mercado), não contempla a utilidade social, pelo contrário, é privatista e redutora da sensibilidade quanto ao coletivo. Uma das matrizes semiótico-literárias dessa atitude é o romantismo popular, cujo *ethos* sustenta a personalidade eternamente insatisfeita, propensa a consumir toda e qualquer promessa (narrativas escapistas, artefatos narcísicos, etc.) de consolo ou reparação do tédio individual.

---

35. Friedman, Jonathan, cf. Bauman, Zygmunt. *Op. cit.*, p. 108.

Trata-se de um processo antitético à forma clássica da representação política, uma vez que esta costuma servir ao Estado nacional e não necessariamente ao mercado. Por isto fica a mídia cada vez mais distante do modelo oitocentista de imprensa – que se prolonga até hoje na forma do jornalismo impresso e diário – voltado para a prestação de serviços sociais e, em termos críticos, para a defesa das liberdades civis.

Já não tem praticamente nada a ver com o tipo de jornalismo que, mesmo buscando a sua viabilidade econômica, pautava-se pelo espírito publicista, isto é, o princípio crítico da visibilidade ou da publicidade (*Offentlichkeit*), erigido por Kant como traço marcante do Iluminismo e hoje retomado no pensamento de Habermas como ideal normativo da esfera pública[36].

A moral da mídia contemporânea é apenas mercadológica. Trata-se, na verdade, de um dos muitos tipos de moralidade produzidos pela segmentação moderna da esfera dos valores, parcializações que atendem a interesses privados ou classistas (dentistas, médicos, jornalistas, etc.) e se dão a conhecer como *deontologias*.

Sabemos que modernamente o horizonte da consciência prática apresenta-se como deontológico, no sentido de uma ética de deveres e não de virtudes, como na Antigüidade. No humanismo racionalista kantiano, esse "dever" destina-se a fundamentar uma ética formal (não mais baseada em bens e fins) universalista.

Entretanto, a palavra deontologia assumiu, na vida socioprofissional de hoje, o sentido de uma moral oportunista, destinada em geral à preservação de interesses corporativistas ou então à continuidade institucional de formas de vida vinculadas à tradicional moralidade burguesa-cristã. Pretende sempre justificar-se por uma *axiologia* (conjunto de valores que rege uma instituição) grupal e diferenciada. Em certos casos, a deontologia pode redundar numa espécie de fascismo moral; noutros, em aspirações nostálgicas, como aquelas que costumam atravessar a crítica liberal aos "descaminhos" do jornalismo contemporâneo, e pregar uma restauração dos ideais da livre-informação.

---

36. Cf. Habermas, Jürgen. *Mudança estrutural na esfera pública*. Tempo Brasileiro, 1984.

Nem mesmo a Igreja Católica, cuja forma de poder é hoje essencialmente ético-mística, escapa à parcialização e ao oportunismo deontológicos. Por exemplo, ela condena o aborto, mas fecha os olhos para a fabricação de armas. Por quê? Primeiramente, porque o sistema bancário do Vaticano há muito tempo está associado à fabricação e venda de armas. Depois, porque o aborto contraria o dogma eclesiástico de preservação da vida, que é por demais abstrato diante da diversidade das situações humanas, mas concreto para o exercício cotidiano de poder da Igreja, confrontada pelo discurso tecnocientífico (médico, no caso) e pelas perspectivas de uma autonomização excessiva dos indivíduos. Do mesmo modo, ela pode levantar publicamente a questão da defesa das culturas indígenas, esquecendo o missionarismo predatório. A moral deontológica termina sendo um recurso de ocultação da verdadeira natureza das práticas setoriais de um grupo específico.

Os conteúdos morais do discurso midiático não remetem a nenhuma *práxis* ou a qualquer efeito prático além da repetição do código utilitarista do mercado em busca de consenso social. Trata-se de uma moralidade "pendular" (ora burguesa-tradicional, ora pornográfico-permissiva) e com valores extremante voláteis, na dependência dos interesses empresariais do momento.

Assim, os contornos e os efeitos desse "moralismo" podem eventualmente resultar em algo muito diverso do que se espera em termos de valores costumeiros. As denúncias de participação do político Paulo Maluf no suposto esquema de corrupção do prefeito de São Paulo tiveram efeito contrário ao que se esperava de sua campanha eleitoral para a prefeitura: sua repetida exposição na mídia como provável envolvido (portanto, como objeto provável de condenação moral por parte do público) não afetou enormemente a preferência do eleitorado. Na mídia, o bem e o mal podem revestir-se de conotações insuspeitas, como a prevalência do carisma ou da retórica profética do indivíduo.

É que, a exemplo da Igreja, a moralidade midiática comporta a profecia, devido ao caráter mítico-religioso do seu eticismo. "Eticismo" é uma palavra possível para a regularidade de injunções e diretivas (jornalísticas, publicitárias, ficcionais) que, por ocupação rotineira do tempo e espaço públicos, configura a repetição contingente do costume ou de padrões de comportamento. Tais diretivas são modalizadas discursivamente pela mídia a partir de insumos "intertextuais" oriundos de outras esferas de representação da vida social (Estado, partidos políticos, sindicatos, educadores, especialistas, etc.). Pode-se falar em negociações e estratégias discursivas para essas modalizações.

7. A teodicéia do mercado

O fenômeno "mítico-religioso" não é suscitado pelo suposto poder dos conteúdos informativos, mas de um lado a) por uma lógica mercantil, profético-moralista e auto-escatológica, que troca o antigo bem ético pelo bem-estar individualista, associando salvação e consumo. "Suntuoso é o caminho para a salvação – consuma e sinta-se bem!", ironiza um crítico da cultura[37].

De outro lado b), pela articulação da rotina cotidiana dos indivíduos (onde antes a religião tradicional intervinha com seus discursos reguladores) com o efeito (quase divino, à beira do sobrenatural) de simultaneidade, instantaneidade e globalidade característico da intervenção das modernas telecomunicações no tempo-espaço, que contrai por aceleração da temporalidade o espaço físico convencional[38] e tende a abolir o tempo por eternização do instante sem duração, confluindo para uma visão de ciberespaço próxima à concepção cristã de paraíso etéreo, e ainda c) pela ideologia que vê na suposta racionalidade comunicacional o "melhor dos mundos".

Na verdade, toda e qualquer experiência subjetiva do sobrenatural ou da transcendência, que se dê o nome de religião, depende fortemente de práticas mediadoras, que variam do ritual a formas escritas. Com referência a este último aspecto, costuma-se associar o surgimento do mercado de livros impressos na Europa quinhentista à expansão do protestantismo.

No âmbito da comunicação massiva do final do século XX, reprisa-se a velha combinação da prática mediadora com a vivência mística, só que agora sob a égide do *medium*, tecnologicamente afim a características divinas, como onividência e ubiqüidade. Sob o influxo

37. Cf. Carroll, John. *Apud* Bauman, Zygmunt. *Globalização: As conseqüências humanas*. Zahar, 1999, p. 91.

38. Marx já falava, nos *Grundrisse*, da abolição de barreiras espaciais e aceleração do tempo de circulação das mercadorias, como um efeito de expansão do capital.

da retórica midiática ou dos híbridos de sacerdotes-atores-homens de marketing, os novos crentes são seduzidos, como os já antigos, pela promessa de um democrático acesso direto à divindade.

Embora possa atravessar religiões como o islamismo, o hinduísmo, etc., esse novo fenômeno mítico-religioso prospera com uma moralidade de base cristã. Por quê? Bem, em princípio esta é a resultante do *ethos* cultural comum ao cristianismo e à atração das gnoses. Mas também a resultante da forma de vida típica da hegemonia interna norte-americana, que vive a celebridade como uma espécie de estado de graça e converte até mesmo os direitos civis em "religião" popular, um credo moral que, na prática eleitoral, tem misturado no século XX política e vida privada dos candidatos.

Nos Estados Unidos, desde o final dos anos setenta, como intróito à era neoconservadora que resultaria no economicismo de Reagan (a chamada *reaganomics*), floresceu uma espécie de "capitalismo cristão" coadjuvado pelo tele-evangelismo eletrônico. Debruçada sobre a derrocada de valores tradicionais (a "onda" juvenil, o peso ideológico dos imigrantes, a expressão pública das minorias, etc.) e centrada no messianismo do espetáculo místico, a "igreja eletrônica", ou ainda "igreja comercial", passou a constituir verdadeiros impérios televisivos. Neste contexto, tudo se vende e se compra – da fé à redenção –, marketing e teologia andam de mãos dadas.

Constrói-se por trás disso tudo, em termos políticos, a ambígua noção de "maioria moral". O episódio do processo contra o presidente Bill Clinton (nos anos de 1997 e 1998) pelo promotor Kenneth Starr é o índice tanto de uma transformação no modo de publicizar o fenômeno político, quanto da presença nos Estados Unidos de um terrorismo moral, oriundo tanto da velha extrema-direita puritana quanto da mídia dita liberal, que abrange desde as redes de televisão até a imprensa considerada de qualidade, como o *New York Times* e o *Washington Post*.

O fanatismo religioso e a obsessão sexual dos acusadores de Clinton eram apresentados pela mídia como virtudes cívicas. Inventava-se, graças à atmosfera moralista da mídia, uma espécie de macarthismo sem ideologia política, quer dizer, um fanatismo inquisitorial baseado na hipocrisia moralista, sempre latente no velho *ethos* puritano da nação norte-americana, propulsionado pelo imenso vazio ético do jornalismo *fin-de-siècle*.

A princípio, o fenômeno da associação entre esfera publicitária e enclaves religioso-morais da sociedade parecia exclusivamente norte-americano. Hoje, entretanto, não é à-toa que a imprensa escrita fala de uma espécie de "guerra santa" entre as igrejas no Brasil, com o objetivo de montar cada uma o seu próprio império de rádio e televisão[39]. O fenômeno é particularmente conspícuo no âmbito do pentecostalismo. Além de consolidar o *status quo* doutrinário das igrejas mais antigas, a mídia eletrônica impulsiona o crescimento das novas, a exemplo da Igreja Renascer em Cristo que, em uma década, conseguiu arregimentar duas centenas de milhares de adeptos. É comum que os líderes religiosos ou pastores sejam versados em técnicas de marketing ou mesmo provenham desse campo profissional.

Não falta quem relativize o poder da mídia, lembrando que as Testemunhas de Jeová, sem rádio e televisão, figuram entre as maiores igrejas evangélicas do país. Mas é preciso atentar para o fato de que o "midiático", enquanto categoria particular da forma-espetáculo, pode existir fora dos suportes tecnológicos, na medida em que coincida com o "mundo em si" separado da ação política imediata do homem e organizado pela abstração mágica do espetáculo ou da profecia. Ou seja, a comunicatividade em si mesma torna-se espetacular e fascinante.

Claro, não se reduz à dimensão midiática toda a explicação para o formidável crescimento do pentecostalismo – classificado por alguns como a quarta grande fase da História da Igreja, depois da Reforma, do missionarismo e do ecumenismo – em especial nas regiões mais empobrecidas ou marginalizadas. Mas entre uma dimensão e outra, observam-se analogias culturalmente significativas, suscetíveis de pautar comportamentos e atitudes.

---

39. Segundo a *Folha de S. Paulo* (10/08/1997), pelo menos uma em cada sete rádios brasileiras vincula-se a uma igreja, o que soma 394 emissoras religiosas. Os católicos controlam praticamente a metade desse total, enquanto o restante distribui-se entre a Igreja Universal do Reino de Deus, Igreja Batista, Igreja Adventista do 7º Dia, Igreja do Evangelho Quadrangular, Igreja Assembléia de Deus, Igreja Universal, Igreja Renascer, Igreja Renascer em Cristo. Em certos casos, as igrejas optam por alugar horários, ao invés de arrendar ou comprar emissoras. Quanto à televisão, só a Igreja Universal do Reino de Deus controla 18 emissoras, enquanto a Igreja Católica concentra-se na implantação da Rede Vida, que pretende tornar-se nacional com a instalação de retransmissoras em todo o país, financiada pelas dioceses.

Em *primeiro* lugar, a forte emotividade individual e comunitária, que faz dos rituais das novas seitas ou denominações religiosas (inclusive, a ala carismática da Igreja Católica) espetáculos comparáveis aos da indústria midiática do entretenimento; *segundo*, a importância da moeda no relacionamento intersubjetivo; *terceiro*, a transformação imaginária de cada indivíduo num herói folhetinesco em luta contra um grande vilão, intitulado Satanás; *quarto*, e como conseqüência lógica do terceiro, a obrigação individual de incorporar a retórica (ou o marketing) da evangelização; *quinto*, a transvaloração da vida cotidiana, em que simulacros de soluções para problemas práticos substituem a remota escatologia da salvação; *sexto*, a estimulação de formas de vida comunitária, reais ou imaginárias, num universo de populações progressivamente excluídas das benesses da renda pela economia global de mercado. E assim por diante.

No centro de tudo isto, impõe-se a nova ordem de poder da imagem. O eticismo midiático (a midiatização, na verdade) gerador de uma realidade vicária, substitutiva, potencializa por sua iluminação agendadora o fascínio contemporâneo pelo que é bem realizado tecnologicamente, pelo que se faz boa imagem. A regra utilitarista "o que aparece é bom, e o que é bom aparece" – na verdade, uma interpretação distorcida do princípio de visibilidade das coisas públicas, que norteia a imprensa desde o século XIX – institui-se como relação social entre pessoas concretas. O ser imagístico do homem erige-se como valor moral: a conduta apropriada na normalização social operada pelo mercado consiste em visibilizar-se ou tornar-se imagem pública.

Pode erigir-se até mesmo como valor administrativo ou político, tanto em termos pessoais como institucionais[40]. Assim é que, em 1999, o governo do Estado do Rio de Janeiro, no empenho de combate à criminalidade, tentava amenizar as informações genéricas sobre

---

40. Um exemplo é o presidente do Senado brasileiro declarando à imprensa (10/09/1997) que o plano de reforma da previdência elaborado pelo governo era bom, porque havia sido "bem acolhido pela mídia". Outro é um importante comentarista político que, a propósito da má repercussão causada pelas declarações desabusadas de um ministro, afirmou que o escândalo não teria maiores conseqüências para a campanha de reeleição do presidente da república, porque este ainda tinha uma "boa reserva de imagem". Imagem, como se percebe, converte-se em *valor*, ora político, ora administrativo, ora moral. Na passagem do milênio, havia uma espécie de consenso entre articulistas da imprensa no sentido de que a crise da elite política brasileira era principalmente uma "crise de imagem".

os delitos, ora proibindo as delegacias policiais de falarem diretamente à imprensa, ora contestando as estatísticas. Procurava demonstrar, por exemplo, que o propalado aumento da criminalidade decorria de um modo menos disfarçado de registrar os acontecimentos. O foco do esforço governamental era, na verdade, a imagem de uma situação.

O mesmo tipo de lógica reproduz-se noutros contextos. Por exemplo, em abril de 2000, por ocasião das invasões de prédios públicos por membros do Movimento dos Sem Terra (MST), o Ministro da Reforma Agrária procurava justificar a repressão, admitindo: "Os sem-terra não são tantos assim, mas o efeito causado pela repercussão na mídia era o de que havia um clima de guerra civil. Isto cria um ambiente simbólico de desordem, repercute pessimamente no exterior e transforma de uma maneira virtual a fragilidade do MST em força. O movimento acaba parecendo mais forte do que é". Como se percebe, o que mais uma vez está em jogo para o poder governamental não é o real das ações, mas a sua imagem pública.

Na verdade, não apenas para o poder oficial, uma vez que a própria imprensa, ideologicamente animada por uma suposta dicção objetivista dos fatos, termina enredada nesse mesmo tipo de lógica das aparências. Um uso irônico e cínico dessa característica foi feito em 1994 pelo político César Maia, então candidato a prefeito do Rio de Janeiro, com o manejo de pseudofatos denominados "factóides". Explicava ele naquela época: "Como sair nos jornais com grande destaque? É muito simples. Basta que você elabore uma idéia com uma imagem muito nítida. Fatos que tenham conteúdo não têm a menor importância."

Imagem, forma de certo modo desconcertante por situar-se a meio-caminho entre o concreto e o abstrato, é um princípio gerador de real – mas o real do "quase": quase-presença, quase-mundo, quase-verdade. Investida dos poderes de ubiqüidade correspondente ao efeito tecnológico de simultaneidade, instantaneidade e globalidade, ela se torna homóloga ao *ethos* mítico-religioso e permite a interiorização psicológica de todo um mundo com valores prontos e estabelecidos. No caso da imagem midiática da contemporaneidade, trata-se do "mundo" do capital, um regime de poder orientado pela busca da riqueza abstrata, de riqueza em geral, expressa por dinheiro e valor de troca.

Embalado por suas realizações tecnocientíficas, onde a técnica se converte em algo muito maior do que uma simples forma concreta de realização da *práxis*, o capital mercantil pode configurar-se como o "deus", cuja teodicéia (a justificativa da ação divina) é a mídia. Pela ubiqüidade e pela multiplicidade de "línguas" que falam (desde os idiomas estrangeiros até a variedade dos conteúdos culturalistas), a televisão e seus sucedâneos tecnológicos impõem-se como um Pentecostes laico.

O advento de "uma condição pentecostal de compreensão e unidade universais" era, aliás, o que previa McLuhan a propósito da ruptura da linearidade racional da escrita pela revolução tecnológica da informação[41]. Esta condição não está distante da produção disso que Michel Foucault (assinalando o caráter histórico da verdade no Ocidente) designava como "verdade-raio", isto é, aquela produzida num lugar e numa data determinados por um sujeito escolhido pelos deuses – desde o oráculo de Delfos até os profetas de todos os tempos, inclusive Calvino enquanto "boca de Deus".

A suposição evolucionista é de que a verdade científica suplantaria definitivamente qualquer outra. No entanto, profetas e seitas iluministas podem desabrochar no espaço regido pela ciência e pela tecnologia, sem que se possa explicar o fenômeno por meio de simplificações sociológicas do tipo "regressão milenarista" ou "fascinação irracional pelo oculto".

8. O ultra-humano planetário

Bem antes de McLuhan, já a partir da segunda década deste século, o dramaturgo e poeta alemão Bertolt Brecht apresentava, com seu panfleto intitulado "teoria do rádio", a utopia tecnológica de uma sociedade conversacional, dialógica, em que, por meio da radiodifusão, todos poderiam confluir para um consenso, e as massas poderiam exigir diretamente prestações de contas ao Estado.

Nessa mesma época, Teilhard de Chardin, pensador cristão evolucionista, preocupado com a doutrina dos fins últimos (escatologia), associava às novas tecnologias da comunicação a sua idéia do

41. McLuhan, Marshall. *Os meios de comunicação como extensão do homem*. Cultrix, 1979.

caminho progressivo da espécie, para um organismo humano planetário, o "ultra-humano". Chardin mantém a sua teologia filomaquinal e sem sagrado nas décadas subseqüentes, referindo-se concretamente à "extraordinária rede de comunicação radiofônica e televisiva" como um verdadeiro sistema nervoso, um "estado superior de consciência, difuso nas franjas ultratecnicizadas, ultra-socializadas, ultracerebralizadas da massa humana"[42].

Chardin está tocando, na verdade, num ponto delicado e crucial, que é a perfeita realização tecnológica (ou mesmo a superação) do ponto de vista como princípio organizador da visão moderna. Desde o Renascimento, como se sabe, o ponto de vista do observador dita as regras de construção do espaço representativo da natureza. São as regras artísticas de projeção ótica que asseguram a transposição do espaço tridimensional para um suporte bidimensional (o quadro), criando uma ilusão de profundidade, a perspectiva. O olhar do observador – o mesmo de uma subjetividade soberana, desligada de um mundo natural convertido em puro objeto – impõe-se tecnicamente.

Hoje, entretanto, o ponto de vista não é mais único nem subjetivo, já que se difrata objetivamente por todo o espaço social, dando ao próprio mundo o poder de ver instantaneamente, simultaneamente e globalmente. A visão, agora tornada objeto, recobre uma infinidade de técnicas – do micro ao macro, que redundam em tecnologias da imagem como o cinema, a fotografia, a televisão, o laser, a computação gráfica, a ressonância magnética, etc. – responsáveis não apenas pela captação ou a representação de um referente, mas basicamente pela invenção de um espaço próprio.

As tecnologias comunicacionais fazem nascer aquilo mesmo que elas iluminam – donde o visionarismo "mítico-religioso" das imagens – por meio de circuitos proteiformes, ao mesmo tempo tecnológicos, geográficos, econômicos, políticos, etc. A produção/reprodução imagística da realidade não se define, portanto, como mera instrumentalidade, e sim como princípio (ontológico) de geração de real próprio. Daí, a socialização vicária realizada pela mídia, junto à sua capacidade de permear os discursos sociais e influenciar moral e

42. Chardin,Teilhard de. Sur l'Existence probable, en avant de nous, d'un ultra-humain (1950). *In*: *L'Avenir de l'Homme*. Seuil, 1962, p. 362.

psicologicamente a forma mental do sujeito metropolitano. O que emerge das ruínas da velha identidade "moderna" é uma nova identidade adaptável ao *ethos* contingente da tecnocultura e permeável a várias regressões pulsionais possíveis.

Mas é evidente que toda essa ordem, em larga parte autoprodutiva, depende do estado concreto da economia, das forças de organização do mercado, assim como pode ser afetada em seu funcionamento pelas instâncias jurídicas e políticas. Não é nada raro que o tradicional poder político, especialmente nos países ditos de Terceiro Mundo, tente fazer da mídia a continuação da política por outros meios, cerceando a liberdade de expressão, tão prezada tanto pela tradição político-liberal quanto pelo liberalismo contemporâneo do mercado[43].

Por sua vez, o mercado, em geral infenso ao aumento do poder político do Estado, age hipocritamente em matéria de responsabilidade social, e não é absolutamente crítico quanto às suas eventuais estruturas monopolistas em matéria de comunicação nem quanto à realidade imaginária – espetacular e freqüentemente mistificadora – que estimula.

Em regimes de exceção constitucional, a mídia orquestrada pelo mercado pode mesmo funcionar como substituto compensatório do vazio político. Mas em regimes de normalidade, o jornalismo eletrônico costuma não passar de uma espécie de diário oficial da sociedade de consumo. E, em certos espaços nacionais, a autocensura jornalística, imposta pelos proprietários em função de seus interesses empresariais, pode ser tão ou mais severa que o controle do Estado.

Essas vinculações entre a esfera moderníssima da mídia ou das tecnologias comunicacionais e a ordem tradicional da sociedade civil ainda concorrem para obscurecer a compreensão da verdadeira natureza dos meios de comunicação na metrópole contemporânea. No período em que o liberalismo econômico em sua forma globalista é o sistema de pensamento dominante nas coalizões hegemônicas de governo, a inserção e a legitimação das novas tecnologias comunicacionais

---

43. Desde alguns anos antes do final do milênio, empresários da mídia e jornalistas brasileiros uniam-se contra a aprovação pelo Parlamento da Lei Geral de Imprensa, claramente voltada para a supressão do velho direito à livre informação, embora caucionada pelo alegado cuidado de proteção da cidadania contra abusos notórios da imprensa. Tornou-se conhecida como "Lei da Mordaça".

nos espaços nacionais ou regionais tendem a ser medidas apenas por parâmetros economicistas oriundos de setores transnacionais ou então por miúdos interesses político-patrimonialistas locais.

Nesse obscurecimento, as tecnologias comunicacionais são apreendidas como meros canais de informação ao invés do que realmente são – dispositivos geradores de real, com ambiência própria e um eticismo particular, em que avulta uma dimensão de mítico-religiosidade sem sagrado. Vale lembrar que outras culturas (a Igreja medieval, o Islã) já puderam tratar a ética como um aspecto da lei ou da teologia, identificando a crença com a conduta. Agora, é tratada como um aspecto do mercado.

Por outro lado, quando se trata do julgamento do certo ou do errado nos comportamentos, nos modos de vida, nas ações individuais, os juízos éticos são praticamente indissociáveis dos morais. E estes últimos, na esfera da mídia, estão intimamente relacionados à estética de massa: a estetização generalizada do mundo termina impondo-se como uma decisão moral. Na mídia, sempre impulsionada pelo liberalismo publicitário, a indissociação entre estética e moral é reforçada pela indiferença quanto aos motivos pelos quais uma ação é praticada, o que é típico da moralidade utilitarista.

Nesta atmosfera doutrinária e emocional, predomina um universalismo democratizante baseado em critérios de prazer ou de felicidade individual, que estimula o autocentramento egóico, típico do individualismo moderno, e a reconfirmação da identidade pessoal pelos múltiplos "espelhos" (as telas, as vitrines, as imagens de consumo) armados pela tecnocultura. Uma "boa" ação individual tende aí a depender muito mais da repercussão midiática (portanto, o reconhecimento narcísico no espelho) do que de motivações solidaristas avaliáveis por princípios de comunidade.

Mas o que chamamos de "obscurecimento" é também a dificuldade de compreensão do fato de que a especificidade antropológica das tecnologias comunicacionais está na abolição do tradicional espaço físico e na abertura para a possibilidade de um novo tipo de consciência global, prefigurada no que Teilhard de Chardin denominou de "ultra-humano". É preciso perceber isto para entender a passagem da "comunicação de massa" (centralizada, vertical e unidirecional) à dimensão tecnológica do *virtual*.

No campo do jornalismo – *pari passu* ao dito "fim das ideologias", isto é, ao fim das grandes causas e do discurso crítico, que viam um sentido claro na História –, emerge uma espécie de fetichismo da realidade, plenamente assumido pela tecnociência e pela mídia. As neotecnologias da informação empenham-se em "restituir" a realidade (na verdade, ajudam a produzi-la) em tempo real, mediante a encenação de uma *atualidade*, que pretende fazer coincidir mundo histórico e virtual.

Na televisão, ainda podemos falar de uma realidade tornada imaginária (diferentemente do cinema, capaz de materializar ou "realizar" o imaginário livresco) por técnicas retóricas, que redundam numa simulação comercial-publicitária do cotidiano. O que se tem chamado de "virtual" (na verdade, trata-se das virtualidades técnicas do ciberespaço), entretanto, não é o imaginário – enquanto outro termo ou outra margem para onde se projeta o real – ou o irreal, mas a realidade de um espaço artificial, não-físico, não-geográfico (inextenso, portanto) objetivado pelo poder de realização visionário da ciência aplicada, da tecnologia.

Ou seja, trata-se de uma configuração topológica visualizável numa rede ou num dispositivo eletrônico. À ubiqüidade analógica do sistema televisivo acrescenta-se a realidade virtual, na esteira de uma gama ampla de novas tecnologias digitalizadas da imagem, que geram dispositivos como a radiografia computadorizada, o microscópio de varredura por tunelamento, o holograma, etc.

Não fica mais inteiramente à vontade aqui o conceito tradicional de imagem (enquanto reprodução analógica ou "sombra" técnica de um referente situado no real-histórico), e sim o de "visualização", entendido como a pura verificação ótica de um funcionamento técnico. A figura digitalizada provém de números, de processos algorítimicos, e não de referências figuráveis no real-histórico.

Nesse novo ordenamento do mundo, na verdade um novo modo de contabilização do real, a tecnologia configura-se como uma espécie de nova "natureza", não só porque dela provêm os objetos que compõem o ambiente ou o mundo vital de hoje, mas também porque ela se impõe como uma ordem de determinações praticamente absoluta. Na alimentação, no cotidiano, na saúde, na organização do trabalho, nas esperanças de prolongamento do tempo de vida, a tecnologia reduz a esfera do indeterminado, do que não depende da ação humana.

A redução do sentimento de dependência para com o indeterminado afeta certamente o sagrado enquanto experiência radical da transcendência, mas preserva uma certa religiosidade difusa e desencantada, que transfere para um novo absoluto, a tecnologia, o assombro que se tinha diante da natureza e do divino. Assim como no corpo biológico nervos e veias entrecruzados constituem uma *rede* onde circulam fluxos e energias, no campo das tecnologias comunicacionais uma verdadeira "rede" de canais, cabos, fibras e mensagens pode ser socialmente representada como um "corpo" (o "ser" ultra-humano, de que falava Chardin) capaz de modelar numericamente, imagisticamente, uma "natureza".

Em princípio, seria o homem, senhor e dono da tecnologia, o seu próprio deus. Por trás desta aparência, entretanto, se encontra o poder do valor econômico como lei estrutural de organização do mundo, portanto, o *capital*, abstrato e intocável, que se erige em última análise como divindade-maior. A substancialidade orgânica do ultra-humano é feita de informação e capital.

Na realidade volátil e etérea da telerrealidade, tudo tende a apresentar-se como dado informativo, mensagem ou notícia. O medium é o *aggelos* ("mensageiro", em grego, de onde provém "anjo"), geralmente portador de *euagellion* ("boa notícia", em grego, de onde se origina "evangelho"). O poder comunicacional é, assim, claramente afim ao espírito místico da chamada *New Age*. O retorno do discurso esotérico, a invocação de anjos, ajustam-se à transmissão generalizada dos fluxos comunicativos no final do milênio.

Diz Buisine:

> Se é verdade que os anjos mais elaborados de nossas antigas religiões são puras energias dotadas do poder de telecomunicação e livres de todos os entraves e gravidades carnais e terrestres, então não há nada de mais angélico que os fluxos informáticos. Neste sentido, o anjo é apenas o *mouse* do pobre [...] o *mouse* é simplesmente o anjo do rico[44].

---

44. Buisine, Alain. *L'Ange et la Souris*. Zulma, 1997, p. 34-35.

De fato, a exemplo do anjo, o *mouse* do computador, poderoso dispositivo de interface tecnocultural, também nos coloca simulativamente *dentro* dos fluxos etéreos.

A relação do corpo humano, frágil e precário, com o "corpo" tecnológico é ao mesmo tempo erótica e religiosa. Erótica, porque esta é a afecção que, desde a doutrina platônica, resulta do casamento mítico entre as divindades Penia (a escassez, a insuficiência, a penúria) e Poros (a abundância, a plenitude). A tecnologia compensa com sua plenitude eficiente a insuficiência do homem – a mesma insuficiência, aliás, alimentada pela ordem social do consumo, cuja lógica (por arrastar a consciência num ciclo interminável de desejos) é a da insatisfação radical.

Religiosa, porque diante do poder demiúrgico da tecnologia – onde se dá a paridade, ou às vezes mesmo a superioridade, do objeto técnico sobre o sujeito –, a consciência humana adere ao fascínio disso que se lhe impõe como grandioso e, até mesmo, sublime[45], por sua perfeição e pela vertigem de uma multifuncionalidade que a envolve por inteiro, abolindo qualquer outra mediação.

O "ser supremo" não é aí um deus remoto, mas a própria "humanidade" (ou, pelo menos, uma certa humanidade, aquela do Iluminismo) fabricada pelo capital e hipostasiada na materialidade das máquinas que "desmaterializam" (metáfora, não necessariamente correta, para designar o *soft power* implicado em coalizão política, gerenciamento e informação), o mundo tradicional, graças à miniaturização das máquinas, dos circuitos eletrônicos e ao "afinamento" das matérias-primas.

9. Coexistência e integração

A passagem da comunicação de massa às novas possibilidades técnicas não significa a extinção da mídia tradicional, mas a coexistência e mesmo a integração da esfera do atual (trabalhado na esfera pública por jornais, rádios, televisão, etc.) com a do ciberespaço,

45. Nas regiões do mundo onde ainda é muito forte a demiurgia tradicional (como nos países islâmicos) pode haver resistências ponderáveis à influência da mídia, mas não à tecnologia.

onde são proeminentes as tecnologias digitalizadas do virtual. Na verdade, estamos ingressando no que Salaun chama de uma nova "geração" do audiovisual[46]. A realidade virtual é o avatar da evolução técnica das máquinas audiovisuais.

Situando o *cinema* (que já teria perdido a antiga influência) como primeira geração do audiovisual, Salaun põe em segundo lugar a *televisão massiva* (combinação do espectro hertziano com financiamento publicitário e audiência cotidiana); em terceiro, a *televisão fragmentada*, que se define por rede multiforme (satélite, cabo), financiamento variado (assinaturas, *pay-per-view*, publicidade local, etc.) e audiência não necessariamente cotidiana; finalmente, a *televisão interativa*, que hibridiza televisão com computador e articula rede de banda larga com financiamento dependente do tempo de utilização. Como se percebe, a televisão não é "coisa una", mas um medium em evolução.

O modelo econômico de produção correspondente à televisão massiva é definido por Garnham como "fordista"[47], o que equivale a dizer um sistema de produção serializada, homogeneizante e caracterizado pela rígida divisão do trabalho. Para ele, o mercado de aparelhos de televisão, aliado à promoção pelo marketing dos bens de consumo de massa, constituiu um núcleo importante de acumulação de capital. Em termos políticos, ajudou a criar consenso sobre a ordem social que sustentava a regulação fordista – tanto a garantia pelo Estado de uma infra-estrutura para a radiodifusão como a certeza de um mercado estável para o desenvolvimento da sociedade de consumo.

O modelo "pós-fordista" (correspondente às novas "gerações" da tevê) é também chamado de "acumulação flexível": baseia-se na flexibilidade do sistema produtivo, desde os processos de trabalho até os padrões de consumo. Este modelo, progressivamente aprofundado pelas inovações no âmbito das teletecnologias, tem como vetor a *segmentação* tanto da produção de programas como da audiência.

A variação de modelos dá-se, entretanto, no quadro da evidência histórica da apropriação e valorização do processo informativo em todos os seus níveis pelo capital. A questão estratégica daí decorren-

---

46. Cf. Salaun, Jean-Michel. *A qui appartient la télévision?* Aubier, 1989.

47. Cf. Garnham, Nicholas. La economia política de la comunicación – El caso de la televisión. *Telos – Cuadernos de Comunicación, Tecnologia y Sociedad*. p. 68/75, 1991.

te é a tendência à privatização dos canais de comunicação e informação. De um lado estão as forças sociais, os tradicionais direitos sociais e políticos, que podem eventualmente sentir-se ameaçados pela estrutura de poder emergente. De outro, os interesses das empresas transnacionais ou dos oligopólios que investem na montagem de redes para armazenar, processar e difundir informação para todo o mundo, em função de seus interesses comerciais/industriais.

É hoje evidente que os grandes grupos editoriais e de comunicação social integram cada vez mais as *holdings* ou conglomerados de produção. Especialistas prevêem que, num futuro próximo, será difícil distinguir a atividade comunicacional daquela realizada pelas grandes empresas que ostensivamente atendem a diferentes mercados. Isto equivale a dizer que a informação necessária aos processos sociais estará integralmente apropriada por esses sistemas, reduzida a dados de mercado e gerando decisões mercadológicas.

É preciso ter sempre em mente que a presença da informação na atividade produtiva abrange desde a tomada de decisões administrativas e financeiras (negociação, marketing, recursos humanos) até a programação das máquinas e montagem de peças. A automação dos sistemas produtivos, ampliada em alcance cada vez maior pela tecnologia eletrônica, tem conseguido transformar em "trabalho morto", isto é, mecanizado, uma parte crescente do tratamento da informação, antes reservada ao "trabalho vivo".

Nenhuma máquina gera por si mesma, diretamente, poder. Este decorre do modo de organização da produção e da vida social que, na presente etapa do sistema capitalista estende a atividade produtiva à variedade das práticas humanas, principalmente aquelas de ordem simbólica destinadas à formação da demanda, isto é, à formação de sujeitos plenamente aptos (por saúde, família e educação) ao consumo.

Típica da contemporaneidade é a intensificação do valor cultural da mercadoria que, no quadro de uma aliança estreita do mercado com as tecnologias da informação voltadas para a esfera social (a mídia propriamente dita), acelera a produção do consumidor. O consenso coletivo, antes buscado politicamente na esfera dita "pública", datada do final do século XVIII, tende a ser agora conformado gerencialmente, administrativamente, na esfera mais ampla de um novo regime de visibilidade pública, onde interagem empresas, partidos políticos, organizações civis e mídia. Esta última, acoplada e expandida pelas neotecnologias comunicacionais a reboque do mercado, dá no presente a tônica da ética social imediata e insinua novas formas de relacionamento entre os indivíduos.

Emerge do mundo concebido como transmissão generalizada de mensagens em tempo real (a imediatez dos contatos possibilitada pela informática), um *ethos* catártico e imaginariamente redentor da miséria e da exclusão sociais, que tendem a agravar-se com a nova economia-mundo, tendencialmente excludente e restritiva da expansão da cidadania formal. O ciberespaço, a cibercultura, a ordem comunicacional advêm na forma de um mundo paralelo investido de uma moralidade utopista, que sugere formas compensatórias de solidariedade, oscilantes entre uma religiosidade indefinida (trata-se, na verdade, da interconexão acrítica de arcaísmos e modernismos euforizantes, denegadora do sagrado) e uma interatividade democratista entre indivíduos virtualmente próximos, mas afetivamente distantes.

Anjo-mensageiro do tecnomercado, a midiatização é uma extensão societária do *design* estético das mercadorias, que simula ou virtualiza relações sociais. Em seus novíssimos dispositivos tecnológicos, é a possibilidade de criação de um mundo secundário, artificial, controlado por uma espécie de "classe virtual", que coincide em termos socioeconômicos com a "classe transnacional ", isto é, os 20% da população mundial beneficiários de educação altamente qualificada, empregos e renda.

O resto deixa-se embalar tanto pela expectativa de acesso instantâneo ao arquivo universal – no quadro de uma ideologia que descontextualiza o conhecimento, transformando-o em dados ou pura informação – quanto pelas esperanças de aumento da liberdade individual implícitas na recepção e apropriação dos produtos midiáticos. O ciberespaço, diz Kroker, "é o lugar da panarquia de Unamuno, onde cada um é rei"[48].

Na realidade do mercado, todas essas idealizações tendem à efemeridade. Nada impede de fato que o mercado venha a separar, na

---

48. Kroker, Arthur e Weinstein, Michael A. *Data Trash – The theory of the virtual class*. New World Perspectives, 1994, p. 9.

rede cibernética, a transmissão da recepção, reconstituindo com os sistemas de "multicasting" o antigo *broadcasting* televisivo (que não permite interatividade), isto é, o velho "monopólio da fala".

No que diz respeito à posição político-econômica dos países em face do chamado "complexo eletrônico", já é real a separação entre produtores e consumidores de informática e outras teletecnologias. Um balanço da situação brasileira (feito no final dos anos 1990, portanto uma década após a grande onda neoliberal, que promoveu aberturas comerciais à base de câmbio sobrevalorizado) revela o enorme atraso do país em matéria de agregação de valor e de tecnologia no campo da indústria eletrônica, desde microprocessadores até empregos em engenharia especializada. Toda a modernização no setor deu-se no plano do consumo de bens e serviços, assim como de utopias que acompanham a difusão culturalista dos novos produtos e sistemas.

Mas no âmbito da "redentora" ideologia comunicacional, utopia é uma mercadoria cultural. Moral e angelicamente, mídia tradicional e *Web*, em interface cada vez maior, produzem "desejo de virtual" e tentam simular, graças às ilusões de socialização da rede, uma harmônica tecnotopia, em meio à miséria objetiva e subjetiva, que cresce junto com a aceleração da modernidade e do desenvolvimento tecnológico de todas as estruturas. Outrora lineares, estas entram agora em reversão turbulenta, e na própria mídia exibe-se sem tréguas o retrato da coexistência real-histórica entre o otimismo maníaco do consumo privilegiado e o sofrimento causado pelo desmantelamento irrefletido de tradicionais modelos setoriais de indústrias geradores de empregos, e pela decomposição do velho tecido social.

Não há como deixar de deparar com o que se poderia chamar de, seja vazio dos valores, seja uma auto-representação coletiva – portanto, um novo regime de visibilidade pública – fragmentária e dispersa em termos de contatos humanos e políticos, mas sistemicamente conectada.

II
A *hexis* educativa

Aqui se procura mostrar que a moralidade circular do *ethos* (tanto midiático como sócio-histórico) é uma base a ser ultrapassada pela experiência ética da educação. Esta, sempre incorporando as tecnologias de seu tempo e relacionando-se com as transformações político-econômicas, caracteriza-se pela iniciação formativa aos saberes e mesmo pelo acolhimento da inatualidade criativa. Pela relação educacional mede-se o grau de resistência social à lógica de indiferença ética do mercado.

> Quando um arqueiro atira sem alvo nem mira, está com toda a sua habilidade. Quando atira para ganhar uma fivela de metal, já fica nervoso. Se atira por um prêmio em ouro, fica cego ou vê dois alvos – está louco! Sua habilidade não mudou. Mas o prêmio cria nele divisões. Preocupa-se. Pensa mais em ganhar do que em atirar – e a necessidade de vencer esgota-lhe a força.

Nesta reflexão de dois e meio milênios atrás, Chuang-Tsu precisa que o arqueiro não se define como produto ou resultado exclusivo da convergência de aptidão natural e treinamento técnico, mas como uma criação operada no vigor da identidade da arte do tiro, que está na originariedade de sua realização como atirador. Isto implica conceber a ação do arqueiro como algo mais que a reprodução indiferente de um gesto técnico no quadro de uma *práxis* puramente mecânica.

Posição idêntica adota já em meados do século XX um grande divulgador do Zen-budismo como D.T. Suzuki, ao apresentar o livro de um alemão, Herrigel, sobre o tiro com arco: "Para ser um autêntico arqueiro, o domínio técnico é insuficiente. É necessário transcendê-lo, de tal maneira que ele se converta numa *arte sem arte*, emanada do inconsciente"[1].

É que a "identidade" da arte do tiro – "arte" no sentido de prática espiritualizada, para além do esporte ou da utilidade imediata – pressupõe um modo de agir guiado por uma razão de ser necessária e compatível com os destinos da comunidade humana. Pressupõe uma *hexis*, mais do que um *ethos*.

As duas palavras gregas referem-se a costume, modo de agir. Em *hexis* (o radical vem do verbo *echo*, que significa "ter", traduzido em latim por *habeo*, donde deriva "hábito"), porém, afirma-se o sentido de uma prática sem automatismo, uma ação que exprime a transformação, pelo agente, do *ter* em *ser*. Explica Aristóteles ser tal prática "o que nos dá, a respeito das afecções, um bom ou um mau comportamento" *(Ética a Nicômaco)*. Não é, portanto, o mesmo que *ethos*, consciência viva do grupo que impõe o sentido de costume como maneira regular ou mecânica de agir, suscetível de produzir *atos morais* negativos ou tirânicos.

Hexis é a possibilidade de instalação da diferença na imposição estaticamente identitária do *ethos*. O sujeito se apropria dos costumes herdados e tradicionalmente reproduzidos (portanto, concretamente, da moral, socialmente condicionada e limitada) com a disposição voluntária e racional de praticar atos justos e equilibrados dirigidos para um bem, uma virtude, um dever-ser, ou seja, tudo que reforce a recomendação socrática de evitar a prática de ações com as quais não se possa conviver e assim capaz de ganhar um potencial de liberdade e criação. Satisfaz deste modo uma exigência propriamente *ética* que, embora não pertença nesses mesmos termos de realização de uma virtude aos quadros sociais da modernidade hegemônica, vem-se mantendo através dos tempos.

De fato, o que o Ocidente tem chamado de Ética (tanto a teoria nomotética ou reflexão filosófica sobre os valores morais quanto a intervenção prática na eticidade ou nos costumes guiada por uma síntese dos princípios supremos de toda ação individual ou social) corresponde ao antigo empenho grego de orientar axiologicamente a vida no sentido de uma *práxis* (conjunto prático-teórico das regras de

---

1. Cf. Herrigel, Eugen. *A arte cavalheiresca do arqueiro zen*. Pensamento, 1983.

conduta) compatível com o Bem comunitário. Pelo menos este é o entendimento de Aristóteles, que retira o Bem da esfera platônica da Idéia, para colocá-lo no centro da comunidade, onde a *práxis* torna-se símbolo da autonomia humana frente aos deuses.

A *práxis*, em sua acepção antiga, é sempre transformadora tanto do objeto quanto do sujeito. Isto implica inscrever no movimento ético o *a priori* da liberdade humana capaz de invocar limites não só para as coerções heterárquicas dos costumes vigentes (as imposições da moral) como também para as determinações instituídas pela mecânica social. Implica igualmente a aceitação da *responsabilidade* pelas ações próprias, como um corolário da liberdade.

Na história narrada por Chuang-Tzu ou na descrição que Eugen Herrigel faz de sua própria aprendizagem, é a atitude ética, que vem transformar a mecânica repetitiva do treinamento no arqueiro. Essa atitude, que leva a consciência a ultrapassar a pura ação instrumental, a mestria, resolve-se em *educação*, ou seja, isso que os autores antigos, a exemplo de Aristóteles, julgavam necessário para a transformação da disposição interior do agente social, com vistas ao sucesso na ação, à integração responsável na comunidade e à vida feliz ou *eudaimonia*. Educar implica ir além da repetição contingente de um costume pela aceitação dos impulsos de liberdade que transformam *ethos* em *hexis*.

Trata-se, portanto, de desconfiar eticamente do costume puro e simples, como bem fazia o padre Antonio Vieira: "A pior coisa que têm os maus costumes é serem costumes: ainda é pior do que serem maus". Vieira parece referir-se aqui à moral enquanto uma ordenação fechada, resistente à criatividade. Por isto, seja em seus aspectos de coerção (a "violência simbólica", de que fala a sociologia), seja como ensinamento de saberes ou de uma conduta afinada com o bem agir, isto é, com um objetivo para a ação comunitariamente estabelecido, a educação orienta-se no limite por um empenho que visa a ultrapassar eticamente a circularidade (moral) do costume.

O conceito de ética parece encontrar-se sempre em franca disponibilidade filosófica. Tornado vetor do processo educacional, é a mesma idéia de *cultura* ou, pelo menos, de um dos níveis de constituição formal da cultura. Entendamo-nos: costuma-se definir cultura, à maneira da sociologia francesa, como conjunto das obras de elevação do espírito; ou então, ao modo da antropologia norte-americana, como a rede de sentido que perpassa todas as instituições sociais e distingue o humano do natural.

Entretanto, posta no nível dos princípios que fundam a sua "ortoestrutura" (valores, racionalidade de base), cultura pode ser entendida como forma originária de abordagem do real (a singularidade, a incomparabilidade) de um grupo determinado, o que significa transcendência, liberdade ou agregação de valor humano ao já estabelecido pelos recursos funcionais ou instrumentais do *ethos* – portanto, *hexis*, ética.

Na narrativa de Chuang-Tsu sobre o vigor da identidade da arte do tiro, ressoa a indicação dessa liberdade ético-cultural com relação à pura instrumentalidade técnica. A identificação entre ética e cultura aponta para a radicalidade do processo educacional, até certo ponto análogo ao processo infantil de simbolização.

Uma síntese clássica deste processo é feita por Freud, em *Para além do princípio do prazer*, com a descrição de um jogo de carretel ou bobina executado por uma criança. Balbuciando *fort* (prefixo indicativo de distância, em alemão) e *da* (presença), à medida que lançava e recolhia a bobina, a criança simbolizaria a alternância de ausências e presenças da mãe, criando assim a linguagem.

É precisamente o contrário do mero treinamento utilitarista do sujeito da consciência moral – calculista, desencarnado – da contemporaneidade. Daí, a valorização humanista, no passado e no presente, do processo de aprendizagem. "Aprender quer dizer: fazer com que isso que nós fazemos seja cada vez o eco da revelação do essencial. Para que nós possamos fazê-lo, é necessário que nos coloquemos a caminho", diz Heidegger[2]. Esta definição explicita, como se vê, tanto a questão da essência – entendida como a busca de singularidade ou conquista da humanidade própria do homem – quanto a da "viagem", a injunção do pôr-se a caminho. Educar equivale a iniciar a consciência na trilha de um estranhamento interno e externo (o "amável estrangeiro" pensado por Rousseau), que significa a possibilidade de pensar.

---

2. Heidegger, Martin. *Was heisst denken?* Tübingen: Niemeyer Verlag, 1984, p. 85.

Evidentemente, nessas formulações em que se pergunta humanisticamente pelo ser verdadeiro do homem e em que se trabalha o seu distanciamento da pura e simples animalidade pelo cultivo escrito das ciências e das letras, esquece-se freqüentemente a questão do poder. Educar nunca é apenas dar lições de humanidade, mas também selecionar, ou seja, incluir e excluir. Duas "humanidades" (excluídos e incluídos) constituem-se sempre educacionalmente.

Mas tais formulações deixam claro que educação é *processo*. Em outras palavras, não é algo que se confine no mero adestramento para a eternização de valores estabelecidos (a pura e simples transmissão de um passado) ou para o que a ordem do grupo julga estritamente necessário, já que em sua radicalidade ético-cultural é principalmente uma viagem rumo ao contingente, ou seja, a um outro *ethos* possível, embora incerto. Em outras palavras, não apenas o viável de agora, mas o possível de amanhã. Na possibilidade de outros modos de produzir e pensar, eclodem as mudanças, emerge o novo, afirma-se o propriamente humano como manifestação de um ser não-determinado em bases absolutas – portanto, como a exigência de uma preparação permanente do si mesmo – e preparam-se as bases de transformação coerente da ordem social.

1. Humanismo e trabalho

Por isso, os primeiros pensadores modernos da educação (Comenius, no século XVII; Pestalozzi, no século XVIII) fazem da educação universal uma exigência radical do humanismo. Comenius é categórico: "O homem deve ser educado para tornar-se um homem". A pedagogia humanista, comprometida com o desenvolvimento cultural e a formação do espírito a partir dos ideais iluministas e republicanos (aperfeiçoamento da consciência ética, da cidadania e da racionalidade), implica uma forma de centripetação (absorção e síntese) de conteúdos históricos, morais, psicológicos, literários, científicos, políticos.

Educar-se significa tomar distância (ética) da condição animal e preparar-se para a cidadania plena, que pressupõe o conhecimento pelo sujeito, além da instrumentação técnico-operativa, dos processos políticos e administrativos de sua *Polis*, isto é, de sua Cidade Humana. A identidade nacional ou coletiva está implicada em todo projeto sério de educação que, por isto, é essencialmente político. "O pior analfabeto é o analfabeto político", sustenta Bertolt Brecht, a partir do cuidado (ético-político) de recriação inteligente do passado, imaginação ativa do futuro e ampliação do espaço público.

Acentuar a dimensão política implica também considerar o processo educacional como recurso para a construção da hegemonia. Desde fins do século XIX, a educação foi profundamente marcada pelo liberalismo. No século XX, as doutrinas pedagógicas brasileiras desenvolveram-se a partir da perspectiva liberal do filósofo John Dewey. Anísio Teixeira, por exemplo, influenciado pela teoria pedagógica da Escola Nova, de Dewey, enfatiza a democratização no processo educacional, valorizando a escola pública (como lugar democratizante, de ensino ativo e participativo), desfazendo a linha de separação entre ensino qualificado para a elite nacional e ensino "utilitário" (socialmente desqualificado) para a classe pobre. Tanto para Dewey como para Teixeira, a igualdade de oportunidades dos indivíduos seria garantida pela educação.

Outros pensadores brasileiros realizam uma modulação teórica do liberalismo da Escola Nova. Fernando de Azevedo, por exemplo, acompanha Teixeira no tocante à escola pública e gratuita, ressaltando a formação de professores e pesquisadores voltados para o desenvolvimento nacional, articulando o processo educacional com as ciências sociais (antropologia, psicologia, etc.) e concebendo-o não como fim em si mesmo, mas como meio de modernização social. Paulo Freire, por sua vez, destoando do liberalismo puro e simples, valoriza a tomada de consciência das condições sociais em que se dá o processo educacional. Em vez da autonomia da escola pública, a ênfase de Freire recai sobre a autonomia da consciência do sujeito e sobre práticas escolares afinadas com a compreensão dos conteúdos do saber.

Mas a educação de que vinham falando até agora os seus principais teóricos neste século corresponde a um modelo societal compatível com o regime fordista de trabalho. Como se sabe, esse regime é um desdobramento do taylorismo, que organizava a produção industrial por meio da divisão e da especialização do trabalho, mas dentro de uma estrutura hierárquica muito rígida. O fordismo acrescenta à segmentação do processo a linha de montagem, que permite a produção em série, graças à automação de tarefas simplificadas.

O modelo data do início do século, mas conheceu um período de grande prestígio entre o pós-guerra e o final da década de setenta. Livre desde então de seus vínculos com a produção de mercadorias, o capital passa a acumular-se de preferência sob a forma financeira, e favorece transformações no modo de organização do sistema produtivo.

O que tendencialmente assegurava a acumulação em bases fordistas?

1) *Pleno emprego* – Isto devia-se às altas taxas de investimento do capital industrial, gerador de riquezas e propiciador de um desenvolvimento econômico supostamente capaz de absorver mão-de-obra nacional e mesmo estrangeira. A ideologia do trabalho e o sindicalismo conhecem aí a sua época de ouro.

2) *Elevação geral do nível de vida* – Por dar margem a alguma distribuição de renda junto ao operariado, o fordismo permitia a melhoria das condições de existência e a inclusão social de amplos contingentes populacionais. Por isso, incrementavam-se os investimentos do Estado em previdência, educação e saúde. Mas o que antes era alvissareiro torna-se fator de inquietação no capitalismo financeiro globalizante de hoje. Por exemplo, baixos índices de desemprego e elevação do salário médio constituem motivo de preocupação para os jogos financeiros da Bolsa, porque implicam elevação da taxa de juros e perspectivas inflacionárias.

É capítulo longo da História Econômica o detalhamento dos fatores ligados à crise desse modelo de acumulação, propiciador da reconstituição do capital financeiro e do poder neoliberal (fortemente conservador e excludente) que presidem à globalização. Desaparece aqui a ideologia fordista do desenvolvimento econômico, que acenava para a periferia do capital com a miragem do nível de industrialização e de vida dos países centrais, plenamente desenvolvidos.

O que agora entra em cena é um sistema produtivo caracterizado por maior maleabilidade: fluxos horizontais de informação e comando (ao invés dos fluxos verticais típicos do fordismo); estimulação da iniciativa nas bases e ênfase na qualidade dos produtos, o que implica recusa da rotina burocrática, busca de flexibilização dos processos, trabalho em equipe e participação do trabalhador nos processos de gestão empresarial; aprendizagem permanente. Tudo isto faz parte das novas exigências de estrutura do chamado capitalismo flexível.

Pode-se chamar esse novo sistema de "toyotismo". Ainda que os sistemas produtivos ocidentais não se identifiquem como toyotistas *tout court*, os processos consentâneos com o capitalismo transnacional têm a ver com o sistema japonês, na medida em que qualidade e flexibilidade sejam determinantes. Por outro lado, o *ethos* da organização mercadológica e midiática da contemporaneidade, por sua ênfase no difusionismo culturalista, é bastante afim ao toyotismo.

No modelo societal em gestação, correspondente ao novo sistema produtivo e à hegemonia das finanças na forma de acumulação do capital, educação e saúde (serviços necessários à formação de consumidores e à reciclagem da mão-de-obra), parecem tornar-se gastos sociais por demais elevados para os interesses industriais. Nos Estados Unidos, em uma década (1980/1990), segundo Attali,

> os gastos em saúde passaram de 8 a 11% do PNB, e os gastos em educação cresceram em valor real de três a seis pontos por ano. Na Europa, a alta correspondente é de cinco pontos. Não há limite para esse crescimento insaciável. Esta evolução reduz a rentabilidade da economia e desacelera os investimentos industriais[3].

Para Attali, que vê na produção da demanda – em vez da produção industrial – as causas do declínio da forma mercantil moldada pela hegemonia norte-americana, os custos de educação e saúde foram responsáveis pela crise, entendendo-se por "crise" o transe de passagem de uma etapa do capital a outra. Em sua análise[4], sustenta ter sido para lidar com a crise que os países do Centro capitalista estimularam fortemente o consumo, provocando o endividamento dos consumidores e o empilhamento de objetos no tempo e no espaço.

Nasce daí o fenômeno do consumo contemporâneo (mais sociocultural do que estritamente econômico), verdadeira "linguagem" constituída de signos-objetos, gerador do que se chamou num determinado momento de "cultura de massa", isto é, a produção de bens simbólicos posta a reboque da atualidade do mercado e direcionada para o consumo intransitivo de informações e objetos.

3. Attali, Jacques. *Lignes d'horizon*. Fayard, 1990, p. 136-137.

4. *Ibid*.

Só que, na opinião do economista francês, o empilhamento espácio-temporal dos bens contribuiu para agravar as causas da crise, aumentando os gastos em serviços (controle da informação), o que implica finanças, administração, ensino e saúde. Mais uma vez, voltaram a crescer de modo superior às cifras das empresas, os custos de organização das sociedades.

O ultrapasse dessa nova crise exigia aumento de produtividade na manipulação ou controle do processo informacional. Para isso, foi preciso recorrer a inovações tecnológicas – o microprocessador ou *chip* é o grande achado, por dar margem à industrialização dos serviços. A tecnologia dos microcircuitos ou "nanotecnologia" é o campo fértil das inovações. Graças a ela desenvolvem-se os computadores, os robôs e outros aparelhos em vias de elaboração, capazes de vir a substituir serviços de alto custo no domínio da comunicação e, possivelmente, educação e saúde num futuro próximo.

A esses aparelhos Attali dá o nome de "objetos nômades" (computador pessoal, sintetizador de sons e imagens, televisor, telefone celular, fax, aparelhos de autodiagnóstico médico, etc.). O nomadismo – cada objeto contém a identidade pessoal de cada um – seria a forma de vida excelsa nessa nova ordem mercantil e social, caracterizada pela rápida mobilidade espacial e identitária dos indivíduos. Graças aos novíssimos objetos, em qualquer lugar, o "nômade" poderá sentir-se "em casa".

Tendem a refazer-se, assim, as velhas coordenadas espácio-temporais das instituições predominantes na vida social, inclusive a da instituição pedagógica, influenciada tanto pelas alterações na estrutura tradicional de trabalho quanto pelas neotecnologias de processamento de informações e pelas possibilidades de cursos à distância.

2. Um novo paradigma?

O que estamos buscando acentuar é que toda educação hoje nos obriga a levar em conta a mudança crucial na vida das sociedades em conseqüência de mudanças no modo de acumulação do capital e no modo de relacionamento simbólico com o real, isto é, na cultura. A levar em conta, igualmente, o incremento extraordinário das funções de alocação de recursos e de inovação dos objetos comandados pela tecnologia e pelo mercado.

Não há de fato como deixar de reconhecer que as neotecnologias comunicacionais afetaram, nas últimas duas décadas do século XX, a forma de transmissão do conhecimento acadêmico. Tais "afetações" dizem respeito ao advento de um provável novo paradigma de conhecimento, a que se poderia chamar de *analógico-digital*.

Analógico é adjetivo aplicável a canal, meio de comunicação ou modelo que mantém uma relação de semelhança e de causalidade direta com os fenômenos que devem ser designados, calculados ou transmitidos. Analógicos são o disco de vinil, a máquina fotográfica, o instrumento com ponteiro e outros. *Digital* é o meio ou o instrumento representado pelos objetos em forma numérica: *compact disc*, computador, telégrafo, instrumentos de visualização por cifras.

A forte tendência da tecnologia contemporânea para a realização de aparelhos digitais deve-se ao fato de que, sob a forma da compressão numérica, os dados conservam-se, misturam-se, transmitem-se. Toda a atual instrumentação da mídia tem um núcleo digital, que costuma coincidir com o *chip* do computador. O digitalismo apresenta-se, portanto, mais ligado aos aspectos de *hardware* da máquina, enquanto o analógico está mais estreitamente vinculado ao *software*. Tecnologicamente, o computador tem-se movido nesta direção.

A maior parte dos instrumentos de comando apresenta um aspecto ou uma interface analógica. Aí se dá a interação do usuário com o computador, e aí surgem os sonhos ou as esperanças quanto às interfaces híbridas (analógico-digitais) capazes de reconhecerem e dialogarem com seres humanos. Já é, todavia, imenso o alcance semiótico e psicológico da analogia, por oferecer a possibilidade de superfícies significantes artificiais – a simulação – de que são exemplos correntes as máquinas calculadoras e a realidade virtual.

As discussões em torno das inovações tecnológicas no campo educacional ou sobre as possíveis interfaces da educação com os meios de comunicação de massa privilegiam os problemas da incorporação dos avanços digitais, analógicos e simulativos. Aparecem, assim, questões importantes: se há mesmo um paradigma de conhecimento a que se possa chamar de "analógico-digital", seria possível entendê-lo apenas a partir da dimensão técnica? Como associar este ponto ao da revisão ou crise dos paradigmas?

Como se sabe, o termo *paradigma* evoca estrutura e *epistème:* "Considero paradigmas as realizações científicas universalmente reconhecidas que, durante algum tempo, fornecem problemas e soluções modelares para uma comunidade de praticantes de uma ciência" (T.S. Kuhn). Nesta linha de pensamento, o paradigma realiza-se quando é estável – aí então condensa os achados científicos anteriores e dá uma espécie de linguagem comum para os cientistas. Quando não é estável, torna-se "candidato a paradigma".

Aquilo que se tem chamado de paradigma é sempre o paradigma *epistemológico*, isto é, uma estrutura estável de representações dos processos e achados das ciências exatas e da natureza, destinada a produzir conhecimento para a ação. Condiciona-o, portanto, um modo racionalista de pensar, uma epistème (inaugurada na Modernidade), que conhece e produz o real por meio da funcionalização da dicotomia sujeito/objeto. Uma instância objetiva é cognoscível ou representável por uma instância subjetiva e cognoscente, ficando os dois termos em oposição e absoluta exterioridade um ao outro, sob a regência do princípio de identidade, que governa inclusive as diferenças.

Sujeito não significa necessariamente indivíduo – é, antes, o suporte estável e universal das representações – mas designa sempre a esfera do humano e suas relações histórico-culturais, onde reina como entidade onipotente, plena, garantida por uma "tecnologia" do conhecimento intitulada *razão*. *Objeto*, isso que se lança à frente do sujeito, tem como referência as coisas inertes ou assujeitadas do mundo. Uma barreira ontológica separa as duas esferas no interior do paradigma epistemológico (conhecer implica separar, compartimentalizar, fragmentar), cujo grande marco filosófico é a concepção kantiana do *sujeito transcendental*, capaz de impor a qualquer experiência suas formas *a priori*.

Daí, a ressonância na reflexão filosófica contemporânea de discursos (Richard Rorty, Gianni Vattimo e outros) que, embora acentuando a prevalência da ciência e da técnica nas sociedades atuais, assinalam uma redução do ideal científico da educação – produzido pelo paradigma epistemológico –, em virtude principalmente da "dissolução da crença no progresso ligada ao fim do colonialismo e ao eurocentrismo". Esta é, em especial, a posição de Vattimo[5], para quem ocorre uma "passagem do ideal epistemológico ao ideal hermenêutico na educação".

A revisão do paradigma dominante, como conseqüência das novas tecnologias do conhecimento, implica a revisão do próprio conceito de paradigma, na medida em que relativiza a estabilidade da estrutura epistemológica como fonte de valores sociais de estabilidade e verdade universais a partir da ciência positiva, portanto, a estabilidade da *epistème* tecnocientífica como ideal da educação e cultura modernas. As transformações ocorridas nas ciências físicas – no sentido de privilegiar as noções de acontecimento, singularidade, interpretação – apontam para a fluidez e a provisoriedade das estruturas. O imprevisível, o aleatório, os fenômenos suscetíveis de interpretações variadas são hermeneuticamente reconhecidos como científicos.

A nova capacidade hermenêutica implica compatibilizar ou interpretar estruturas culturais diversas no quadro complexo e veloz da circulação contemporânea de informações. Atende, assim, diz o filósofo, à "formação de uma força de trabalho adequada a uma sociedade onde a tecnologia exige mais elasticidade, capacidade de mudança, portanto, uma visão global do processo social; formação de cidadãos para uma sociedade de consumo e democrática". Mas atende igualmente – é preciso enfatizar este ponto – às exigências de revisão do difusionismo colonialista que, desde o pós-guerra, se empenha na modernização do mundo com idéias e modelos políticos euro-americanos.

Será preciso, entretanto, acrescentar ao entendimento clássico do que seja capacidade hermenêutica (ainda muito marcado pela tradição dos estudos humanísticos) a idéia de que o alcance da interpretação não se confina à exegese de textos com vistas à atribuição de sentido. Se o aproveitamento criativo do *chip* de mísseis bélicos na máquina do computador pessoal ainda pode ser entendido como uma reinterpretação de *hardware* (portanto, como uma nova "leitura", um novo sentido), é difícil manter a metáfora da leitura no caso do conhecimento simulativo, onde se dá a exploração interativa de modelos digitais. No entanto, o conceito *lato sensu* de interpretação continua válido.

---

5. Cf. Vattimo, Gianni. A Educação contemporânea entre a epistemologia e a hermenêutica. *In: Tempo Brasileiro*, n. 108: 9/18, jan.-mar., 1992, p. 9-25.

Por outro lado, do desenvolvimento dos estudos cognitivos, sobressai a convicção de que o pensamento não é apanágio de um *sujeito pensante*, mas como acentua Lévy, de "uma rede na qual neurônios, módulos cognitivos, humanos, instituições de ensino, línguas, sistemas de escrita, livros e computadores se interconectam, transformam e traduzem as representações"[6]. Ou seja, o objeto tem parte ativa no processo de conhecimento – técnicas, instituições e máquinas constituem a atividade cognitiva, para além da vontade deliberada ou da consciência intencional.

Essa ordem de coisas solicita mais o grupo do que a individualidade autônoma, considerando-se que o grupo é uma totalidade pensante, não necessariamente consciente como o sujeito clássico, mas eficaz na conexão e integração de funções cognitivas. É de fato um coletivo de homens e coisas, sujeito e objeto, já não tão separados.

Nessa nova constelação – "analógico-digital" –, em que a matéria parece responder ao espírito, em que as tecnologias são coletivamente reinterpretadas e em que inteligência é a principal matéria-prima da produção, a História ganha novos foros de atualidade. Não mais o historicismo colonial e eurocêntrico (que tem imposto a idéia de progresso como imitação pura e simples da civilização euro-americana), mas um saber global sobre as sociedades capaz de reconhecer, no âmbito largo da diversidade humana e cultural, a singularidade simbólica. A partir dessa conjuntura hermenêutica, voltam à cena, em novas bases histórico-culturais, antigos atores:

a) *Grupo* – Em oposição à especialização e fragmentação descontroladas do trabalho científico, a atividade grupal impõe-se nas práticas pluridisciplinares. Estas tornam-se epistemologicamente características das atividades que associam ensino, pesquisa e aplicação tecnológica[7]. Por outro lado, dentro das crescentes perspectivas de ação local ou comunitarista, o grupo social emerge como um animador coletivo da consciência crítica.

---

6. Lévy, Pierre. *As tecnologias da inteligência*. Ed. 34, p. 153.

7. É preciso olhar com cuidado, entretanto, para a prática do "trabalho em equipe", muito valorizada pela moderna técnica gerencial norte-americana. Sociólogos e antropólogos vêm detectando aí ficções de cooperatividade ou de comunidade, com o objetivo de flexibilizar as identidades trabalhistas e melhor resistir às organizações sindicais.

b) *Imaginação* – Num ambiente cognitivo que privilegia analogias e conexões, torna-se imperativa a ênfase nos recursos imaginativos (desde o apelo às motivações profundas ou subconscientes dos grupos até a capacidade manipulativa da bricolagem), ao lado da dominância do pensamento lógico-abstrato.

É preciso também considerar que, numa economia progressivamente destinada a trocar as matérias-primas tradicionais (fisicamente densas) por conhecimento ou informação, importam em muito a criatividade e a inovação, decorrentes de estímulos imaginativos. Há todo um elenco de saberes práticos, a exemplo da informática, em que os conhecimentos atuantes são rapidamente substituídos por outros, num ritmo difícil de ser acompanhado pela atividade pedagógica das escolas. E no mercado uma grande empresa pode ser ultrapassada por outra menor, em virtude de um produto novo, mais adequado à ambiência do usuário ou pelo menos mais compatível com as expectativas ou o estado momentâneo do *ethos* do consumo.

Seja na pesquisa de *softwares* (que implicam um novo tipo de artesanato), seja na geração de empregos relacionados à "análise simbólica" (termo para o trabalho relativo à manipulação de símbolos, identificação e solução de problemas em campos diversos da vida social), revaloriza-se a faculdade de imaginar, esta da qual dizia Fernando Pessoa: "Fui educado pela imaginação/Viajei pela mão dela, sempre..."

3. Mutações pedagógicas

A mudança ou relativização do paradigma dominante e as novas formas de organização do trabalho provocam alterações importantes na relação pedagógica em todos os níveis de escolaridade, tanto nos modos de ensinar e aprender quanto nos conteúdos disciplinares. Dentre essas alterações, destaca-se a crise do pano-de-fundo comunitário e do horizonte ético comum, que vêm sustentando a *Bildung* moderna. Mais explicitamente, a crise dos fundamentos humanistas sobre os quais, apesar de todas as ilusões de desacertos históricos, se apoiam os empenhos de agregação de valor ao indivíduo.

A consideração desse novo panorama está sempre por trás dos estudos contemporâneos de reforma do ensino, a exemplo do relatório elaborado por um grupo de intelectuais franceses a propósito de um "novo modelo europeu para o ensino superior"[8]. Nele, a universidade é confrontada a quatro "revoluções":

1) *Ciências e tecnologias* – A rápida renovação das profissões exigirá da universidade um trabalho de adaptação permanente dos saberes e de estímulo à experimentação científica (condição das descobertas), por intensificação do "ensino concreto", isto é, da associação entre ensino, pesquisa e formação tecnológica. Sem base científica, não se pode sequer acompanhar o desenvolvimento tecnológico. Por outro lado, as neotecnologias informacionais ensejarão a colocação em rede de escolas, docentes e alunos. Isto já é, aliás, uma realidade nos Estados Unidos (onde se multiplicam os cursos *on line*, especialmente para os adultos) e na Inglaterra, onde a *Open University* combina cursos à distância com contatos pessoais.

2) *Relações com empresas* – Afirma o relatório que "as empresas inovadoras, criadoras do essencial dos empregos e das riquezas de amanhã, só poderão desenvolver-se numa relação estreita e confiante com o sistema universitário". Exemplo claro são os *softwares*, que se tornaram a terceira indústria (nascida inteiramente nas universidades) dos Estados Unidos, à frente das indústrias farmacêutica e aeronáutica. Nessa linha de pensamento, as universidades deveriam contribuir para a criação e o desenvolvimento de empresas.

3) *Relações com o Estado* – A universidade deverá continuar a fornecer ao Estado os agentes técnicos necessários, inclusive a alta formação de docentes. Mas será preciso atender também às exigências múltiplas de formações novas para as formas futuras do serviço público: coletividades locais, associações, organizações internacionais, etc.

4) *Ritmo de aprendizagem dos saberes* – Trata-se de instituir as regras da formação permanente – cada vez mais exigida pelo imperativo de aumento de produtividade das empresas –, pondo fim à dicotomia entre formação e vida ativa. Isto implica levar em conta que nenhum diploma universitário poderá mais ter legitimidade permanente e que os docentes deverão investir-se de mobilidade funcional. Acaba-se a era da especialização desconectada com outras esferas de saber ou de ação. Flexibilidade e polivalência tornam-se palavras de ordem.

---

8. Cf. Attali, Jacques. *Pour un modèle européen d'enseignement supérieur*. Stock, 1998.

Não há dúvida de que essas transformações deverão afetar o próprio estatuto do professor enquanto guia de uma relação interpessoal (e política) com o estudante. O discurso do mestre é tradicionalmente constituído pela escuta autorizada dos discípulos e legitima-se por uma comunidade de pares, a mestria institucionalizada, que encarna um *saber comum*, resultante das interpretações "comunitárias" (escolas, instituições científicas, academias, igrejas, colégios invisíveis) ou especializadas.

Explica Guillaume:

> Quando A informa B, que informa C, não só adquirem todos os três esta informação, mas cada um sabe (ou pelo menos é levado a crer) que os outros também sabem e sabem que ele sabe. Há, pois, neste caso, dupla transmissão: a de um saber e a de um (meta-)saber sobre o saber, sendo esta última com freqüência mais importante que a primeira. Assim, a mensagem pode servir não a informar, mas a informar a si mesma (estar seguro de que o outro sabe)[9].

Mas todo esse esquema – baseado na democracia representativa tradicional e, portanto, num pluralismo liberal das formas de ação – pressupõe a escassez das informações ao lado de um modelo pesado e estável dos saberes administrados por uma comunidade de pares. O que acontece quando as informações são abundantes e o saber é móvel e veloz por efeito da informação acelerada pela mídia e teletecnologias? O que acontece quando se dá, como agora, uma delegação dos saberes às máquinas, junto com a maquinalização da memória social?

Do ponto de vista pedagógico, fica afetada a posição verticalista do professor como organizador de um espaço disciplinar. Sabemos ser disciplina o nome da forma assumida pelo poder ideológico na modernidade pós-Revolução Francesa. Ao invés do assujeitamento pela força das armas e pela hegemonia do "sangue" características da monarquia, o poder na democracia moderna pauta-se pela inculcação *disciplinar* de conteúdos ideológicos advindos de um saber comum. Não há aula sem disciplina, e o professor detém a posição de poder na relação pedagógica.

---

9. Guillaume, Marc. Digressions sur les Masses et les Médias. *In: Masses et Postmodernité* (org.: Jacques Zylberberg), Méridiens-Klincksieck, 1986, p. 138.

Por outro lado, a apreensão ativa da experiência humana em que consiste toda aprendizagem comporta uma certa indisciplina ou um certo "caos" – afins ao *pathos* educacional, onde o erro e a resistência integram o processo – suscetíveis de efeitos criativos.

Um bom exemplo disto é dado por Herrigel em seu trabalho sobre o tiro com arco, ao contar ter perguntado a um colega seu na universidade japonesa por que o mestre de arco havia observado "impassivelmente e durante tanto tempo" seus esforços infrutíferos para estirar o arco de modo espiritual (suavemente, sem esforço) em vez de ensinar-lhe, desde o princípio, o necessário, que era a respiração correta. Ouviu então a resposta: "Se o aprendizado tivesse sido iniciado com os exercícios respiratórios, jamais o senhor se convenceria da sua influência decisiva. Era preciso que o senhor naufragasse nos próprios fracassos para aceitar o colete salva-vidas que ele lhe lançou"[10].

Esse *pathos* de emoção e sofrimento de onde emerge o saber pertence tanto ao professor (que deve também colocar-se como aquele que não sabe) quanto ao aluno: os pensadores da educação referem-se freqüentemente ao duplo significado da palavra grega *manthano* – ensinar e aprender, ao mesmo tempo. Professor é aquele que aprende duas vezes. O bom professor, como observa o filósofo, "está mais avançado que os seus alunos somente naquilo que tem mais a aprender do que eles, ou seja, *fazer aprender*"[11].

Enfatiza-se, assim, o fato de que a aprendizagem não é jamais pura transmissão, e sim a socialização de um saber, portanto, a experiência de uma relação entre indivíduos concretos. Na experiência de oscilação ou de conversibilidade entre os dois pólos da relação, emergem a diferença e o novo. E sobretudo emerge na consciência do sujeito algo mais que o mero comportamento reflexo, ou seja, a deliberação e a intencionalidade da ação, de onde surge a atitude ética de responsabilidade social.

Mas na nova ordem sociocultural, dá-se a crise do conhecimento comum (do sujeito individual ou coletivo detentor da verdade) e, conseqüentemente, da metacognição ou saber sobre si mesmo, isto é, da infinita reflexividade do saber. As informações perdem

---

10. Herrigel, Eugen. *Op. cit.*, p. 35-36.

11. Heidegger, M. *Língua de tradição e língua técnica*. Paragens, 1995.

estabilidade e, fragmentadas, aceleram-se por efeito das neotecnologias. Sua transmissão no espaço midiático assume as formas da persuasão ou da fascinação (tanto pela alegria fácil do espetáculo e do consumo quanto pelas gratificações narcísicas advindas do automatismo das operações técnicas), contrapostas ao *pathos* do disciplinamento pedagógico.

A geometria verticalista do lugar tradicional do professor e os currículos organizados em bases de disciplinas separadas têm muito a ver com a disciplina rotineira, segmentada e repetitiva das linhas de trabalho tayloristas e fordistas, que vêm organizando desde o início do século a produção nas fábricas e nos escritórios.

Tudo isto agora é progressivamente desestabilizado pela horizontalidade dos fluxos informacionais advindos da tecnologia do tempo implicada na digitalização dos computadores e nas interfaces analógicas da multimídia. Pelo *ethos* "toyotista", em suma, gerador, entre outras, da ideologia "construtivista", que estimula a aprendizagem solitária e "lúdica" e cuja boa imagem corrente é a do especialista em computação – o *tycoon* Bill Gates é o grande exemplo midiático –, aquele que aprende em relação consigo mesmo, mediado pela máquina.

Na verdade, há coisas que sempre foram mais bem aprendidas do que ensinadas, em geral (mas nem sempre) tudo que depende mais de um comportamento repetitivo e suscetível de correção mecânica. Frisa Drucker:

> Pertencem a esta categoria todas as matérias ensinadas no primeiro grau, mas também muitas daquelas ensinadas em estágios posteriores do processo educacional. Essas matérias – seja ler e escrever, aritmética, ortografia, história, biologia, ou mesmo matérias avançadas como neurocirurgia, diagnóstico médico e a maior parte da engenharia – são melhor aprendidas através de programas de computador. O professor motiva, dirige, incentiva. Ele passa a ser um líder e um recurso[12].

Mesmo no toyotismo, portanto, permanece fundamental o lugar do professor como agente motivador e guardião dos modos de compreensão e significação dos saberes concretos. Ao se desfazerem os

---

12. Drucker, Peter. *Sociedade pós-capitalista*. Pioneira, 1995, p. 155.

exageros individualistas do construtivismo, reafirma-se o importante lugar político, ético ou iniciático do professor – o que pressupõe como imprescindível a sua *presença*. Esta não se entende como a mera ocupação física de um espaço por um corpo, e sim como a manifestação concreta de um território – um lugar marcado pela radicalidade humana – que leve o indivíduo à aprendizagem da espera, à moderação da vontade ativista, à libertação de si mesmo por progressiva desidentificação frente às mecânicas injunções do *ethos*.

Não há dúvida, entretanto, de que se impõe repensar o estatuto do professor em função das flutuações características da nova ordem cibernética. Nada impede a pesquisa de formas novas de presença, a exemplo da "presença virtual". Impõe-se sobretudo redefini-lo em sua função de filtro do conhecimento e da informação, aprofundar o seu potencial técnico de hibridização das fontes informativas (aí se vê uma marca do "paradigma analógico") no espaço das novas redes, assim como adequá-lo à cultura hipertextual, que tende a relativizar tanto a hierarquia seqüencial das disciplinas quanto dos "graus" (primeiro, segundo e terceiro) de comunicação do saber. Cabe ao professor liderar o trabalho de integração dos saberes no espaço curricular da escola.

4. Tecnicismo e privatismo

Do fascínio centralizado na atividade da mídia e nas proezas da computação pode decorrer uma prática ideológica que atribui à inovação tecnológica em si mesma um poder mágico de solução dos problemas, independente das condições sociais e humanas. A ele não escapa a educação, confrontada com a extraordinária facilidade de acesso às informações propiciadas pelo computador e pelas redes telemáticas.

É que o desenvolvimento de toda nova técnica de saber cria uma distância, um certo afastamento, que limita o domínio inicial e faz dele um espaço mensurável, o objeto de saber. A *tentação tecnicista* – redução de toda atividade racionalista a uma técnica em geral – é considerar que, à medida em que avança o saber, diminui a distância entre o objeto "verdadeiro" e o conhecimento, sendo o real, portanto, presumidamente esgotável pelo conhecimento técnico. Nasce daí uma ideologia teórica, que atribui às bases técnicas em si mesmas o poder de impulsionar a acumulação do capital numa sociedade determinada.

No interior dessa ideologia, educação é concebida como mero ensino, simples transformação esquematizada em termos de processos prontos. Resulta daí a idéia de aprendizagem como absorção irrefletida de receitas, tendo em vista a solução imediata de questões. Professor e aluno funcionam como agentes receptivos de um saber já dado, de uma atualidade que se resumiria a uma técnica de amontoar problemas e resolvê-los.

Em vez de processo (uma ação em seu exercício contínuo), em vez de iniciação ao pensamento (onde a inatualidade é constitutivamente importante), a educação tecnicista propõe atividades tópicas, realizadas num certo momento e encerradas com o produto final. Neste caso, convém falar de treinamento ou adestramento.

Na realidade, o treinamento integra todo e qualquer processo educacional. Mas a ideologia tecnicista do *training* implica um processo centrífugo: aprende-se parcelarmente e funcionalmente, em função das exigências fragmentárias da indústria ou do mercado. Não se instala aí nenhum horizonte ético, a não ser o da deontologia empresarial.

Por outro lado, essa ideologia desenvolve-se no quadro de uma matriz educacional *privatista*. Do ponto de vista econômico, o privatismo orienta na direção empresarial o controle do processo educativo, o que significa conceber a escola como "organização" e o educando como "cliente", a ser atendido principalmente em seus anseios profissionais. É uma orientação que hoje prospera, na medida em que aumenta a insegurança no mercado de trabalho e se intensifica a porosidade das ocupações (o trânsito fácil de uma profissão a outra).

Do ponto de vista ético-social, o privatismo privilegia uma relação pedagógica destinada a tratar o educando como uma unidade isolada ou, em termos técnicos mais atuais, como terminal receptor de instrução, relacionado com um "mestre" onipotente e garantido pela identidade fechada de uma rede (o computador). Trata-se da auto-aprendizagem, que legitima uma pedagogia individualista, ideologicamente utilitarista e que se faz cada vez mais presente, seja nos empreendimentos de educação à distância, seja nos cursos de formação de recursos humanos para o mercado de trabalho.

De tudo isso ressai a evidência de que as novas formas de organização das forças produtivas, principalmente as voltadas para o incremento da produtividade, supõem um novo tipo de trabalhador (diverso do processador mecânico e repetitivo do fordismo), do qual se esperam capacidades para a manipulação de símbolos, tomada de decisões e atividades cooperativas. Isso implica uma qualificação polivalente, que muitas vezes pode ser obtida por reciclagem no interior da própria esfera produtiva em vez da instituição pedagógica.

Qualificação, apesar de suas mistificações, de fato uma palavra-chave. E o dinamismo da tecnologia e do mercado faz com que muitos campos do saber qualificado, em especial as chamadas "habilidades de processos", surjam diretamente do mundo do trabalho (computação, planejamento, análise financeira, etc.). Isto significa que, do ponto de vista estritamente profissional, pode-se em muitos casos aprender mais com a experiência produtiva – embora se saiba que os dados dessa experiência provenham de pesquisas acadêmicas.

Apesar disso tudo, o tecnicismo e o privatismo podem ter conseqüências enganosas para uma política verdadeiramente educacional. Considere-se, por exemplo, o *Programa TV-Escola*, lançado em 1996 e anunciado como uma das realizações mais bem-sucedidas do regime neoliberal brasileiro. O eixo pedagógico do programa, destinado a recapacitar professores e a modernizar a sala de aula para os alunos do ensino fundamental público (cerca de 34 milhões de crianças em meados dos anos noventa), era a televisão. Consistia primeiramente na entrega pelo Ministério da Educação a cada uma das pouco mais de quarenta mil escolas um *kit* composto de antena parabólica, receptor de satélite, aparelhos de tevê e videocassete, além de uma caixa de fitas. Em seguida, duas horas diárias de programação (vídeos e filmes educativos em disciplinas diversas) dirigida à sala de aula e uma hora aos professores, com o acompanhamento de uma revista.

Quem se ativesse apenas aos termos desta descrição, nada teria em princípio a objetar ao programa, pois poderia nele ver a modernização escolar pelo deslocamento da escrita para a imagem. No entanto, quem examinasse a política educacional por trás desse suposto *agiornamento* veria que ela tendia a orientar-se por um produtivismo tecnicista pautado não pelos interesses e anseios de múltiplas organizações da sociedade civil, e sim por projetos de organismos internacionais (Banco Mundial, por exemplo) e diretrizes mercantilistas internas[13].

Outro caso semelhante é o Programa Sociedade da Informação (Socinfo), lançado no final do ano 2000, com vistas à "utilização de tecnologias de informação e comunicação que permitam a inclusão social de todos os brasileiros na Internet". A realidade do computador como produto-fetiche cultural, a real intenção de promover a competitividade empresarial com o apoio à implantação do comércio eletrônico, novas políticas de segurança e outros desígnios estatais eram camuflados pelo discurso oficial no sentido da "alfabetização digital" e educação pública.

Em nenhum momento se tratava de transformar as condições reais em que se assentam as velhas estruturas educacionais, e sim de trocar as perspectivas sociais de inclusão do maior número possível de sujeitos nacionais na educação formal qualificada e no mercado de trabalho pelos simulacros cibernéticos de "inclusão de todos na rede". Em outras palavras, nenhum reflexo de desejo coletivo, tão-só adequação a um *cenário* tecnoburocrático.

A educação brasileira conseqüente à Nova República era da ordem do *desejo* coletivo e não de puro cenário. Correspondia a uma ideologia de constituição do povo nacional (virtualidade da mão-de-obra para a industrialização) e comportava esperanças de integração ou de ascensão social por meio da escola, em especial a escola pública, isto é, democrática, universal e gratuita. Emprego e cidadania sustentavam enquanto metas as doutrinas liberais da educação, no âmbito macrossocial de um capitalismo que priorizava a produção industrial e conseqüente a uma divisão internacional do trabalho cujas bases principais neste século datam do início da Primeira Grande Guerra.

Outra é a ideologia educacional dentro do projeto de hegemonia do bloco neoliberal no poder, no âmbito do capitalismo financeiro.

---

13. Sabe-se, aliás, que as parabólicas entregues às escolas do país inteiro eram analógicas (portanto, tecnologicamente antiquadas em comparação com os dispositivos digitais do momento), o que deixa transparecer a existência de escusos interesses comerciais.

O ajuste estrutural à globalização restritiva, apoiado pela coalizão entre elites tecnoburocráticas do Centro-Sul e oligarquias do Norte e Nordeste, não se faz sem exclusão social e sem subordinação aos imperativos globalistas, por sua vez excludentes das regiões do mundo consideradas "periféricas" e com um ideário regido exclusivamente pela moral do mercado. Esta, como já foi dito, é a mesma da mídia, que transforma discursivamente o mercado em árbitro inquestionável da vida social e faz da liberdade contratual o caminho único para o bem-estar coletivo.

Nessa nova ordem de coisas, a educação desinveste-se progressivamente de seu estatuto de serviço público para ingressar no mercado de bens e serviços. Isenta-se, assim, da transmissão de conhecimento aliado a valores humanos, fazendo recair a tônica sobre o tecnicismo instrucional. No vácuo tanto de uma política consistente de emprego quanto de um discurso social sobre o trabalho, a expressão "empregabilidade" – na prática, a virtualidade do trabalho – impõe-se para definir, em termos individuais, quem está qualificado para obter um emprego.

Nesse âmbito, tem ficado cada vez mais evidente a estreita conexão entre escolaridade e rendimentos do trabalho: a falta de oportunidades educacionais *verdadeiras* (ou seja, tudo que não se confunda com o enganoso difusionismo culturalista da mídia) incrementa a assimetria econômico-social. Fora da estrita dimensão laboral, a baixa escolaridade contribui também para reforçar um dos principais efeitos da informatização societária, que é o de tornar irrelevantes os atores sociais incompatíveis com as tecnologias cognitivas dominantes. Relevância e irrelevância são variações da assimetria econômico-social.

Competitividade e exclusão social dão-se aqui as mãos. Aos meramente "empregáveis" (na prática os potencialmente excluídos, os descartáveis), a organização social do capitalismo flexível destina o treinamento fragmentário ou episódico, enquanto que a determinados estratos das classes sociais (em geral, os resíduos de velhas castas aristocráticas ou de antigas alianças patrimonialistas) toca o privilégio da completa educação formal. Para estes últimos, como para os descartáveis, mesmo que se configurem como amorfas as novas estruturas de emprego, são maiores as possibilidades ascensionais.

Não é difícil de concluir, portanto, que em matéria de educação, problemas macrossociais têm conseqüências práticas e imediatas. Por exemplo, toda uma velha luta conceitual e ideológica em torno do ensino técnico de nível médio gira ao redor da dualidade entre a perspectiva formativa e a limitada perspectiva "instrucional-profissionalista". Outro exemplo é a política oficial de se investir basicamente em equipamentos (instalações, máquinas, redes informacionais) tanto para atender a interesses comerciais quanto para corresponder à ideologia tecnicista da modernização pelo contato puro e simples com as novas tecnologias.

O tecnicismo passa ao largo do fato de que o essencial em termos de escolarização não está nos meios técnicos e seus conteúdos disciplinares (saberes, informações), mas na *forma cultural* (a escola é "forma" moderna, ao lado de outras como a cidadania, o mercado, etc.) pela qual se incorporam os saberes e se promovem entre eles as conexões pertinentes.

Frisa Brunner:

> A escola é uma das matrizes da modernidade, enquanto separa a transmissão cultural de qualquer suporte fixo, radicando-o no próprio processo da escolarização. O princípio educativo moderno é a escola como tal, não os suportes preferenciais que ela usa para inculcar conhecimento[14].

As tecnologias da escrita e do livro impresso foram revolucionárias para a educação ocidental pelas mudanças que provocaram nos conteúdos e no foco do ensino escolar, mas não são elas, e sim a singularidade do processo interativo, que define a escolarização.

Quando em alguns discursos pretensamente inovadores aparece a afirmação de que "a educação tem de sair cada vez mais da escola", está-se entendendo escola, erradamente, como lugar físico em vez de forma cultural. Em outras palavras, não se pode compreender escolarização como mera apropriação de conhecimentos num espaço imobilizado e com um regime institucional dado para sempre.

Escola é de fato uma "língua" (no sentido de modalidade ou forma expressiva assumida pela linguagem em sentido amplo) com

---

14. Brunner, José Joaquin. Metamorfosis de la Escuela? *In: Revista del Consejo Latino-americano de Ciencias Sociales*. Año XX – Número 58, 1991, p. 60.

uma sintaxe de funcionamento, que implica um *modus operandi* histórico. Este consistia até agora na sistematização e seqüenciamento dos saberes por meio de currículos e métodos pedagógicos, regidos por um horizonte ético e por uma específica relação de poder (a hierarquia disciplinar, a "violência simbólica"). Essa "língua" introduz no processo cognitivo a dimensão (pulsional) dos afetos.

É preciso, no entanto, considerar que a forma-escola, uma das bases de construção da moderna forma democrática, vem sendo fortemente pressionada e deslocada por uma ideologia de valorização do campo informacional (com uma crescente autonomia individual na utilização dos recursos tecnológicos), cujos pressupostos são mais mercadológicos e tecnológicos do que éticos no sentido clássico deste termo.

5. Finalidade e sentido

Assim é que o campo educacional confronta-se seriamente na contemporaneidade com a questão da ética, sempre entendida como atitude, como agregação de finalidade e sentido, isto é, de valor humano (pela *hexis*), às ações sociais, mas também como reflexão conceitualmente articulada sobre a moral. Se é verdade que a ética argumenta do ponto de vista da moral (arriscando-se, portanto, a permanecer presa aos fundamentos da moralidade tradicionalista), não é menos verdadeiro que ela põe em jogo a comparabilidade conflituosa – e assim opera uma relativização – dos diversos códigos morais.

O grande problema atual da ética é o seu afastamento das questões de conteúdo e princípio, para aspectos puramente formais ou simplesmente definidos por uma prática profissional. Tome-se o caso da ciência e da tecnologia hoje. Não é mais suficiente o exame das normas de ação tecnocientíficas à luz de elevados princípios formais, já que a questão de vulto é a de examinar as normas de ação, em geral à luz das complexas possibilidades de ação da ciência[15]. Responder à questão dos princípios implica hoje referir-se tanto à ciência quanto às estruturas sociais, o que se torna muito difícil quando

15. Cf. Honnefelder, Ludger. Wissenschaft und Ethik der Menschenrechtsgedanke als Grundlage eines europaeischen Konsenses. *In: Bildung und Wissenschaft* – 2/1998. Inter Nationes, Bonn, p. 3-12.

não se tem perspectivas de finalidades coletivas ou de sentido norteador das ações sociais.

Apesar das dificuldades históricas de formulação da ética, entendida como esfera autônoma de valores (uma vez que o valor de troca determinado pelo capital impõe-se como lei de organização estrutural do mundo de hoje), a questão reaparece com novo vigor na sociedade contemporânea, porque tanto a política clássica como a moral em curso – isto é, a diversidade dos protocolos de moralidade – são insuficientes para se fazer uma verdadeira integração humana da economia, ciência e técnica. E faz-se tanto mais pertinente à definição atual da "língua" educativa, frente à novas e sutis formas de tutela da cidadania, a exemplo da mídia comercial.

Delineia-se aí uma problemática de feição aristotélica: educar seria fomentar a inteligência criativa (a *hexis* formativa) por comunicação de idéias (dialética de fala e resposta no sentido simbólico pleno) ou transmitir saberes e estimular a conformação contingente dos costumes e das técnicas (*ethos* informativo-midiático)? Na resposta, a ética da formação escolar assume foros verdadeiramente políticos, na medida em que ainda contempla o *indivíduo* (não no sentido biológico do termo, mas no de autonomia ou indivisibilidade dos valores). Confronta-se, assim, com práticas sociais crescentes onde, mesmo em assuntos tradicionalmente "sérios", o espetáculo institui-se como uma relação social entre pessoas, mediada por imagens.

Aí onde uma certa euforia sociológica celebra o advento de um "paradigma estético" para a vida social, pode-se ouvir também a contrapartida crítica de pensadores como Agamben:

> O espetáculo é pura forma de separação: aí onde o mundo real transformou-se em imagem e onde as imagens tornam-se reais, a potência prática do homem destaca-se dela mesma e apresenta-se como um mundo em si. É na figura desse mundo separado e organizado pela mídia que as formas do Estado e da economia se interpenetram, que a economia mercantil chega a um estado de soberania absoluta e irresponsável sobre a vida social inteira[16].

---

16. Agamben, Giorgio. *La communauté qui vient – Théorie de la singularité quelconque*. Seuil. 1990, p. 81.

Nessa reflexão particular, mercadoria e sensação (a que visa todo espetáculo) equivalem-se tanto em termos de produção como de consumo, o que termina por fazer do espetáculo a forma acabada da mercadoria.

Isto implica considerar hoje o espetáculo como algo maior do que uma encenação cativante (perspectiva ainda clássica, analisada por Guy Debord num texto famoso[17]). Difratado pelas superfícies mercadológicas (*shoppings*, painéis luminosos, máquinas de comércio, etc.) que redefinem o espaço público, e pela virtualidade da tecnocultura, o espetáculo obriga-se também a uma redefinição. Assim é que abandona a "cena" – publicamente afixada como ilusória e mítica – em favor de uma simulação generalizada, que abole a distância entre artista e espectador, confundindo-se com a vida comum, tornando-se relação social mediada por imagens e, no limite, forma de gestão do quotidiano.

Numa ordem de reflexividade acrítica entre mundo virtual e real-histórico, o tradicional "espetacular" dá lugar ao "especular": convertem-se em *show-off* (exibição narcísica) a própria comunicatividade, a interatividade, o ser imagístico do homem, donde o fascínio contemporâneo pelo que é tecnologicamente bem realizado –, o que se presta à perfeita reprodução como imagem fascinante – e pelo que se torna célebre ou famoso. Os cenários da notoriedade publicitária são os grandes indutores de desejos.

É desse modo que a economia mercantil pode gerir a percepção coletiva, apoderar-se da memória e da comunicação social – naturalmente, estendendo sua rede à esfera educacional – e transformando tudo isso numa única mercadoria espetacular, cuja moralidade traduz-se basicamente pela regra de "o que aparece é bom, e o que é bom aparece" (Agamben).

Quando se levanta a questão teórica da autonomia dos sujeitos perante as necessidades criadas ou impostas pelo mercado espetacular de consumo, as respostas variam de acordo com o grau de otimismo ou de pessimismo dos autores. E tanto as críticas à moral otimista do consumo quanto as afirmações dessa nova ordem como uma

17. Cf. Debord, Guy. *A sociedade do espetáculo*. Contraponto, 1997.

democratização da vida material são posições assimiláveis ao campo intelectualizado da ética.

Mas a atitude ética, ou seja, a consciência *prática*, que permitirá ao jovem – esse a quem no fundo se destina toda a pedagogia, mas também a maior parte da sedução do hedonismo consumista – operar as identificações culturais compatíveis com uma socialização equilibrada, e produzida no campo do saber formativo, na escola, enquanto "cena secundária" da sociabilização familiar.

Entrou em crise aguda, como bem se sabe, a organicidade desse modelo sociabilizante – família, escola e, às vezes, Igreja –, em virtude de transformações na vida social, reforçadas pela penetração do *bios* midiático. A passagem progressiva das instituições tradicionais à condição de puras prestadoras de serviços afeta grandemente os núcleos de elaboração e transmissão de valores capazes de atenderem às exigências das novas formas de representação social. Sem modelos seguros, a plástica consciência do jovem torna-se facilmente permeável à regulação tecnocultural do mercado, cujos valores básicos são a fama (ainda que, em determinados grupos, implique a criminalidade) e o poder monetário. Neste quadro, a droga pode instituir-se como verdadeira relação social.

O produto modelar do disfuncionamento ético na escolarização é o adolescente norte-americano típico, investido pela moralidade do consumo e descrito como "o perfeito idiota americano" por jornalistas:

> Com um colossal poder de compra, os *teenagers* brancos de classe média são cortejados por todos que querem vender alguma coisa: entretenimento, comida, roupas, tecnologia, serviços [...] para eles, são produzidos os filmes e os videogames de ação e violência, de horror e destruição, toda sorte de porcarias e supérfluos [...] em centenas de pequenas cidades americanas, eles morrem de tédio, de droga, de violência e, sobretudo, de ignorância [...] não se interessam por nada a não ser o consumo vertiginoso de toda sorte de bens e males materiais.

E mais:

> [...] Curiosamente, ou nem tanto, os diversos garotos que vêm metralhando colegas e professores em sucessão apavo-

> rante são todos brancos de classe média [...] são os filhos da América próspera e conservadora, que aprenderam com os pais a conviver com armas, aprenderam com a cultura de massa a cultuar a ação e a violência, aprenderam em casa a fé na força e no dinheiro...[18].

Esse "bovarismo" perverso pode em princípio afigurar-se como descrição exclusiva de uma realidade norte-americana, cuja economia parte para o resto do mundo, como bem se sabe, os principais cenários do consumo em todos os seus níveis de realização. Mas convém chamar a atenção para o caráter globalista do tecnoculturalismo, que criou desde as últimas décadas do final do milênio uma geração singular, batizada como "digital" (também "geração Y", "geração do milênio", "geração nintendo") pela imprensa[19].

Dirigida por novas coordenadas tecnoculturais – onde predominam a *doxa* (falatório opinativo e vertigem da fama), a interatividade e o virtualismo –, essa geração tipifica um novo modelo de individualização, que transforma o consumo hedonista e o ludismo tecnológico em grandes fins existenciais. Suspeita-se também que, seja essa a primeira geração da História em que os filhos sabem mais do que os pais, especialmente no que diz respeito a decisões de consumo: em outros aspectos, segundo pesquisas de marketing, esses jovens "não se levam muito a sério nem realizam tanto esforço para fazer sentido"[20].

Vale igualmente chamar a atenção para a emergência de uma moral utilitarista e privatista predominante nas elites brasileiras provenientes das camadas economicamente inferiores da sociedade a partir da década de 50. Entre 50 e 80, houve uma enorme expansão das relações mercantis no país, ao mesmo tempo em que se detectava uma sensível diminuição do sentido de vida coletiva. Ao mesmo tempo, o mecanismo de acomodação das tensões, que aqui sempre foi a mobilidade social ascendente favorecida pela escolarização, embora seja ain-

---

18. Motta, Nelson. *In: O Globo, Segundo Caderno*, de 23/03/1998, p. 5.

19. Cf. Revista *Exame*, de 16/06/1999.

20. Uma pesquisa realizada em 1999 pela revista *Time* sobre a mentalidade de jovens usuários da Internet revelava que, dentre os personagens mais marcantes do século XX, Elvis Presley figurava em primeiro lugar; em segundo, Hitler.

da considerado significativo no Brasil, encontra-se hoje enfraquecido pelo elitismo da ascensão e pela mobilidade descendente.

Uma pesquisa empreendida em conjunto pela Unesco/Fiocruz (Rio de Janeiro), no início de 1999, revelava que uma parte expressiva da juventude de classe média alta e intermediária do Centro-Sul brasileiro pensa de modo muito parecido com os lugares-comuns do velho nazi-fascismo. Entrevistados, os jovens mostravam-se favoráveis à agressão contra minorias socialmente estigmatizadas (prostitutas, homossexuais), à discriminação de deficientes físicos e pessoas esteticamente desvalorizáveis (feios, gordos, etc.)[21].

Pode-se discutir a hipótese de que a perversa lógica cultural que associa de forma espetacular consumo e salvação individual seja apenas uma contingência histórica. Haveria então possibilidades para que se manifestasse publicamente a consciência de que a humanidade contemporânea encontra-se submetida à abstração de uma lógica mercantilista ou monetarista, apagadora das diferenças econômicas, sociais e existenciais. Em outras palavras, um horizonte (ético) para além da indiferença egoísta.

Com efeito, a moral utilitarista e mercantilista da mídia publicitária contemporânea não impede em termos absolutos que se vejam, ética e politicamente, outras possibilidades para as neotecnologias comunicacionais, e para as imagens em toda a sua amplitude. Pois é isso precisamente o que implica a ética: não uma carta metafísica de boas intenções, nem o restabelecimento "natural" de um "bem" dado *a priori*, mas a conquista de possibilidades de realização e convívio (não necessariamente consensuais) a partir do potencial que caracteriza o humano.

No quadro desse potencial, a redefinição da escola – advinda de uma necessária reforma educacional – passa por sua *extensão* mais profunda a questões *extramuros* curriculares como a crise dos vínculos familiais, o aumento da violência urbana, a multiplicação dos socialmente excluídos, etc. Isto provavelmente exigirá uma participação mais ativa das famílias e das comunidades, levando-se em conta

---

21. A pesquisa coincidiu com a intensificação, na época, de reportagens e artigos jornalísticos sobre a formação, em São Paulo e no Rio de Janeiro, de gangues violentas, constituídas por jovens da classe média, dita "intermediária", capazes de irem até o assassinato de rivais.

tanto a redistribuição das fontes de saber por efeito das redes ciberculturais quanto o imperativo de que profissionais de toda ordem possam tornar-se mentores de jovens em dispositivos socioculturais capazes de hibridizar estudo e trabalho.

Aula sempre foi uma reconstituição das circunstâncias de produção do saber no âmbito de uma realização histórica da forma-escola, que centralizava a comunicação na figura do professor fisicamente ancorado num lugar único. Mas "educar uma criança é tarefa de toda a aldeia", como prega um ditado africano. Convém notar que existe contemporaneamente um forte "pedagogismo" informal realizado pela sociedade, por meio de suas organizações de mída e mercado.

Uma nova forma, resultante de uma reforma educacional séria ou capaz de contemplar em sua profundidade a revolução informacional, deverá comportar outros atores ou agentes sociais, coadjuvantes da mestria. Isto implica ativar as mediações sociais no processo de escolarização. Como a escola tem uma relação de interdependência da sociedade como um todo, outros atores ou agentes sociais obrigam-se a participar efetivamente do processo educacional.

Um desses agentes pode ser inclusive a imprensa em sua forma jornalística clássica, isto é, no empenho de publicização de questões pertinentes às liberdades civis e ao aperfeiçoamento ético-político do cidadão. Por outro lado, é de pessoas bem formadas que a imprensa escrita pode esperar a ampliação e a renovação de seu público-leitor. A aliança da informação pública com a educação formal, aliás preconizada por uma corrente pedagógica contemporânea, é empresarialmente viável.

Outros agentes são o Estado, as empresas, as famílias e as comunidades mediadoras, que se obrigam a dar firmemente as mãos aos professores na reconstrução do processo educacional, se há de fato uma *ética do futuro* (aquela que se define pelo cuidado com a cadeia intergeracional) ou uma preocupação responsável para com as jovens consciências desestabilizadas pela relatividade histórica de todos os conjuntos de valores, pelas relações sociais cada vez mais bélicas e abstratas, de certo modo semelhantes à droga.

Nenhuma individualidade sã pode reduzir-se a puros atos de trabalho e consumo. À educação e ao pensamento cabe a tarefa de reinserir o indivíduo em formas de sociabilidade que representem outras vias em face do *ethos* – neutralizador de diferenças – da economia monetária e do universalismo jurídico, tão bem assimilado pela mídia. Tais diferenças podem significar simplesmente cooperação mútua ou reconhecimento recíproco não mediados pela economia. Trata-se de desconstruir o primado do abstrato sujeito da consciência única em favor do indivíduo concreto, para ir ao encontro de lugares originários de sociabilidade, de relação entre o eu e o outro.

Socioculturalmente redefinida, a escola pode incorporar as neotecnologias analógico-digitalistas, reafirmando na realidade o traço específico da educação na modernidade, que é o de basear a transmissão do saber (embora seja redutor, na perspectiva das ciências cognitivas, o entendimento do processo escolar como "transmissão de conhecimentos"), do mesmo modo que a produção social, em tecnologias do conhecimento ou da inteligência.

Seria até mesmo possível incorporar as novas máquinas ao processo educacional com base na idéia "escola-novista" de educação pelo trabalho (Anísio Teixeira). Os trabalhos manuais idealizados pelo educador baiano podem ser reinterpretados como manuseio do computador ou como a bricolagem compatível com a produção de *softwares*. Isto não é o mesmo que maquinizar a escola, e sim escolarizar a máquina, persistindo na idéia liberal de escola como "máquina" de preparação para o exercício da democracia e redefinindo esta última a partir das novas condições histórico-sociais.

O que não se pode é perder de vista o fato de que a transmissão de conhecimentos é uma precondição do processo educacional, mas não o define exclusivamente. Educar implica primeiramente *comunicar*, o que significa implementar um laço atrativo, a partir de um quadro comum de referências estabelecido por uma cultura histórica, isto é, por toda uma tradição de costumes, saberes e valores um *ethos*, objeto da *hexis* instauradora da consciência ética. Depois, educar comporta um diálogo necessário entre a produção do saber e o mundo do trabalho.

Entender escola exclusivamente pelo aspecto técnico da transmissão já implica uma perversão tecnicista da complexidade educacional. De qualquer forma, a escrita era até agora o eixo técnico desse processo. O que estamos chamando de paradigma analógico-digital vem abalar a prevalência da escrita (portanto, "deslinearizar" a comunicação de idéias), mas também a centralidade física da escola que, por efeito das redes telemáticas e dos objetos informacionais, se torna tendencialmente "nômade", isto é, descentrada e metodologicamente flexível.

É bastante provável que os procedimentos de obtenção e uso de saberes, portanto, os meios de acesso a linguagens – orientados para a realização de projetos – venham a prevalecer sobre disciplinas estanques e seqüenciais. Isto é o que Drucker chama de conhecimento de processos[22], ou seja, a capacidade motivada de aprender a aprender.

A *hipermídia* (sistema que dá margem à interatividade informativa baseado em computador) é um instrumento cognitivo de grande importância nos processos de aprendizagem que outorgam ao estudante um papel ativo na construção/reconstrução do conhecimento. Os recursos combinados do hipertexto (tecnologia eletrônica de conservação e conexão de conteúdos informativos), vídeo, som, imagens estáticas e animadas, os chamados "*softwares* educativos", os *CD-ROMS* informativos (enciclopédias, tratados geográficos e históricos, etc.) estimulam as atividades de pesquisa e de associação de informações.

Por sua vez, a bricolagem – fortemente propiciada pela cultura da simulação em que implica a ordem tecnocultural – dá margem ao aparecimento de novos métodos de aprendizagem e de resolução de problemas, com maior ênfase no pensamento concreto (manipulação de objetos-ícones na tela do computador, imersão em contextos semi-reais, produção de exemplos ativos, etc.) do que no abstrato. Enfatizam-se, portanto, processos cognitivos mais "exploratórios" ou contextuais do que propriamente conceituais, o que não deixa de sugerir uma maior aproximação entre os modos infantil e adulto de produção de conhecimento.

Quanto à imagem e os seus desdobramentos sintéticos nas tecnologias do virtual, podem ter grande potencial no tocante à dimensão sensorial do processo cognitivo. Um professor de ensino básico pode agora *apresentar* a redondeza da Terra a seus alunos e fazê-los viajar virtualmente à lua. Pode até mesmo materializar o visionarismo da

22. Cf. Drucker, Peter. *Op. cit.*, p. 156.

poesia, como o do surrealista Paul Éluard – "a Terra é azul como uma laranja".

Claro, a laranja azul continua sendo uma invenção do surrealismo, mas "a Terra é azul", tal como disse o cosmonauta russo Gagarin, na primeira frase humana fora do planeta. Essa cor poderá ser "vivenciada" (claro, num nível de experiência diverso da do cosmonauta) num dispositivo de realidade virtual. E mais do que isto: num ambiente virtual (onde se podem recriar problemas e situações a serem examinados), o estudante poderá experimentar problemas, soluções e até mesmo sensações comparáveis aos do homem no espaço cósmico.

Ampliam-se, assim, as possibilidades humanas de brincadeira e jogo (o "ócio" da Grécia Antiga, associado à palavra *scholé*), fundamentais em todo empenho de aprendizagem, onde adultos também aprendem com as crianças. Todo jogo já é virtual, no sentido de que implica a invenção de um mundo próprio, com outras regras e interseções com a realidade sócio-histórica. Por isto é sempre sociabilizante, na medida em que leva o praticante a fazer comparações com o mundo realmente vivido e com seus valores refletidos.

Mas a cultura ocidental, mesmo comportando esta dimensão, reservou-lhe um lugar marginal, nos termos do corte feito por Platão (em Leis) entre *paidia* (jogo) e *paideia* (educação/cultura), que cria a dicotomia entre o sério e o risível. Isto pode ser de algum modo reparado no âmbito da nova realidade tecnológica, assim como se abre caminho para a sutura de modos diferentes de experiência, a exemplo daquela atomizada, atravessada pela profusão de imagens e emoções – *Erlebnis*, como a designa a tradição intelectual alemã – e a outra, perpassada pela orientação racional da consciência e permeada pelas esperanças do passado, designada como *Erfahrung*.

É admissível a hipótese de um *medium* capaz de acolher ou propiciar formas objetivas de sensibilidade individual, propiciando uma experiência sem dicotomia entre percepção e conceito. Mas certamente não é da técnica em si mesma, enquanto mera repetição maquinal de uma representação histórica, que pode emergir qualquer sutura libertadora. O que daí tem saído é primeiramente uma concepção de jogo bastante diferente daquela que contempla uma ação voluntária, dentro de certos limites de tempo e de espaço e alternativa à vivência cotidiana, uma vez que agora jogo, arte e cultura transformam-se em formas de gestão da cotidianidade nos grandes centros urbanos. Depois, a integração, sem surpresa nem assombro, das diferenças existenciais ou simbólicas, sob o signo midiatizado da democratização da cultura ou da causa universalista das identidades culturais.

O que se poderia mesmo chamar de singularização humana provém da liberdade (ética) presente nas experiências originárias de pensamento. São estas que rompem as programações da consciência e do *ethos* (contidas na metáfora nietzscheana do camelo, no *Zaratustra*), presidem às transformações (a metáfora do leão com sua força) e confirmam a *ontocriatividade* essencial da condição humana, afirmativa da vida.

Tal é a condição essencialmente "pedagógica" do processo educacional, isto é, aquela estruturalmente apegada ao que no homem é infância (abertura, expectativa de crescimento, indeterminação da fala, jogo simbólico) e ponto de partida para a criação de outros horizontes. Mas ao mesmo tempo é aquela condição que faz lembrar constantemente à consciência que cultura, mais do que fixação de um irremovível destino ontológico, tem a ver com a pressão ética do vir-a-ser e do tornar-se.

Isto equivale a dizer que cultura não é apenas o butim histórico do sentido açambarcado e arquivado por elites e depois oferecido à distribuição "democrática" pela mídia linear ou reticular. A pressão ética do vir-a-ser e tornar-se ensina que cultura é também e principalmente a dinâmica de deslocamento dos horizontes humanos.

III
Virtus como Metáfora

O que se tem chamado de realidade artificial ou virtual é a clonagem proprioceptiva (sinestésica, áptica) de uma realidade física. No âmbito de uma cultura dita "cibernética", as tecnologias simulativas concorrem para a produção de um outro mundo, novo real, que parece dar vida ao espelho, propiciando a convergência entre ser humano e máquina, o desenvolvimento de outras formas de consciência, assim como uma possível nova modalidade de individualização.

Conta-se que Kant, dissertando certa vez sobre o real, teria afirmado que o conceito de cem talentos (moedas) equivalia a cem talentos reais. Instado ainda assim a dizer qual poderia ser a diferença, teria respondido: "Cem talentos no meu bolso".

Verdadeira ou não, a anedota pressupõe o jogo da concepção kantiana de real como essência (princípio originário e interno à possibilidade de uma coisa) com a questão, também kantiana, da realidade imediata. Assim é que a realidade empírica do espaço significa a sua validade objetiva no que diz respeito às coisas enquanto relacionadas com o sujeito do conhecimento. Mas quando se abstrai esta relação, aparece a "idealidade transcendental" das coisas (as "coisas-em si"), e não há mais nada do que antes se chamava de real.

Conta-se também que o filósofo alemão conhecia a cidade de Londres tão bem ou mais do que qualquer de seus habitantes. A diferença é que ele jamais esteve na capital inglesa (na verdade, jamais saiu de Koenigsberg, sua cidade natal). Como a discussão sobre o virtual inclui a revisão dos conceitos de real e realidade empírica, vamos seguir o espírito dos tempos que vivemos: imaginar, por exemplo, uma espécie de jogo com Kant, figurá-lo com o mapa de Londres à frente e tentando "sentir" aquela realidade urbana. Ele poderia introjetar descrições de viajantes, construir suas próprias imagens, ter a imagem de si mesmo andando pelas ruas de Londres e, até, simular corporalmente as sensações da caminhada.

Esta figuração sempre foi perfeitamente possível, com o auxílio de mapas, livros e relatos orais. É um jogo mental baseado na escrita e na imaginação. São muitos os exemplos, ao longo da História, de estimulações imaginativas destinadas a favorecer no indivíduo a sensação vívida de uma realidade ausente. Costuma-se citar os famosos "exercícios espirituais" de Santo Inácio de Loyola, fundador da Companhia de Jesus, que incitavam o penitente a visualizar o próprio inferno.

A visualização imaginosa já produz virtualmente ou potencialmente o inferno, embora ainda confinado ao foro íntimo do sujeito. Tem-se aqui a primeira formulação do sentido duplo da palavra "virtual": aquilo que existe em potência, que não é objetivável como "coisa". A segunda é o virtual entendido como a realidade de uma aparência desencarnada, com a coisa ou o corpo noutra dimensão representativa, simulativa de um "outro mundo".

O que no século XX as tecnologias tradicionais ou mídia linear (fotografia, cinema, rádio, televisão) têm produzido é uma dimensão virtual (ou artificial) dessa ordem, externa ao indivíduo e incidente apenas em eventos determinados, geralmente vinculados ao espetáculo ou à publicidade. Podemos, assim, imaginar Kant visualizando as ruas londrinas a partir de fotografias ou de cinema (ambos ainda representações químicas da realidade) ou mesmo da televisão, realidade eletrônica da representação.

Mas vamos supor agora que ele dispusesse de um computador gráfico capaz de gerar e tratar informações sobre Londres, construindo imagens sintéticas que pudessem ligar-se a interfaces técnicas de restituição (capacete de visualização, dispositivos de retorno de esforço, etc.).

O filósofo disporia a) de uma base de dados capaz de descrever as ruas daquela cidade; b) de imagens de pessoas e objetos constantes nas ruas descritas. A partir daí, um programa informativo adequado integraria regras de perspectiva e visibilidade, atribuindo características de peso e dureza aos objetos, mas fazendo-os aparecer e desaparecer do campo de visão. Com tal restituição cenográfica, espécie de *dejà vu* materializado, teria Kant a sensação de *presença* real nas ruas de Londres.

"Sensação" de presença, convém frisar, uma vez que essa segunda figuração é uma ilusão perceptiva – senão proprioceptiva –, uma projeção imaginária, experimentável por mais de uma pessoa e tornada possível por uma técnica (inexistente, claro, na época de Kant) capaz de reduzir a números ou digitalizar dados provenientes de fotografias, mapas, cadastros. Em outros termos, é a modelização matemática de uma realidade original – uma simulação avançada, clonagem visual e psicomotora, criadora da sensação de presença real.

Tal realidade segunda, comparável à de um espectro, foi chamada de "realidade artificial" por M. Krueger nos anos setenta. Tratava-se, assim, de um espaço tridimensional produzido com os dados gráficos de um computador, com o qual se poderia interagir por meio de dispositivos óticos. A expressão "realidade virtual" foi criada em 1989 por J. Lanier.

Virtual, artificial ou espectral, o que a expressão designa mesmo é uma variedade de técnicas de modelização e visualização de dados, que permitem tanto a) a apresentação do real pelo virtual, isto é, a simulação da realidade física ou real-histórica, de modo a poder ser restituído visualmente, quanto b) a interpretação do real pelo virtual, ou seja, um mecanismo heurístico que permite a construção de modelos científicos.

Todo o empenho dessa realidade técnica é substituir a sensorialidade natural – visão, audição, tato – por informação digitalizada. Complexos dispositivos técnicos em interface geram uma realidade simulada, mas realística ou verossímil. Está em jogo o *ser digital*: um artifício proprioceptivo, sinestésico ou "áptico", clonagem da realidade primeira governada por leis físicas, que dá ao participante sensação de inclusão ou de imersão na cena projetada. "A sensação de presença na realidade virtual é comparável ao processo de tomada de consciência, pelo homem, de sua própria existência no mundo real. Nós existimos no mundo virtual pelos mesmos sentidos e sensações que no mundo real", diz Jolivalt[1].

---

1. Jolivalt, Bernard. *La realité virtuelle*. PUF, Coll. Que Sais-Je? n. 3037, p. 18.

É pertinente a questão, que já levantamos, aliás, de se saber se tudo já não ocorreria com o cinema, a televisão ou mesmo os videojogos. De certo modo, sim, mas não exatamente. Nesses casos, constrói-se paulatinamente, juntamente com as ficcionalizações publicitárias, uma vida paralela ou vicária, com as características culturais de uma realidade virtual. Mas a imersão do participante na experiência é puramente mental ou afetiva.

Na realidade virtual entendida como novo dispositivo técnico de visualização, tem-se, entretanto, uma vivência propriamente áptica (perceptiva, auditiva e tátil)[2]. Claro, o perfeito entendimento dessa ilusão, tecnicamente descrita como um "espaço ortogonal", é bem mais complicado. Mas o resumo do processo como a clonagem proprioceptiva de uma realidade física vale como ponto de partida para se especular sobre a natureza da virtualidade na expressão "realidade virtual".

Ensina a ótica elementar que "imagem real" é aquela formada diretamente pelos raios refletidos numa lente ou num espelho côncavo: as retas convergem para um foco, onde se constitui a imagem, projetada na direção do observador. Uma "imagem virtual" forma-se diretamente pelo reflexo, mas além da superfície especular (por trás dela), como se esta fosse uma fronteira entre dois mundos – é, assim, a forma que vemos no espelho[3].

Nos dicionários, entretanto, "virtual" não se opõe a "real", e sim a "atual". A clonagem visual das ruas de Londres, para mantermos o exemplo dado, é tecnologicamente *real*, logo é "coisa" singular, incomparável, à qual se pode atribuir a realidade de ser alguma coisa hoje chamada de "virtual". O atual, por outro lado, refere-se no discurso filosófico – por exemplo, em expressões como "vontade atual" e "intenção atual" – as faculdades presentes, e não potenciais; no dis-

2. Uma antevisão notável da realidade virtual encontra-se no romance *A invenção de Morel* (1953), do argentino Adolfo Bioy Casares. Na história, tida como marco do realismo fantástico, uma máquina extrai de imagens formadas em espelhos perfeitos simulacros proprioceptivos. É a prefiguração de uma realidade, nos termos de Casares, onde a "vida será, pois, um depósito da morte".

3. A propósito, diz numa entrevista William Gibson, autor de *Neuromancer*, que "todo aquele que trabalha com computadores parece desenvolver uma fé intuitiva em que existe um certo espaço *real* por trás da tela".

curso da física, atual designa tradicionalmente a determinação da forma a respeito da matéria.

A palavra, como se percebe, pode prestar-se a confusões. *Virtus* (derivada, no latim clássico, de *vis*, força, e *vir*, homem) resultou em *virtuale*, no latim medieval, com o significado de algo que existe apenas como faculdade, sem conseqüência no nível dos atos. Daí obtêm-se outros significados, como "potencial" ou como, para os escolásticos, tudo o que reúne as condições de realização de alguma coisa. No senso comum, virtual é simplesmente falta de existência.

O real em si, como se sabe, é inexistente: o que há mesmo são efeitos de objetividade, a que costumamos chamar de "realidade". Cabe sempre à consciência humana, na verdade, determinar o grau de realidade das coisas, inclusive de algo inicialmente qualificado como virtual. Como explica Carneiro Leão[4], toda e qualquer realidade só pode ser assim estabelecida com relação ao sujeito humano, colocando-se este último no centro da definição do real e do potencial.

Há o real, o virtual (ou potencial), a sua representação (a linguagem) e o possível. Enquanto estrutura, o real apresenta-se ou se faz ver como um conjunto de ordenações do homem (intelecção, memória, fantasias, representações) que pressupõe uma ordem de possíveis, isto é, de tudo que não implique contradição ou "tudo que não repugna existir" (S. Tomás de Aquino).

Virtual, por sua vez, indica uma dinâmica de realização do real – a capacidade de passar de um nível da ordem para outro mediante a integração de suas possibilidades –, portanto, o potencial de produção de todos os campos humanos de ação. Integra, assim, a estrutura do real – seu horizonte necessário no interior da tradição filosófica – e pode gerar realidades que dependerão necessariamente da ordem humana. Tanto que confiança (fé compartilhada) e desejo (energia de realização) estão necessariamente na base dessa dinâmica.

O francês Lévy fixa-se utilitariamente na noção de atual para esclarecer a questão do que se vem chamando de realidade virtual[5],

---

4. Leão, Emmanuel Carneiro. *In: Conferência no Programa de Pós-Graduação em Comunicação e Cultura da ECO/UFRJ*, 14/04/1999.

5. Cf. Lévy, Pierre. *O que é o virtual?* Ed. 34, 1996, p. 15-25.

tanto nos dispositivos tecnológicos da informação como na prática político-econômica da globalização. *Atualização*, diz ele, é "a solução de um problema, uma solução que não estava contida previamente no enunciado". Implica "criação, invenção de uma forma a partir de uma configuração dinâmica de forças e de finalidades".

O atual configura-se, assim, como uma resposta a seu oposto, o virtual: "contrariamente ao *possível*, estático e já construído, o virtual é como um complexo problemático, o nó de tendências ou de forças que acompanham uma situação, um acontecimento, um objeto ou uma entidade qualquer". A semente, por exemplo, é virtualidade, enquanto que a árvore é a sua atualização.

Esse arrazoado é uma recuperação da diferença (filosofia escolástica, Bergson, Deleuze) entre modos de ser – entre a *potência* do virtual e o *ato* da atualização –, portanto um deslocamento do problema filosófico da dinâmica de realização do real para dispositivos de tecnologia e mercado. O virtual aparece aí como algo abstrato, independente do sujeito humano.

Mas como meramente apontar a diferença (filosófica) não basta, o autor empenha-se em caracterizar a virtualização como dinâmica de "elevação à potência" de uma entidade qualquer, portanto, "a virtualização pode se definir como o movimento inverso da atualização". Virtualizar implicaria fazer mutar a identidade de um objeto, deslocar o seu "centro de gravidade ontológico", redefinindo-o a partir de um campo problemático.

Mesmo com tal acréscimo conceitual, continua obscura a verdadeira natureza do virtual tecnológico, esse dispositivo de simulação ou clonagem ótico-psicomotora, próximo de uma simbiose entre máquina e aparelho perceptivo humano, que implica um tipo particular de determinação da forma visual – imagens virtuais tridimensionalizadas num espaço ortogonal, eventualmente sinestésico.

Na verdade, esse virtual é uma concretização de algo que antes se chamaria "espectral" ou "artificial". Há mesmo quem prefira a expressão "realidade artificial", por considerá-la "um conceito mais amplo, que inclui modelos da estrutura interna das coisas e sobretudo modelos do seu funcionamento, dos processos que acontecem, do seu interagir dinamicamente com o ambiente em que estamos, inclusive nós mesmos"[6].

Ressalta Parisi a distinção entre imagem e visualização (ambas podem estar presentes numa tela de computador), fazendo ver que imagem implica representação de algo visível na realidade, de um objeto qualquer, enquanto a visualização (resultante do modelo simulativo de objetos, mecanismos, processos) torna visíveis coisas invisíveis na realidade imediata.

Por outro lado, é preciso acentuar que a realidade virtual (ou artificial) não se define exclusivamente pela simulação realística de um espaço ancorado no real-histórico, experimentada por um indivíduo que maneja solitariamente um dispositivo de interfaces técnicas. São igualmente virtuais a comunicação em rede e os ambientes cibernéticos em que um número indeterminado de pessoas é capaz de interagir em tempo real, imerso numa simulação tridimensional (para a visão e a audição).

A nosso modo de ver, a realidade virtual (ou artificial) configura-se como um novo dispositivo de consciência, isto é, como um *metaforizador* tecnológico, o que faz do virtual uma "categoria subjetiva e técnica ao mesmo tempo"[7]. E para desenvolver este ponto de vista, teremos de retraçar, em linhas gerais, a questão da consciência, deixando claro que agora não nos referimos ao *ethos* nem ao campo filosófico do Ocidente, onde o termo "consciência" costuma designar a orientação cognitiva da verdade ou a instância suprema e reguladora do comportamento moral.

Nem também nos referimos ao pensamento oriental (o budismo, por exemplo), que concebe um fluxo de consciência imaterial. Nosso escopo é a avaliação (semiótico-psicológica) da consciência subjetiva, esta que processa reflexivamente os conteúdos da percepção individual.

---

6. Parisi, Domenico. La realtà elastica. *In*: Jacobelli, Jader. *La realtà del virtuale*. Editori Laterza, 1988, p. 157.

7. Cf. Parente, André. *In: O virtual e o hipertextual*. Pazulin, 1999, p. 37.

1. A questão da consciência

Falando de consciência, um fenomenólogo como Jaspers alude a três significados: 1) a interioridade de uma vivência; 2) o saber vivido e objetivo de alguma coisa (portanto, capaz de fazer a diferença entre sujeito e objeto), oposto a inconsciente; 3) auto-reflexão, consciência de si mesmo, também oposta a inconsciente[8]. Consciência implica reflexibilidade – o voltar-se da vivência sobre si mesma – dependente de volição e decisão.

Em todos os três significados, a consciência aparece como um *poder* diferenciante e identificatório. Mas Jaspers deixa bem claro que a vida psíquica não pode ser compreendida simplesmente como consciência e a partir dela, já que há os domínios do "inadvertido" ou dos *processos extraconscientes*, em geral construções teóricas do pensamento, cuja realidade se discute, mas não se pode nem se deve de forma alguma provar.

Há, assim, o inconsciente (principal objeto teórico da psicanálise), mas também os mecanismos perceptivos, os hábitos adquiridos, as repetições do caráter, as disposições de memória e as predisposições de habilidade, que nada têm a ver com a consciência, e sim com inferências automáticas do sistema nervoso.

Deste tipo de argumentação fenomenológica (no sentido atribuído por Jaspers de procedimento empírico que tenta dar conta da vivência psíquica individual) parte o psicólogo experimental Julian Jaynes, professor em Princeton, para relativizar o papel da consciência[9] na vida psíquica. Ele estabelece inicialmente que consciência não é o mesmo que "reatividade" sensório-motora. Se alguém desmaia, não "perde a consciência" e sim a reatividade ou capacidade de produzir estímulos neurológicos responsáveis por seu comportamento normal. Perceber um objeto, manuseá-lo, executar tarefas (como dirigir um automóvel ou tocar piano) são ações que podem não ter a ver com a consciência.

---

8. Cf. Jaspers, Karl. *Psicopatologia geral – Psicologia compreensiva, explicativa e fenomenológica*. Livraria Atheneu, 2 v. 1979, p. 21

9. Cf. Jaynes, Julian. *The origin of consciousness in the breakdown of the bicameral mind*. University of Toronto Press, 1976.

O conceito de consciência não se resume ao da "soma total dos processos mentais que ocorrem num dado momento", já que o processo dito consciente constitui na verdade uma parte muito pequena da vida mental. De fato, consciência não é o mesmo que funcionamento do sistema nervoso, nem mero sinônimo de ato ou fenômeno psíquico, acentua Jaynes na trilha de Jaspers – e também, certamente, de Freud, que enxergava na consciência apenas uma qualificação específica do psiquismo.

Bem menos presente na vida mental do que geralmente se crê está a consciência. Ao contrário do que estipulam antigas doutrinas, a) pode-se *aprender* sem ela: a consciência produz a tarefa, fixa o objetivo a ser alcançado, mas a partir daí o processo é mais "orgânico" ou subconsciente do que consciente; b) pode-se *pensar* sem ela, na medida em que se conceba o pensamento como um processo automático de instrução e construção de materiais – só a preparação do pensamento é consciente.

Também se pode c) *raciocinar* ou arrazoar sem a consciência, ou seja, as inferências automáticas realizadas pelo sistema nervoso, especialmente pelo hemisfério cerebral direito (conclusões, afirmativas gerais, criações, iluminações) não são conscientes. Por outro lado, a consciência d) não tem uma *localização determinada*, como se costuma imaginar. Em outras palavras, *não está dentro* da cabeça. O indivíduo consciente usa partes do cérebro, que estão dentro da cabeça, mas a consciência não é tecido cerebral, e sua localização é arbitrária.

O que é então a consciência?

Não é certamente uma coisa, um arquivo, um reflexo ou uma função, e sim uma operação "informacional", se tomamos esta palavra, semanticamente muito fluida, em seu nível mais primitivo, como uma computação originária. Mais precisamente, a consciência é uma *operação analógica*, que funciona à base de metáforas, isto é, do emprego de um termo para descrever outro, devido a uma relação de semelhança entre eles.

Toda metáfora, sabemos, comporta dois termos: a coisa a ser descrita (metaforando) e o termo de descrição (metaforizador), assim como na comparação existem o termo comparante e o comparado. Um exemplo: a expressão "o Águia de Haia", onde temos uma descrição metafórica do jurista brasileiro Ruy Barbosa.

A metáfora acima é uma figura de retórica explícita, um artifício analógico. A metáfora é, entretanto, algo mais do que pura analogia, o que se verifica quando nos damos conta de seu papel criativo na linguagem. É pela metaforização que a linguagem se expande. Se eu me refiro à nascente de um rio como "cabeceira", o termo original (nascente) é substituído pela idéia do lugar ou do objeto (almofada, por exemplo) em que repousa a cabeça, fazendo assim crescer o léxico.

A expressão "aldeia global" é a conhecida metáfora mcluhaniana para o conceito de uma cultura sistêmica e transnacional, por efeito dos meios de comunicação. "Ciberespaço" é igual recurso do escritor William Gibson (Neuromancer, 1984), para descrever a sensação de "entrada" ou de imersão do usuário na dimensão simulativa das telecomunicações e da mídia. Na linguagem comum, mas também nas ciências, nas artes, na filosofia, os conceitos e as abstrações são continuamente gerados por esses recursos analógicos e básicos do conhecimento humano, que implicam invenção, mas às vezes conservação, de modelos explicativos. O próprio conceito grego de "ser" é metáfora de "crescer" e "respirar".

O que estamos querendo afirmar, com Jaynes, é que entender uma coisa significa interpretá-la por uma metáfora familiarizante. A idéia de *analogia* é, aí, central. Um "análogo" é um modelo baseado na semelhança com a coisa que ele representa, assim como um mapa, por exemplo. A relação entre um ponto do mapa e o ponto geográfico real é metafórica.

Pois bem, a consciência subjetiva é uma metáfora ou um análogo do que normalmente se chama de mundo real – não, portanto, uma cópia da experiência no mundo real, nem um epifenômeno de processos neurofisiológicos, mas uma analogia, isto é, um campo léxico e imagístico constituído de análogos do comportamento no mundo físico. O mundo real interage com a consciência, mas esta não é a sua reprodução pura e simples.

Pode-se dizer o mesmo da matemática, certo. E Jaynes responderá que de fato a consciência é da mesma ordem que a matemática, pois se trata de um operador. A consciência é igualmente um operador de analogias, só que intimamente ligadas à volição e a decisões. A metaforização não descreve, na verdade *cria* a consciência, que é metáfora do real ou do atual.

Na consciência, metaforando é aquilo com que opera o processo metaforizador – é a experiência humana de passado, presente e futuro trabalhados pela linguagem. O trabalho lingüístico de todo pensamento consciente a) *espacializa* – tudo passa a ter uma qualidade espacial na consciência, ou seja, tudo é posto lado a lado, numa seqüência ordenada; b) *pode fazer uma metáfora de si mesmo* – e construir um *eu* análogo (a exemplo de uma construção virtual), capaz de "passear" numa cena e observar o eu original. Trata-se de um *self* substitutivo ou vicário; c) *narra* – o que se passa ou opera na consciência assume a forma narrativa.

Disso tudo infere-se que consciência é a invenção de um mundo análogo, baseado na linguagem e paralelo ao comportamento, assim como a matemática é paralela ao mundo das quantidades. Supor que ela esteja na cabeça é pensar a partir de uma metáfora de interiorização ou de introspecção, desenvolvida no quadro da tradição filosófica de conceber a subjetividadade como "mundo interior".

Na realidade, a *consciência pode estar em qualquer lugar* (inclusive numa máquina), ou seja, pode-se realizar a operação consciente a partir de uma interação entre um ponto externo e o corpo. Jaynes exemplifica com a *exosomatia* – fenômeno de desdobramento (antes repelido como fantasia metafísica, hoje objeto da psicologia experimental) em que um paciente, ao despertar de um coma, vê a si mesmo de cima para baixo desde um ponto determinado do teto.

A palavra "desdobramento", aliás, vem a calhar nesse contexto. É que toda imagem de algum modo desdobra ou faz derivar o mundo, criando não uma mera ordem paralela, mas propriamente "segunda", no sentido de uma realidade singular, com regras particulares de encenação da forma originária. Esta última, a realidade "primeira" permanece como uma espécie de "sombra" da imagem clássica. Mas com os dispositivos técnicos de simulação audiovisual da contemporaneidade (por exemplo, o campo da televisão) esvai-se a "sombra", e o simulacro adquire grande autonomia, a exemplo do fenômeno da *alucinação*, podendo gerar fatos ou o *ethos* promotor de uma certa indistinção entre real-histórico e imaginário.

A realidade virtual é uma simulação audiovisual ampliada e intensificada a tal grau que se pode aventar a hipótese de um desdobramento do campo da consciência graças a uma metaforização sinestésica que organiza tecnicamente a percepção (o digitalismo e a gestão informacional tornam-se pressupostos da atividade perceptiva) e cria artificialmente – por desdobramento do atual e incorporação da imagem virtual – um espaço "mental" para os análogos do Primeiro Mundo primeiro (o real-histórico). E, claro, um espaço interativo para cognição e computação.

2. Noosfera e cultura

Uma das conseqüências da metaforização, com a máquina assumindo aspectos *funcionais* da consciência, é que a *idéia* (na forma de números, palavras, imagens) converte-se em realidade autônoma e concreta, o pensado torna-se força-motriz. O virtual é uma espécie de platonismo distorcido (para Platão, como se sabe, o mundo sensível não é mais do que imagem de "essências" ou idéias), por atribuir às idéias a impressão de realidade objetiva, que lhes tinha sido negada desde Kant com o seu primado do sujeito (transcendental) pensante.

As figurações digitalizadas são "seres" que emergem na consciência "psicotrônica", na trilha do que já imaginara Pessoa: "As coisas não são sombras de idéias, nem as idéias são mais reais do que as coisas. Elas são idênticas, da mesma ordem. Coisas são idéias e idéias são coisas"[10]. Poderia ser aqui evocado o conceito kantiano de idealidade transcendental.

Novo nisso tudo é apenas e exatamente a sua objetividade ótica. Na trilha platônica, a tradição ocidental pode enumerar exemplos de filósofos que viam nos pensamentos um outro grau de realidade, para além do mero efeito de uma subjetividade reflexiva. Assim pensava Gottloeb Frege ou, mais recentemente, Jacques Schlanger, com seu conceito de "objetos ideais" aplicado a teorias, conceitos e interpretações: "[...] Uma vez constituídos os objetos ideais, constata-se neles uma espécie de mudança ontológica. Já não são mais apenas meios ideais para explicar e/ou interpretar estados de coisas, mas começam a ter existência própria e tornam-se elementos constitutivos do mundo"[11].

---

10. Pessoa, Fernando. *Textos filosóficos*. Ática, 2 v. 1968, p. 86.

11. Cf. Morin, Edgar. *O método – 4: As idéias: habitat, vida, costumes, organização*. Sulina, 1988, p. 140.

É precisamente isso o que, já nas primeiras décadas do século XX, Teilhard de Chardin chamava de "noosfera", depois rebatizada por Karl Popper como "terceiro mundo", um produto da atividade do espírito que, mesmo dependente do homem, tem autonomia objetiva. Essa realidade imaginária ou imagística pode ser associada não só a idéias, mas igualmente a deuses e mitos[12], que adquirem existência própria na noosfera.

Tal é também a posição do biólogo Jacques Monod, para quem idéias e mitos são seres objetivos, com características biológicas, dotados de poder de auto-organização e vivendo relações simbióticas com os homens.

Sensibilizado com essas duas concepções, Morin diz-se "convencido de que esse mundo certamente é um produto, mas um produto recursivamente necessário à produção de seu próprio produtor antropossocial"[13]. Isto implica pôr-se de acordo sobre o fato de que as figurações abstratas da noosfera, produtos do cérebro humano, têm o estatuto de entes "vivos" e objetivos, mas dependentes de um ponto de vista sistematizador (humano), que engendra uma organização complexa. Desta última surge uma realidade autônoma, uma espécie de "essência" ou de *eidos* próprio.

Eidos (proveniente do radical indo-europeu *ueid*, de onde deriva a palavra *idéia*) traz em seu sentido originário a noção de se abarcar com os olhos a multiplicidade dos modos de concretização do real. Na *Metafísica*, ensina Aristóteles que *eidos*, *forma*, é a natureza íntima das coisas, aquilo que lhes constitui a essência ou protótipo, portanto aquilo que, na qualidade de seu verdadeiro "aspecto", fixa os limites de uma determinada aparência (contrastando-a com uma verdade não-arbitrária), ao mesmo tempo em que define as suas possibilidades. O que faz do homem um ser racional é a sua forma ou essência, denominada "alma", porque é o que lhe permite mostrar-se como o que é.

A definição de algo é uma referência à sua forma, entendida como princípio essencial. *Eidos*/forma é de fato, nos termos aristoté-

12. Cf. Auger, Pierre. *L'homme microscopique*. Flammarion, 1952.

13. Morin, Edgar. *Op. cit.*, p. 143.

licos, a "substância primeira", ou seja, a) o que não é inerente ao outro e não se predica do outro; b) o que pode subsistir por si ou separadamente do resto; c) o que é um "algo de determinado"; d) o que tem unidade intrínseca; e) o que é ato ou está em ato. Aristóteles deixa claro que a substância por excelência (não do ponto de vista empírico, mas metafísico) é o *eidos*, forma, causa e fundamento do ser.

A forma da noosfera não é a mesma da cultura, como bem precisa Teilhard de Chardin. Cultura – que já pudemos identificar (no nível ortoestrutural) com a ética – é um modo de relacionamento com o real, visível numa variedade de repertórios (representações, idéias, mitos, saberes) circulantes na vida social. Noosfera é, antes, "o meio condutor do conhecimento humano" (Morin), meio-ambiente vinculado a ecossistemas intelectivos ou *ethos* auto-organizado e mediador das relações de saber entre os sujeitos humanos e do indivíduo consigo mesmo.

Morin persevera na hipótese da noosfera como geradora de um *eidos* capaz de levar à concepção de *seres de espírito* (idéias, símbolos, mitos) auto-organizados (coerência, abertura, fechamento, auto-regeneração, etc.), embora dependentes do suporte físico-energético dos cérebros humanos, sobre os quais retroagem. Distingue ele, assim, dois grandes tipos de entidades "espirituais": 1) as cosmo-bio-antropomorfas, como mitos e religiões; 2) as logomorfas, a exemplo de doutrinas, teorias, ideologias[14].

Evidentemente, a noosfera dispõe de uma maquinária ou de uma tecnologia (linguagem, lógicas, etc.). O cérebro pode ser concebido como máquina, na medida em que não se defina máquina apenas como mecanismo físico, mas principalmente como estrutura lógica de um mecanismo ou um dispositivo. Veja-se a "máquina" de Alan Turing, o matemático inglês cujo modelo de processador de informação ou calculador (1937) levou à construção do computador. A máquina de Turing consiste numa seqüência finita e ordenada de procedimentos iterativos sobre um alfabeto limitado, capaz de obter um resultado num tempo finito. Isto também se chama quadro de instrução, programa ou simplesmente "máquina".

---

14. *Ibid.*, p. 149.

Tal é precisamente o computador: uma máquina capaz de executar programas, acionada pelas regras sintáticas de uma linguagem formal. O que a cibernética vem sustentando a partir dos anos quarenta (por intermédio de nomes como Norbert Wiener, Warren McCullock, Ross Ashby) é que os sistemas vivos e sociais podem ser descritos como sistemas de processamento de informação[15]. Nesta ótica neomecanicista (adotada por biólogos como Henri Atlan, Francisco Varela e Heinz von Forster), o cérebro humano pode ser identificado como uma máquina processadora de informação, guardadas as diferenças entre o sistema nervoso (comandado por forças que implicam variabilidade e morte celular) e os padrões estáveis de um artefato.

São de fato muitos os pesquisadores (principalmente os que trabalham no campo da inteligência artificial) que, embora com abordagens diferentes, convergem para a concepção de inteligência como um dispositivo semelhante à máquina de Turing, portanto, como um sistema capaz de ensejar uma comparação entre os estados internos da máquina e os estados mentais de um calculador humano.

Discute-se sobre a existência de metáfora (logo, de analogia criativa) ou de verdade ontológica nos fenômenos decorrentes do processamento lógico da informação. A posição "ontologista" tem recebido críticas severas, e um bom exemplo destas é a de Simondon, quando levanta a suspeita de ineficácia parcial da cibernética como estudo intercientífico. Para ele, o problema está justamente no postulado da identidade entre seres vivos e objetos técnicos auto-regulados: "Ora, pode-se dizer somente que os objetos técnicos tendem para a concretização, enquanto que os objetos naturais são concretos desde o início. É preciso não confundir a tendência à concretização com o estatuto de existência inteiramente concreta"[16].

Concreto é o nome adequado para toda e qualquer realidade produzida dentro da estrutura do real. Concretização significa a passagem do abstrato às condições efetivas de existência. Isto quer dizer que o ser vivo, produto de uma automontagem hierárquica (o natural), nasce virtualmente pronto a partir de uma única célula, que

---

15. Cf. Lévy, Pierre. *A máquina universo – Criação, cognição e cultura*. Artmed, 1988.

16. Simondon, Gilbert. *Du mode d'existence des objets techniques*. Aubier, 1958, p. 149.

já possui toda a informação capaz de guiar o crescimento até a estrutura maior, enquanto que o objeto técnico desenvolve-se por aperfeiçoamentos e mutações. Sem a finalidade pensada e realizada pelo ser vivo, a causalidade física é incapaz de produzir uma concretização positiva e eficaz.

É preciso considerar que a tese de Simondon já tem cerca de quarenta anos. De lá para cá, tem sido extraordinariamente veloz a mutação tecnológica, ao mesmo tempo em que se toma maior consciência da imprecisão distintiva entre o orgânico e o inorgânico. O próprio Simondon não exclui inteiramente em seu trabalho a hipótese da aproximação entre ser vivo e máquina, desde que se acompanhem "as linhas de concretização através da evolução dos objetos técnicos".

As notícias de jornal permitem um acompanhamento naturalmente superficial, mas esclarecedor. Já se tem à vista, por exemplo, a matéria "inteligente", capaz de orquestrar o seu próprio crescimento: um plástico criado por pesquisadores da Universidade de Rochester (Estados Unidos), apelidado de "cristal fotônico", literalmente cresce sozinho a partir de polímeros (agregados moleculares) em solução. Do mesmo modo, experimenta-se a possibilidade de plantar vegetais (a chicória e outros) capazes de produzir plásticos biodegradáveis.

E por outro lado, ao mesmo tempo em que se trabalha com a hipótese de substituição dos *chips* de silício dos computadores por átomos, já é uma realidade técnica o "biochip", o DNA artificial ou "máquina molecular"[17]. Pesquisadores do Massachusetts Institute of Technology (MIT) conseguiram efetivamente criar um primeiro circuito eletrônico (combinando processamentos digitais e analógicos, como o cérebro humano e empregando neurônios artificiais) capaz de imitar o funcionamento do córtex cerebral. Noutro laboratório (Lucent Technology, New Jersey), cientistas conseguiram criar a primeira minimáquina feita de material genético (DNA), abrindo caminho para a construção de circuitos eletrônicos moleculares centenas de vezes mais rápidos e menores do que os *chips* convencionais.

---

17. É com esse pano de fundo que se podem entender tentativas como a do professor Kevin Warwick, da Universidade inglesa de Reading, que implantou na pele um microprocessador, com o objetivo de vivenciar a hibridização de neurônios e *chips*.

Nesse quadro realista de crescente esbatimento das fronteiras entre o orgânico e o inorgânico e em que o automatismo humano identifica-se ao da máquina, cria-se uma espécie de *Lebensraum* eletro-informacional. Trata-se de uma mutação da noosfera em que os microníveis da realidade "orgânica" tendem a ser constituídos por informação e em que, no espaço público, a comunicatividade já acontece sem outra finalidade que o seu próprio desempenho, seu funcionamento técnico: a tecnoespecularidade, uma nova modalidade da circulação veloz que tem caracterizado a modernidade.

À classificação de Morin das "entidades espirituais", seria preciso acrescentar agora um terceiro tipo: o das entidades geradas pela realidade virtual. Já a rede promove uma nova integração espácio-temporal de grupos e indivíduos, gerando a sensação de pertencimento a um *todo*, o império tecnológico, considerado tanto em suas dimensões político-econômicas quanto semiótico-psicológicas. Na realidade virtual propriamente dita, a "imersiva", o todo é psiquicamente ainda mais abrangente.

Esse todo assemelha-se ao que Teilhard de Chardin descrevia como o "ultra-humano – não um "Super-homem", mas a unificação da humanidade pensante, uma espécie de organismo humano planetário, gerador de uma consciência superior, única e supra-individual, cuja rede nervosa seria constituída pelos meios de comunicação. Chardin referia-se à mídia clássica: "Penso, em primeiro lugar, na extraordinária rede de comunicação radiofônica e televisiva que, talvez antecipando uma sintonização direta dos cérebros, por meio das forças ainda misteriosas da telepatia, nos une a todos, atualmente, em uma espécie de co-consciência do éter..."[18]

Na filosofia teilhardiana (evolucionista) a idéia de consciência é a mesma de um "centro" capaz de realizar a síntese de elementos dispersos. A medida da evolução de um ente seria dada pelo progresso na complexidade das sínteses. Na mesma trilha teórica da monadologia de Leibniz, Teilhard admite a existência de consciência, ainda que em estágio primitivo, até mesmo num corpúsculo. Daí, ser levado a sustentar que "a consciência, em outras palavras, é uma propriedade molecular universal".

---

18. Chardin, Teilhard de. *L 'avenir de l'homme*. Seuil, 1962, p. 214.

Algumas das idéias teilhardianas – bastante trabalhadas, aliás, por Marshall McLuhan e seus epígonos – tornam-se hoje ainda mais pregnantes quando se pensa nas redes digitalizadas e nas possibilidades da realidade virtual. Evidentemente, enuncia-se aí a utopia filomaquínica e neopanteísta de um grande espírito (a divindade) imanente à humanidade por meio da tecnologia. Mas, pondo-se de lado as fantasias ficcionais-científicas da simbiose absoluta entre homem e máquina, não é absurda a idéia de uma consciência "psicotrônica", isto é, uma ampliação do entendimento tradicional de consciência, visando a incluir uma associação ontologicamente mais estreita entre homem e artefatos inteligentes.

Conforme já foi dito, a consciência pode situar-se em qualquer lugar, logo também num dispositivo físico maquínico (já que o cérebro não é a sua sede necessária), tanto mais quanto esse dispositivo, o computador, assemelha-se progressivamente a uma espécie de sistema nervoso central exterior ao corpo humano.

Tal exterioridade que, em determinados contextos, abre possibilidades técnicas de infovigilância do pensamento pode ser vista como uma ameaça à liberdade humana. Um exemplo é o *software* de vigilância denominado *Investigator*, um barato rastreador de digitação no teclado, já em uso por empresas norte-americanas. Relata um jornalista:

> Digamos que você rascunhe um discurso violento para o chefe ou um cliente. E então, pensando melhor, apague tudo. Tarde demais. Uma por uma, todas as teclas digitadas foram ingeridas e armazenadas no disco rígido do computador ou enviadas como um e-mail que um administrador de sistemas de computação ou um gerente pode encontrar quando lhe for conveniente. Além disso, da maneira como o novo *software* é configurado, letras ou números são interceptados digitalmente e registrados para o uso do chefe na fração de segundo anterior ao momento em que eles se materializam na tela do autor[19].

Este caso, apesar de sua eficácia do ponto de vista do controle empresarial, não deixa de ser ainda tosco no que diz respeito à hipótese de uma consciência psicotrônica, porque pressupõe dois siste-

---

19. McCarthy, Michael J. The Wall Street Journal. Cf. *Jornal do Brasil* de 08/02/2000, p. 13.

mas de pensamento estruturalmente separados (o humano e o da máquina), funcionando a partir do descuido do usuário. Mas é instrutivo, por já deixar entrever a gama futura de possibilidades técnicas da infovigilância coletiva ou pessoal, na medida em que avance a simbiose (no trabalho, na vida privada) entre computador e ser humano. Tendem ao evanescimento as fronteiras entre os *bytes* da máquina e as operações da consciência.

Mesmo no senso comum já se faz presente a idéia de inteligência e de uma certa consciência na máquina. Turkle, conhecida pesquisadora da cultura informática, afirma que "as crianças de hoje em dia interpretam o que entendem ser atividade psicológica do computador (interatividade – além de falar, cantar e calcular) como um signo de *consciência*. Mas insistem que respirar, ter sangue, nascer e, como um deles expressava, 'ter uma pele real' são os verdadeiros signos de *vida*". Os adultos, por sua vez, "embora estejam menos dispostos que as crianças a dar por assentado que os programas informáticos mais avançados na atualidade estejam próximos da consciência, não abandonam, como fizeram uma vez, a idéia de uma máquina autoconsciente"[20].

Entretanto, ainda que seja menos espesso o muro entre o natural e o artificial e que progrida a idéia do computador como uma "semipessoa", é preciso deixar claro que *a consciência é sempre humana*, ou seja, uma metaforização aberta – e não um fechado automatismo funcional –, que portanto depende da interação homem-máquina. Esta interação, cada vez maior no âmbito da racionalidade técnica do mundo apenas é promissora no que diz respeito ao desenvolvimento do computador como objeto psicológico e tendente a fazer da tecnologia a forma acabada da consciência contemporânea.

É verdade que as soluções de visualização artificial ainda são analogias superficiais (do ponto de vista da criatividade da metáfora) do real físico, mas certamente abrem caminho para um maior refinamento simulativo, quando se trata de trabalhar com informações abstratas. A discussão sobre se há metáfora ou verdade ontológica nos fenômenos decorrentes do processamento lógico da informação

---

20. Turkle, Sherry. *La vida en la pantalla – La construcción de la identidad en la era de Internet*. Paidós, 1997, p. 105-106.

perde muito de sua importância, se levarmos em conta a natureza criativa de toda metaforização. Dizer que é metáfora não implica desrealizar o fenômeno ou a entidade criada pelo processo matemático ou simulativo. Um objeto na consciência tem a mesma realidade que a operação matemática do cálculo.

3. A coisa e sua projeção

Confrontar metáfora com ontologia a propósito do virtual implica, na verdade, questionar a existência de um *eidos* próprio para as projeções artificiais. Qual a medida da realidade delas? As palavras "real" e "realidade" (do latim *res*, coisa) aplicam-se normalmente à existência objetiva de uma "coisa", por oposição a todo subjetivismo. Claro, podemos dizer que são reais os pensamentos e os sentimentos de alguém, mas sempre sob reserva de garantias personalistas, já que não são tangíveis, objetivamente comprováveis.

Já "virtual" denota algo que tem apenas potência de ser. Não é de fato o contrário de real – uma vez que todo real tem o virtual em sua dinâmica –, mas ainda é algo incompleto do ponto de vista eidético, por ter existência meramente propositiva.

A expressão "realidade virtual" acaba sendo, portanto, uma conjunção de termos contraditórios (um oxímoro, em retórica), a menos que se entenda pragmaticamente o termo "virtual" como uma modalidade de artifício. Agora, se concordarmos que esse artifício é uma ilusão realista (com a especificação da proprioceptividade), também estaremos bem servidos, porque é exatamente de uma ilusão (do latim *illusio*, que vem de *in-ludo* ,"em jogo", ou seja, em estado de fantasia e imaginação) que se trata, de um jogo perceptivo, como já vimos.

Não se trata de um jogo de realidade, e sim da realidade de um jogo – portanto, a realidade do virtual. E a prática tem mostrado que videojogos e jogos de salão virtuais (a exemplo dos *mud* ou "domínios para múltiplos usuários", onde multidões podem participar de um jogo ao mesmo tempo) funcionam como verdadeiros laboratórios para a existência humana na rede cibernética, como lugares para experiências de construção e reconstrução de identidades. É a ilusão do jogo que cria os espaços artificiais onde o usuário pode "navegar" e relacionar-se.

Mas estamos falando de uma ilusão matematicamente fabricada, portanto do resultado (um modelo) de um ponto-de-vista técnico e abstrato, que lhe atribui um nível determinado de realidade, assim como o ponto de vista físico atribui realidade (matemática) a certas partículas subatômicas, antes mesmo de lhes conhecer a massa, ou ainda assim, como o psicanalista atribui uma certa realidade ao recalcamento primário ou à "cena primária". Temos a ver, portanto, com a realidade de *modelos*, que produzem o real na forma de um efeito específico.

Na verdade, estamos habituados a outorgar estatuto de "realidade" apenas às coisas colocadas sob o olhar de uma subjetividade perceptiva. Nós não "vemos" simplesmente as coisas, já que também as construímos interpretativamente com o olhar: o que chamamos de objetividade resulta das projeções subjetivas com que vestimos as coisas do mundo – e isto implica afirmar o caráter primitivamente alucinatório de toda e qualquer percepção.

Daí têm partido as pressuposições da filosofia moderna – anterior a Wittgenstein e a Heidegger – no sentido de que o ser das coisas está na percepção subjetiva e que, portanto, real é o que emerge na consciência. De Descartes a Husserl (precedidos por Santo Agostinho e Ocam), o que dá ao sujeito a certeza, quanto a uma realidade é a experiência interna correspondente à representação do mundo externo como objeto da consciência.

A esse paradigma mentalista, que dá primado epistemológico à interioridade subjetiva, o pensamento contemporâneo (na trilha de Wittgenstein e Heidegger), opõe a idéia de um mundo externo válido apenas enquanto intersubjetivo. O reconhecimento de algo como real, concreto ou objetivo vai depender dos mecanismos sensoriais/perceptivos, mas apenas na medida em que são culturalmente elaborados – por jogos de linguagem, pelo estar-no-mundo junto com outros – e psiquicamente interiorizados, desde o nascimento.

Explicam Burke e Ornstein:

> Certos elementos da percepção são fixados no nascimento: a capacidade de perceber os comprimentos de onda da luz dentro de uma certa amplitude (cores); de detectar compressões do ar situadas entre 20 e 20 mil ondas por segundo (som); de detectar certas substâncias com os sensores do

> nariz (olfato) e da língua (paladar); de sentir quando alguma coisa está em contato (tato) e quando o corpo se move (propriocepção); de experimentar certos tipos de sofrimento físico (dor)[21].

Por sua vez, R.K. Merton: "O que os indivíduos consideram como real é real quanto às suas conseqüências"[22]. Em outros termos, a realidade de um objeto depende dos elementos culturalmente considerados como pertinentes para a sua apreensão. Na ontogênese humana inscrevem-se, seletiva e combinatoriamente, as marcas da filogênese biológica e cultural imprescindível à constituição do indivíduo.

Neste processo, a referência a objetos é fenômeno característico de toda vida psíquica, que vivencia um conjunto de referências baseado na experiência espácio-temporal, assim como na consciência do corpo próprio e da realidade. O "objetivo" a que se refere o sujeito da vida psíquica é o que Jaspers chama de *conteúdo*. O modo, porém, em que o indivíduo tem o objeto diante de si (seja como percepção, como representação, como pensamento) chama-se *forma*[23]. Assim, na nosografia clássica, uma modificação no psiquismo classificada como esquizofrênica é uma forma, com conteúdos realizados de um modo especial.

O que a psicopatologia chama de *alucinação* é uma falsa-percepção, que institui um modo novo na forma de referência ao objeto por parte de um *eu* lúcido. Seja a ausência da coisa espacial (portanto, algo que se poderia alcançar, uma vez ultrapassada a barreira da distância) ou temporal (algo irreversivelmente ausente do real), é preciso que se esteja lúcido, para *a-lucinar* – distorcer, negar, criar imaginariamente um objeto, a exemplo da percepção de uma coisa que não se acha realmente ali[24]. Jaspers diz que as alucinações são percepções

---

21. Burke, James & Ornstein, Robert. *O presente do fazedor de machados – Os dois gumes da história da cultura humana*. Bertrand, 1999, p. 32.

22. Cf. Watier, Patrick. Styles et modes de vie. *In: Cahiers de l'imaginaire*, Privat, n. 4, 1989, p. 16.

23. Jaspers, Karl. *Op. cit.*, p. 77.

24. A psiquiatria reserva o termo *alucinose* para o que ocorre quando, por motivo de afecções psíquicas particulares (emoção forte, embriaguez, drogas) ou de alterações estruturais da vida psíquica (esquizofrenia, delírio, etc.), o indivíduo experiencia modificações na percepção da realidade objetiva.

corpóreas – isto é, com caráter de objetividade –, "que não se originam de percepções reais por meio de transformações, mas de modo inteiramente novo"[25].

Costuma-se representar o real a partir de efeitos de causalidade e de verdade. Na vida cotidiana, sabemos que é real um objeto quando se pode comprovar a sua existência por meio de experiências de tangibilidade, onde se tornam evidentes densidade, peso, interioridade, mas sobretudo um grau determinado de resistência. Distinguimos, assim, entre a coisa e sua sombra. Se giramos velozmente uma pedra amarrada por um cordão, de modo a produzir a forma de um círculo, a pedra é dita real, mas o circulo é uma ilusão.

Numa ilusão dita psicopatológica, confunde-se, por exemplo, uma árvore com um animal. Ilusões, segundo Jaspers, "são todas as percepções originadas por transformação de percepções reais, mas em que os estímulos externos compõem de tal maneira uma unidade com elementos reproduzidos que não se podem distinguir os diretos dos reproduzidos"[26].

Na verdade, é extensa a discussão filosófica do problema do real que, na experiência grega, traduzia-se por *ousia*, ou seja, o vigor de uma coisa. O real pertencia à ordem do que vigorava no presente, mesmo que não estivesse visível (a dimensão da visibilidade é dada pelo termo *parousia*). Em Aristóteles, o real é aquilatado pelo *eidos* (a experiência que leva a ver a pluralidade dos modos de realização e permite a distinção entre uma verdade não-arbitrária e a pura aparência). Noutros sistemas de pensamento, pode ser entendido como a singularidade ou incomparabilidade de um ente. Mas trata-se de uma singularidade concreta, portanto, experimentada como algo comum à espécie humana. Enquanto comunhão nas diferenças, é um universal concreto – e não um universal transcendental ou genérico.

Jamais lidamos com um "real em si", independente dos processos de troca ou dos mecanismos de representação socialmente produzidos. Por isto, aquilo que nos habituamos a chamar de real, seja em nível coletivo ou individual, é "uma realidade" ou o "vivido" ou

25. *Ibid.*, p. 83.

26. *Ibid.*, p. 83.

ainda o "atual", portanto o real enquanto estrutura possibilitada por nossa experiência de tempo e espaço ou construção simbólica operada pela cultura.

Cor, proporções, atração gravitacional são propriedades objetiváveis a partir de um espaço, culturalmente perceptível pela consciência *vígil*. De fato a *SI* grega centrou-se progressivamente na contemplação do mundo externo objetivado a partir da consciência despertada do indivíduo e não a partir do inconsciente. O pensamento racional (filosófico), a abstração intelectual sempre pressupuseram o estado de vigília da consciência no empenho de determinação objetiva do mundo.

Para o físico Max Planck, formulador da teoria dos *quanta* ou partículas subatômicas, real seria "tudo que se pode medir". Para o senso comum, entretanto, não há nada nesse nível que se possa entender como "realidade".

Fenômenos tidos como alucinatórios, imaginários ou ilusórios por determinadas culturas podem ser tidos por outras como reais. Assim é que o antropólogo Carlos Castañeda (em *Viagem a Ixtlan*), depois de ver aparecer e desaparecer instantaneamente um automóvel em pleno deserto, pergunta ao bruxo se o objeto era real ou apenas uma ilusão. E recebe a resposta de que tudo que se vê é real. "Só não existe o que não pode ser imaginado", diz em outra circunstância o poeta brasileiro Murilo Mendes.

Na cultura objetivista do Ocidente, real opõe-se radicalmente a "imaginário" entendido como uma outra margem, para onde se projetam as representações diferentes da realidade e onde o conceito não tem vez na produção do sentido. Não se opõe, entretanto, ao que a ótica elementar chama de imagem virtual, aquela que aparece no espelho como o duplo de algo "atual", isto é, regido pelas coordenadas espácio-temporais comuns. Vendo-se no espelho, o observador percebe a projeção imaginária de si mesmo, também imaginariamente dentro do espelho.

Esse "dentro" é, claro, ilusório, uma vez que o espelho não tem interioridade. Mas é preciso aceitar a ilusão – concordar com o jogo do "como se fosse de verdade" – para aceitar a percepção especular de si mesmo ou de um objeto qualquer. Não aceitá-la equivale a ser presa do que a psicologia ou a psiquiatria chama de alucinação – a percepção sem objeto atual.

A proximidade entre a experiência ilusória e a alucinatória é que pode levar a associações (a exemplo daquelas feitas pelos chamados "intelectuais da droga") entre a alucinação e a realidade virtual, chamada por Timothy Leary de "LSD eletrônico". De fato, a aceitação da ilusão artificial é um fato primordialmente mental, enquanto o corpo do sujeito da percepção permanece no mundo físico. E essa separação é típica dos efeitos de certas drogas, como as psicodélicas e os cogumelos alucinogênicos.

A realidade virtual tem como características uma corporeidade (percepção com caráter objetivo) simulada e um falso espaço externo físico, portanto implica uma espécie de transição entre alucinação e ilusão – ou então, uma "alucinação consensual", para se usar a expressão cunhada por William Gibson. O espectador ou usuário aceita inicialmente o pacto da ilusão (faz-como-se o objeto fosse tridimensionalmente físico) e experiência alucinatoriamente (mas de modo tecnologicamente controlado) a mediação criada pela máquina. Tudo isto transcorre na mente do espectador, enquanto seu corpo – separado, como nas experiências com drogas alucinógenas ou nas descrições esotéricas de "viagens astrais" – permanece ancorado no espaço físico.

Real, como já vimos, é noção correspondente a uma ordem histórica e socialmente gerada – no plano coletivo, por grupos e instituições; no individual, por mitos, ideologias, valores, desejos. Se no passado, os vetores dessa geração foram sucessivamente Deus, a Verdade e a Razão, hoje pode-se apontar para a tecnociência aliada ao deus-mercado.

Assim, os efeitos, as realidades da sociedade moderna – mecanismos perceptivos, estética, trabalho, transporte, habitação, educação, lazer, etc. – decorrem de tecnologias cognitivas e representacionais nascidas no sistema de sentido dominante. Novas tecnologias implicam geralmente o redimensionamento da realidade. Neste plano vem-se dando o fenômeno da transição entre a realidade da ilusão e a da alucinação, gerado pela metaforização sinestésica chamada de realidade virtual ou artificial[27]. Esta é de fato o real redimensionado na forma de um bom resultado tecnológico.

---

27. Já Guy Debord falava de "fato alucinatório social" (cf. *A sociedade do espetáculo*, Contraponto, p. 139-140), a propósito do domínio da vida cotidiana pelo espetáculo.

Redimensionar não significa necessariamente "aniquilar" o real, mas certamente alterar ou distorcer – no caso, por intervenção tecnológica nas coordenadas clássicas de tempo e espaço – os seus modos tradicionais de representação. Esses modos são solidários de um mundo vital específico, do que Uexkuell chama de "mundo perceptivo"[28], condição para a troca de influências ou ação recíproca entre o homem e o meio-ambiente. O indivíduo percebe a realidade de seu mundo na medida em que a ele se adapta interativamente (por vínculos ecológicos, intelectuais e sensoriais).

Por isso fala Edelman de uma morfologia cerebral dinâmica, onde processos seletivos conformam as estruturas neuronais[29]. Ele postula a existência de uma "cartografia neuronal", dinamicamente configurável ao longo da vida, responsável pela expansão e pela ligação entre os neurônios, que por sua vez se multiplicam progressivamente e têm suas conexões reforçadas ou enfraquecidas na medida do tipo de interação com o meio natural.

No mundo transversalizado pela realidade virtual, o "natural" é cada vez mais percebido como feito de ondas hertzianas, fibra ótica, bits, pixels – aceleradamente multiplicados pelas neotecnologias da informação – e o "social", como o ritmo cultural imagístico (ou seja, o *ethos* da mediação de todas as relações sociais por imagens) da coexistência tecno-humana tanto entre os indivíduos quanto entre estes e seu *environment*. No horizonte psicofisiológico desse mundo, a *memória eidética* (aquela que opera com imagens do fenômeno) aparece como uma possibilidade.

O real assim produzido pode assumir momentaneamente as características de uma transição entre ilusão e alucinação (nos termos de um *eidos* psicopatológico), o que também pode suscitar analogias com a realidade extática das drogas alucinógenas. A diferença talvez esteja em que não é mais o sujeito quem decide sobre o uso da droga, e sim esta que, assumindo a forma do real – isto é, corporificando-se em relações sociais definidas pela hegemonia do abstrato sobre o concreto, por construção de mimeses sociais e cenários existenciais gratificantes – decide sobre o uso do sujeito.

---

28. Cf. Uexkuell, J.V. *Mondes Animaux, Monde Humain*. Gonthier, 1965.

29. Cf. Edelman, G. *Biologia da consciência*. Instituto Piaget, 1995.

Por outro lado, essa nova realidade destila uma nova maneira de pensar, tanto que os pesquisadores da computação, como assinala Turkle, "já não aspiram a programar inteligência nos computadores, senão a esperar que a inteligência emerja das interações dos pequenos subprogramas"[30], o que implica uma conexão profunda, com possibilidades de interpretação recíproca, entre homem e máquina.

Pode-se pensar aqui num novo modo de conhecimento sintético – este que, em Kant, depende de juízos experimentais ou sintéticos, baseados na relação empírica de conceitos com o mundo. A síntese resulta das operações mentais de coordenação e unificação das representações, e aponta para o núcleo definidor da atividade consciente. Homem e máquina em interação ampliam agora a síntese tradicionalmente exclusiva da consciência humana. A reorganização tecnológica das operações de pensamento estende o seu campo de metaforização até o dos simulacros sinestésicos.

De fato, a exemplo dessas operações, a realidade virtual funciona, por metaforização tecnológica (digitalizada), espacializando, descrevendo ou narrando e dando margem à construção de "eus" análogos ou "*selfs*" substitutivos. Assim como na realidade atual do indivíduo textos (descrições, narrativas orais, escritas, imagísticas) interagem entre si e gravitam criativamente em torno de um polifônico centro auto-reflexivo denominado "consciência", também na virtualidade da vida *on line* a realidade se constitui como textual, melhor, hipertextual.

Tudo isso decorre de trabalho humano, posto a serviço do desdobramento de tecnologias que, neste século, vêm fabricando as tecnointerações constitutivas do processo a que se dá o nome de *midiatização* da sociedade. Neste processo reconta-se com novas modalidades tecnoculturais a história do ser ocidental como história também de um privilégio da consciência ou "razão" na constituição do sujeito oposto a objeto ("eu" oposto a "mundo"). É o mesmo privilégio que Nietzsche ironiza (no primeiro livro do *Zaratustra*), ao reduzir à condição de máscaras do corpo o que a metafísica – separando da corporalidade – erige como realidade suprema, ou seja, a consciência ou o espírito.

---

30. Turkle, Sherry. *Op. cit.*, p. 29.

Quando Timothy Leary diz, a propósito de sua analogia entre realidade virtual e psicodelismo, que "o objetivo máximo do progresso humano consiste em chegar a separar o corpo da mente", está na verdade assimilando algo como a ironia nietzscheana e denunciando a realização tecnológica de um traço básico da metafísica ocidental, que é a separação radical entre o corpo e o espírito. O virtual aponta para uma hipertrofia da mente, para uma espécie de realidade sem corpo. Qualquer que seja a forma que assuma, como se vê, a tecnointeração não escapa à metafísica, isto é, à montagem universal de sentido do "ser" como presença e objetividade, controlada por uma subjetividade consciente.

Em termos mais imediatamente sociais, inscrever no processo de midiatização a realidade virtual – desde a vida *on line* ou o hipertexto das redes telemáticas até os dispositivos de simulação "imersiva" – equivale a afirmar a continuidade tecnocultural entre a mídia tradicional ou "linear" e a novíssima ou virtual. A televisão implica uma nova "sintaxe" (na acepção ampla de código organizativo) para discursos midiáticos anteriores, tais como cinema, rádio, imprensa escrita.

Na interseção da realidade "epidêmica" (relações interpessoais, não diretamente midiatizadas) com a televisiva, onde se dá uma certa imaginarização do cotidiano por irradiação social de simulacros, já é possível falar de virtualização da existência[31]. Ao aprofundar o processo de visualização que redimensiona oticamente as representações tradicionais, o virtual engloba por sua vez, em sua "sintaxe" digitalista, recursos da mídia anterior. Um *medium* como a Internet inclui desde dispositivos televisivos até os de comunicações interpessoais, como telefone e correio. É uma reconfiguração realística do mundo por homologação de imagens adrede elaboradas, com o acréscimo da interatividade: a interface cria uma outra realidade cultural, que outorga ao usuário um nível de controle da ação e o coloca simulativamente no cenário midiático.

O novo *medium* implica, assim, uma tecnointeração a mais: "Virtual é o que não existe, mas ao mesmo tempo existe a mais", diz Jaco-

---

31. Orientam-se neste sentido, guardadas as diferenças, as reflexões de críticos da modernidade tardia como Jean Baudrillard, Zygmunt Bauman, Paul Virilio, Christopher Lasch e outros.

belli[32]. Tecnointeração que inclui, porém ao mesmo tempo subverte e controla, as precedentes, deixando ver sua especificidade: não a representação do real-histórico (que pode ser reivindicada, em graus diferentes, por fotografia, imprensa, cinema, rádio, televisão), mas a representação por modelagem matemática de mediações prévias, de "textos" dispostos *na sintaxe de rede* conhecida como "hipertexto", onde se subverte a linearidade por percursos transversais ou se cria até, pela estratificação temporal e multimodal do desenvolvimento de um mesmo texto, a multilinearidade.

Uma nova tecnointeração significa também um gênero de jogo a mais, ou seja, mais uma ilusão aceita pela consciência do sujeito, na medida em que intelectual e afetivamente decide suspender a descrença (a exemplo do "contrato de leitura" ou do pacto simbólico que o leitor faz com um texto ficcional) e agir "como se" estivesse vivenciando uma realidade corpórea. Só que a multiplicação das espécies de jogos leva a uma tal penetração do artifício tecnológico na vida real (a realidade sócio-histórica) que esta última periga ser experimentada como uma *tela* a mais. Ou seja, a ilusão deixa de assumir-se como tal, o jogo deixa de ser a livre combinatória de idéias e unidades de comportamento suscetível de produzir inovações simbólicas, para tornar-se um dispositivo funcional.

Isto é o que se torna patente quando uma pesquisadora como Turkle destaca a possibilidade de trânsito entre realidade virtual e vida real mediante as "janelas" ou pequenas áreas abertas na tela da máquina: "O computador utiliza as janelas como uma forma de situar-nos em vários contextos ao mesmo tempo. Como usuários, estamos atentos a só uma das janelas de nossa tela em um momento concreto, mas em certo sentido estamos presentes em todas elas a cada momento [...] nossa identidade no computador é a soma de nossa presença distribuída"[33]. Ela incorpora a fala de um estudante universitário: "A vida real é apenas uma janela a mais e normalmente não é a melhor".

Ao mesmo tempo, ao aceitar a solução de compromisso entre ilusão e alucinação resultante da hibridização tecnológica de repre-

---

32. Jacobelli, Gian Piero. Una mediazione in più. *In: La realtà virtuale*. Laterza, 1988, p. 95.

33. Turkle, Sherry. *Op. cit.*, p. 20.

sentações anteriores, o sujeito da consciência pactua implicitamente com o dispositivo maquínico de metaforização proprioceptiva e o reconhece como uma espécie de consciência voltada para a pura comunicação – seja com os outros, seja consigo mesmo.

Considerando-se que toda comunicação tem um aspecto de conteúdo e outro de relação, este último prevalece na realidade virtual, "na medida em que o que conta é a relação entre presente e futuro, enquanto o conteúdo fica inevitavelmente preso ao vínculo do repertório, isto é, das convenções preexistentes entre significantes e significados"[34]. Esse aspecto relacional é agora a própria interatividade, que obriga o sujeito, parceiro do jogo com a máquina, a aceitar e vivenciar a mentira geradora de formas.

Não se trata, entretanto, da mentira que Fernando Pessoa fazia equivaler à criação poética. Na metáfora clássica, visceralmente criativa, transforma-se não apenas o metaforando, mas também o metaforizador e, conseqüentemente, a consciência, que é processamento de linguagem. Já uma máquina de metáforas não muda a partir do que gera. No virtual, por ser mais relação do que conteúdo, a "metaforização" não implica uma verdadeira morfogênese (não é realmente produção simbólica ou "arte", poderia dizer-se), mas a homologação no espelho – distorcido – de um real já dado, de uma memória culturalmente constituída.

A referência à realidade virtual ou ciberespacial como espelho distorcido, traz-nos de volta à questão da consciência, mas para acentuar que consciência não é espelho, e sim metaforização do real. As tecnologias do virtual podem realizar operações *funcionais* da consciência, só que na máquina a consciência – despojada de corpo – deixa de coincidir com a realidade de um conceito que tradicionalmente inclui intencionalidade, descontentamento consigo mesmo, auto-reflexividade sobre a dor, o envelhecimento e a morte ou sobre as tensões humanas no relacionamento com os objetos e com o Outro.

O virtual traduz bem o momento em que a *Ge-stell* (conhecido termo heideggeriano para designar a "armação" ou o esquema tecno-racionalista da natureza, mas igualmente a estruturação técnica do *cogito*) estende-se à comunicação humana no modo de um desíg-

---

34. Jacobelli, Gian Piero. *Ibid.*, p. 93.

nio de representação totalizante ou equivalente do mundo e sem mais quaisquer exigências quanto a uma "emanação" referencial da realidade, o que não deixa de lembrar o "ultra-humano" de Teilhard de Chardin.

É como se, ao realizar-se, a metafísica concretize o ser da aparência, e o mundo se transforme, por exacerbação da essência da técnica (mais uma vez, *Ge-stell*), por *hybris* tecnológica da relação olho-cérebro (num tal grau que chega a simular os outros sentidos) e por excesso de efeitos especulares, em realidade onipotente da vontade e do olhar, a mesma onde ancora o mito fundador da subjetividade ocidental, o de Édipo[35].

4. Identidades novas

Quando um usuário da Internet não consegue, por uma razão qualquer, transmitir uma mensagem em seu correio eletrônico, aparecem na tela do monitor o aviso ou a explicação técnica, dados por um "assistente", uma espécie de agente passivo ou *alter ego* tecnológico, que em princípio sabe tudo sobre a rede. Este agente, dito também "inteligente", pode ajudar o usuário em suas buscas na Internet, configurando o que se conhece como *push-medium* ou informação sobre a informação. Outro é o *bot* (abreviatura de *robot*), isto é, um programa de computador, às vezes com cara humana e uma "personalidade", destinado a interagir com personagens em rede.

O que acabamos de descrever difere de outro tipo de agente, vivo, que toma parte em interlocuções conhecidas como *chat* ou *forum* e que ficcionaliza livremente personalidades. São ambos, todavia, artificiais ou virtuais, enquanto identidades fantasmáticas ou espectrais na rede. São duplos virtuais de sujeitos.

Sujeito e subjetividade, sabemos, são conceitos axiais na centralidade simbólica do ser ocidental. A visão essencialista de uma interioridade psicológica no sujeito humano está presente em Platão e Aristóteles; associa-se à concepção judaico-cristã de alma, que se expande em elaborações sensorialistas na filosofia medieval, e chega ao

35. Uma personagem do romance *Ensaio sobre a cegueira*, de José Saramago, diz a certa altura: "Talvez seja necessário que fiquemos todos cegos, para podermos ver as coisas como são".

racionalismo moderno. Com a ênfase do pensar colocada sobre a razão (Descartes, Kant), ou sobre a experiência empírica (Locke, Hobbes, Hume), o suporte humano assenta na idéia constante de uma ordem interior – o "eu", a interioridade de uma vivência, que classicamente se constitui num dos significados de consciência – cujos mistérios têm sido sondados por pensadores e artistas.

O "eu" moderno é a subjetividade do Iluminismo, em princípio autônoma em face da religião, enquanto origem transcendente de sentido e valores. "Em princípio", porque a subjetividade sempre esteve na esteira da consciência cristã: na interioridade constitutiva do homem – o coração, órgão que desde o Antigo Testamento testemunha a prática da moral – repercute a voz de Deus. A verdade do sujeito surgiria de seu interior por mecanismos de linguagem (confissão, associação livre, etc.), seja uma vez realizado o giro da alma sobre si mesmo pelo rito do batismo (reelaboração da *metanoia* platônica), seja pelos reviramentos psicológicos da consciência, esta que, em vez de "coração", S. Paulo designaria como *syneidesis*.

Relativizando a interpelação externa de Deus, por já estar fortalecido pela concentração monoteísta da fé, o sujeito da consciência autônoma, o "eu" consciente, reivindica, desde o final da Idade Média, a centralidade do ser. Este é o impulso da consciência moral desde as comunidades paulinas, a Patrística, a Escolástica até as modernas filosofias morais. É um processo constituído e corroborado por sistemas de pensamentos laicos, pelo romance, pelo florescimento das autobiografias, pelo teatro, pela arquitetura, pelo desenvolvimento dos auto-retratos, etc. Pode-se pensar numa "macronarrativa" da individualidade interiorizada, numa história particular da *psiquê*, bela e bem estruturada, mas sempre sujeita a reinterpretações.

Assistimos neste século à reinterpretação psicanalítica do "eu" consciente, um verdadeiro processo levantado contra a sua hegemonia, que todavia deixa intacta a metáfora "profunda" da subjetividade, epistemológica e tecnicamente necessária ao rito privado de veridicção operado pelos analistas. De resto, toda uma longa tradição filosófico-teológico-psicológica é lógica e empiricamente corroborada pelas ciências sociais, que há mais de um século vêm contribuindo com seus modelos teóricos e suas influências sobre as variadas instituições sociais para a objetivação da subjetividade, isto que psicólogos e psicanalistas de língua inglesa costumam chamar de *self*.

Partem daí as bases metafísicas, os termos de um implícito acordo cultural (presentes nos textos fundamentais, nas grandes narrativas) para a formação social e psíquica do padrão de existência individual em que se constitui a *identidade pessoal*. A pressuposição historicamente legitimada de uma interioridade ou um *self* – definido por intelectualidade, moralidade e afetividade – sustenta a possibilidade de se reivindicar uma identidade pessoal.

Registram-se na contemporaneidade, entretanto, fortes abalos nas bases de credibilidade e sustentação cultural da subjetividade tradicional, por enfraquecimento dos textos que, metafisicamente, fizeram do registro de interioridade psíquica, do "eu", do *self*, suporte essencial da identidade humana. "E se o Eu fosse apenas uma espécie de apêndice psíquico inútil e anacrônico? Ou então, assim como as presas desmedidas do mastodonte, um fardo pesado, inútil e finalmente autodestrutivo?", especula ficcionalmente Rhinehart[36].

Já duas décadas atrás, Gehlen observava com sua antropologia negativa que "cada vez menos pessoas agem na base da orientação pessoal e de valores interiorizados... Mas por que há cada vez menos pessoas assim? Obviamente porque a atmosfera econômica, política e social se tornou difícil de entender intelectualmente, e de cumprir moralmente, e porque ela muda num passo acelerado"[37].

No plano intelectual, deve-se considerar primeiramente a ciência e a tecnologia, que vêm tomando desde o Iluminismo o lugar da religião tradicional nesse processo, mas perdem progressivamente o seu poder de gerar sentido, finalidades e valores. Depois, no plano da "atmosfera" social, ocorre o esvaziamento do *ethos* (o contexto, os valores, as condições de credibilidade) e da antiga representação, ou seja, do pacto simbólico e semântico que garante a homologação psicossocial dos discursos sobre alma, espírito e psiquismo, por sua vez responsáveis pela presunção ontológica quanto à realidade da vida interior. Assim, como se sabe que a consciência não é um lugar no cérebro que espelha a realidade, sabe-se que o psiquismo não se re-

---

36. Rhinehart, Luke. L' homme-Dé. Cf. Baudrillard, Jean. *In: L'échange impossible*. Galilée, 1999, p. 79.

37. Gehlen, Arnold. *Die seele der technischen zeitalter*, cf. Bauman, Zygmunt. *O mal-estar da pós-modernidade*. Zahar, 1998, p. 220.

solve definitivamente pela metáfora de uma isolada "caverna" interior, cheia de recursos intelectivos e sensoriais.

Isto sempre se soube no espaço acadêmico e hoje também se percebe cada vez mais fora dele, no cotidiano individual e social, graças às tecnologias da comunicação, que tornam os indivíduos permeáveis a modos variados de inteligibilidade do real, a novas formações discursivas, modificadoras dos padrões estabelecidos de sociabilidade, mas também às narrativas ou os textos que tanto interpretam quanto constituem, por reforço de credibilidade, as instâncias de enunciação de um centro subjetivo no ser humano, a crença na absoluta realidade de uma vida interior.

Quando um magnata como Ted Turner, fundador da cadeia televisiva CNN, afirma publicamente (1990) que "o cristianismo é uma filosofia para perdedores" ainda pode causar alguma celeuma entre os cristãos ou suscitar protestos teóricos entre os que leram Weber e conhecem o papel do protestantismo na conformação da consciência capitalista. Na verdade, porém, a afirmação só reflete jornalisticamente o novo *ethos* da acumulação capitalista flexível onde religião é cada vez mais apenas um estilo de vida, e identidade pessoal tem de ser plástica o suficiente (sem os retardamentos de natureza ética do *self* tradicional) para ajustar-se à veloz mutabilidade do mercado (de capitais, bens, idéias e profissões) e das tecnologias de trocas inter-humanas.

É de tal *ethos* que procede o espírito desconstrutivista característico dos pensadores ou críticos da cultura que se diz ora "pós", ora "tardo-moderna". Palavras e arrazoados diversos não escondem a desconfiança comum quanto à fixidez das identidades. Bauman, por exemplo: "O eixo da estratégia de vida pós-moderna não é fazer a identidade deter-se – mas evitar que se fixe"[38]. A subjetividade conformada por um espaço-tempo durável e orientada por um projeto – a idéia de um lançar-se de trás para a frente – dá lugar a estratégias de adequação a situações rapidamente mutáveis. O jogo da existência passa a ter mais a ver com a roleta de cassino do que com o tabuleiro de xadrez, o jogo da cultura com os fluxos acelera-

---

38. Bauman, Zygmunt. *Op. cit.*, p. 114.

dos das máquinas de reprodução e repetição, tentando impedir que sujeitos e objetos se detenham.

Mudanças na enunciação das identidades pessoais e grupais detectam-se igualmente nos discursos disso que analistas sociais vêm chamando de "sistemas especialistas globais", isto é, organizações, instituições e mídia, tecnologicamente articulados com o mercado e com os fluxos globalistas das sociedades contemporâneas. Um desses sistemas é a rede cibernética que, a exemplo da mídia tradicional, facilita os fluxos sociais teleguiados por indústria e comércio e incita à mudança contínua.

À medida que a evolução tecnológica contempla a integração entre a realidade histórica e a virtual, assume importância a questão da identidade dos sujeitos colocados na rede. A aparência tem o seu ser e o seu real, como sabemos, mas a lógica do aparecer (realidade midiática) não é a mesma do ser da realidade tradicional. O problema não está no "cheio" ou no "vazio" das entidades – quando se leva em consideração que os átomos, responsáveis pela realidade fisicamente plena das coisas, são quase inteiramente constituídos de vazio.

A questão é que, por maior que seja a "realidade" da representação ou da simulação, torna-se evidente que, ao se replicarem visualmente, objetos e homens são perpassados por efeitos de distorção capazes de ampliar, diminuir, retocar as suas características físicas e existenciais a ponto de parecerem mais realistas ou verossímeis do que o real-histórico. Nas ilusões ou ficções que engendram, o midiático e o virtual demandam outros véus, peles, "personas", máscaras que, multiplicadas, podem atribuir uma realidade *fantasmática* ou *espectral* aos sujeitos.

Um episódio psicanalítico comentado por Guillaume a propósito da conexão entre midiatização e erotismo (antecipatório da voga dos encontros sexuais pela Internet, hoje conhecidos como "netsex" ou "cybersex") pode servir aqui para ilustrar a distorção nessa realidade espectral. Trata-se de uma analisanda de E. Lemoine-Luccioni que narra uma lembrança:

> Ela tem dezenove anos e nenhuma experiência sexual. Deve telefonar a seu noivo, embora não goste de fazer isso. Entretanto, decide-se e, após algumas dificuldades, obtém a comunicação. Bruscamente, a voz do noivo lhe chega aos ouvi-

> dos, e ela logo experimenta o que descobrirá mais tarde "ter sido um orgasmo violento", como jamais sentirá igual[39].

O comentário dá ênfase à ausência do corpo na tecnointeração (o telefone), ressaltando que por isto mesmo o corpo se investe de um filtro ou de uma tela capaz de favorecer a aproximação do "significante do Outro", no caso, a voz, objeto de um desejo. Evidentemente, a realidade desse "outro" fictício, *telerrealizado* fica distorcida de fato negada enquanto sentido e verdade originais, e por isto mesmo insignificante – para dar lugar a outra realidade, a de uma modalidade erótica onde, da solidão de uma adolescente exaltada pela própria imagem soberana na união espectral com o noivo (de natureza basicamente mental), se produz gozo.

Há muito tempo sabemos que toda reprodução imagística ou sonora – fotografia, rádio, cinema, televisão, etc. – altera de alguma maneira a realidade original. Não se trata de alterações anamórficas, como aquelas obtidas a partir de um espelho plano pelos artistas do maneirismo no Renascimento, e sim de distorções semióticas e psicológicas inerentes a um "cenário", de todo modo especular.

Na primeira metade do século XX (o filme *O homem da câmara de filmar* é de 1929), o cineasta russo Dziga-Vertov mostrava, em suas experiências de câmera-olho, a dimensão "ultra-humana" da imagem: as pessoas começam a posar ao se verem filmadas, compondo instantaneamente uma espécie de cenário pessoal, mas igualmente artificial ou maquínico, para se adequarem à percepção internalizada de si mesmas. Aplicando-se o mesmo princípio à realidade da tecnocultura contemporânea, onde se hibridizam espetáculo e vida comum, percebe-se por que os indivíduos tendem hoje a encenar fortemente seus papéis existenciais ou suas identidades.

Existir na imagem, *aparecer* no "espelho", favorece a aproximação aparente com um número grande de pessoas, mas ao mesmo tempo provoca a distorção da realidade original pelo que, no cenário ou no distanciamento espácio-temporal, há de substituição e descontextualização. A distorção é, assim, efeito da diferença entre o mundo sensível e a reprodução especular, já que todo espelho é pura

---

39. Cf. E. Lemoine-Luccioni. Psychanalyse pour la vie quotidienne. Navarin, 1987. *In*: Guillaume, Marc. *Le contagion des passions*. Plon, 1989, p. 47.

atopia, espaço sem lugar: reflete oticamente o lugar sensível onde estou, mas não me faz encontrar ali onde me vejo.

Distorção, em vez de "inversão" especular, diz mais apropriadamente o que ocorre. Frisa Eco que não existe a dita "simetria invertida" no espelho:

> O espelho reflete a nossa esquerda exatamente onde ela está e faz o mesmo com a direita. Somos nós que nos identificamos com aquele que vemos dentro do espelho, ou que pensamos seja um outro que está diante de nós, e nos admiramos que use o relógio no pulso direito (ou empunhe uma espada com a esquerda). Mas não somos aquela pessoa virtual que está dentro do espelho. Basta não "entrar" no espelho e não sofremos desta ilusão[40].

A palavra "torção" também pode ser usada – se se quiser evitar a conotação negativa de "distorção": podemos pensar, a partir da geometria analítica, numa superfície não-orientável. Superfície orientável é aquela gerada, por exemplo, numa cinta, em que são diversos e incomunicáveis os planos interno e externo. Não-orientável é a que se obtém quando se dá uma torção numa das pontas da cinta, antes de colá-la à outra, de maneira que o plano externo tenha continuidade no interno, quebrando a separação radical entre ambos.

Tal é a demonstração de A.F. Moebius (astrônomo e matemático alemão do século XIX) – a "cinta de Moebius" –, aproveitada pelo psicanalista Jacques Lacan para metaforizar a continuidade entre o interno e o externo no psiquismo. A metáfora vale também para se ilustrar o modo de relacionamento entre o atual e o virtual, mas agora enfatizando a torção, em vez da continuidade entre dentro e fora. O virtual é um outro plano, torcido, espectral, mas sem dúvida em continuidade (replicante ou clonante) com a realidade atual.

A própria evolução tecnológica dos processos de midiatização engendra modos diferentes de relacionamento com as identidades fantasmáticas ou espectrais. Na mídia tradicional, o fantasma – o sujeito ficcionalizado – permanece inacessível ao contato real, apesar das "interações coadjuvantes", como jornais, revistas, correspondência, pesquisas de opinião, criados pela própria indústria do imaginário.

---

40. Eco, Umberto. *Kant e o ornitorrinco*. Record, 1997, p. 304.

Na novíssima mídia, onde se exploram pela hibridização de realidade original com a audiovisual as possibilidades da interatividade e do virtual, a presença do fantasma é experimentada como um acesso real ao outro. Por isto é que pode uma pesquisadora afirmar que, dentro do computador, existem "outras pessoas", acentuando que "computadores são arenas para a experiência social e interação dramática, um tipo de mídia mais parecido com teatro público, e seus produtos são usados para interação qualitativa, diálogo e conversa"[41]. Evidentemente, os "outros" são entidades fantasmáticas de um mundo ilusório, como no *holodeck* (dispositivo fictício da série cinematográfica e televisiva *Star Trek*, "Jornada nas estrelas"), uma espécie de máquina de fantasias, criadora de um mundo análogo ao real-histórico e suscetível de programação individual.

Na tecnologia do aparecer, tecnoespecularidade que reduplica simulativamente o mundo real-histórico, o duplo do sujeito é entretanto invocado como forma virtual e negado como corpo presente. A partir de um ou outro aspecto de personalidade, cria-se um *self* espectral ou um duplo virtual que prescinde da unidade original do sujeito – a mesma que tradicionalmente estimulava a idéia de mundo interior – e ameaça a auto-reflexividade da consciência, a consciência de si.

Tal é, aliás, o entendimento de Perniola, associando espelhamento narcísico a cultura-vídeo:

> O eu que se espelha no monitor não é, com certeza, a consciência entendida pela tradição filosófica como interioridade, e sim o resultado do trabalho desenvolvido pela personalidade narcísica na construção da sua própria imagem. É necessário todavia evidenciar desde já que o narcisismo não é de forma alguma amor por si próprio: a deslocação do interesse libidinal para a própria imagem realiza-se em troca de uma completa anulação da vida interior e do próprio eu real[42].

A palavra "ameaça", referida à consciência de si (pelas hipóteses de controle do espírito da visibilidade e da faculdade imaginativa) tem conotações de perigo e catástrofe, que entretanto podem ser cri-

---

41. Cf. Stone, Allucquere Rosanne. *The war of desire and technology at the close of the mechanical age*. Cambridge, The MIT Press, 1998, p. 16.

42. Perniola, Mario. *Enigmas: O momento egípcio na sociedade e na arte*. Bertrand, 1994, p. 49.

ticadas por outras posturas interpretativas. A questão da corporalidade, por exemplo: é possível entender corpo – a partir da tradição filosófica e da atualidade psicanalítica – como algo distinto do biológico, para além do "natural". A velha concepção eclesiológica do *corpus mysticum* de Cristo como oposto ao natural, é reinterpretada sob a denominação de "corpo simbólico"[43].

Assim é que Jacques Lacan aventa a hipótese de um "corpo do simbólico", efeito de uma relação estrutural entre linguagem e corpo, sugerindo a sua aproximação com a idéia estóica dos *incorporais*. Estes não se entendem como coisas nem como seres, mas como extra-seres ou "acontecimentos", localizados na zona fronteiriça entre corpo e linguagem. Nesta linha de pensamento, não seria absurdo conceber o *self* virtual como um extra-ser (ou um "ser de espírito", para usarmos a expressão de Morin) que acontece tecnologicamente na rede ou num dispositivo de visualização qualquer.

Por outro lado, a interpretação (psicanalítica, psicológica, filosófica, etc.) do *eu* como uma centralidade unificada da personalidade não é matéria pacífica. Freud é o primeiro a apresentar uma visão de descentramento radical (ponto de vista esquecido, aliás, por muitos de seus epígonos) do eu. Na trilha originária e buscando distinguir a visão psicanalítica da psicológica – presente no entendimento de subjetividade pela psicanálise norte-americana –, Lacan afirma o eu como algo fundamentalmente caótico, como uma desordem onde, numa série de identificações alienantes, ele se constitui. Também aqui nada impede que se insira a realidade virtual com seus extra-seres na série identificatória, sem que isso ganhe conotações catastróficas.

Lacan não estava certamente preocupado com a questão do virtual. Invocá-lo nesta discussão, entretanto, serve para mostrar que se podem fazer algumas aproximações entre um sofisticado pensamento analítico da contemporaneidade e a *Ge-stell* comunicacional. Senão, para mostrar a curiosa coincidência entre aspectos do pensamento pós-modernista e a realidade atual, já sugerida por Turkle: "Mais de vinte anos depois de haver-me encontrado com as idéias de Lacan, Foucault, Deleuze e Guattari, reencontro-as em minha nova

---

43. Cf. Kantorowicz, Ernst. *Les deux corps du roi: Essai sur la théologie politique au moyen âge*. Gallimard, 1989.

vida nos mundos mediados pelo computador: o eu é múltiplo, fluido e constituído em interação com conexões numa máquina"[44].

Nas imediações dessa reflexão, situam-se teóricos da comunicação dispostos a fazer implodir a ideologia da subjetividade unificada e autocentrada, com argumentos de que vários dos processos psíquicos tidos como "internos" pertencem de fato à esfera das *relações*[45].

5. Dessubjetivação e integração sistêmica

Na verdade, é coisa há muito sabida e por vários reiterada, que o indivíduo é um "nó de relações". Mas o que aqui se põe em jogo em primeiro lugar é a idéia de um *tecnonarcisismo*[46], entendido como uma apropriação midiática do narcisismo, nisso que ele comporta de dissolução da identidade própria em função de um outro-de-si no espelho. Depois, está posta em jogo a idéia de conexão ou estrutura técnica de relacionamento (*relatedness*), onde processos como memória, pensamento e atitude deixam de ser interpretados como interiores ao indivíduo para passarem à condição de constituintes de estratégias sociais de discursividade e negociação simbólica.

A idéia de vinculação é um dos caminhos para se pensar o fenômeno psíquico para além do ato separado e num suporte mais amplo que o da subjetividade clássica. Já no século passado, Brentano, professor de Freud, caracterizava como fenômeno psíquico todo aquele atravessado pela relação da "alma" (*Seele*) com um objeto – a intencionalidade ou referência intencional[47], que remonta a Aristóteles, Avicena e Santo Tomás de Aquino, mas igualmente à mônada leibniziana, inteligível como ponto de vista metafísico, portanto como "alma" ou "sujeito".

---

44. Turkle, Sherry. *Op. cit.*, p. 23.

45. Cf. Middleton & Edwards, D. Conversational remembering: A social psychological approach. *In:* Middleton & Edwards (eds.). *Collective Remembering*. London, Sage, 1990.

46. Cf. Sodré, Muniz. *A máquina de narciso – Televisão, indivíduo e poder no Brasil*. Cortez, 1990.

47. Cf. Brentano, Franz. *Psychologie vom empirischen standpunkt*. Leipzig, 1924, Verlag von Felix Meiner.

O que define um ato psíquico não é, assim, o pressuposto de uma subjetividade, mas o de uma representação, que tanto pode ser um pensamento como uma imagem. Quanto ao objeto, pouco importa se existe ou não: a presença intencional prescinde de juízos de existência.

Esse modo de abordar a intencionalidade permite inferir que há formas de atividade psíquica – das quais se excluem em princípio juízos e emoções – suscetíveis de acontecerem em suportes variados (o individual, o social, o tecnológico), desde que atendam às pré-condições de um correlato objetual para a representação.

Num contexto de interdependência de seres humanos com as neotecnologias da comunicação, em espaços urbanos onde a interobjetividade (nos sistemas técnicos, predominam relações de máquinas com máquinas) é maior do que a intersubjetividade, o "solo" da intencionalidade refaz-se e amplia-se paulatinamente para fora do simbolismo da subjetividade tradicional. Vai agora na direção de uma forma de pensamento mais semiótico – argumentativo, retórico, relacional – do que psicológico (no sentido de processos contidos numa entidade denominada "psiquê") e possivelmente mais compatível com uma ontologia de processos "relacionais", o que não pode deixar de lembrar a expressão "incerteza ontológica", de Heisenberg. Renegociar (semioticamente) a identidade de si torna-se regra existencial no interior do processo generalizado de dessubjetivação.

Conexão é aí uma palavra-chave. Em vez do *self* psicologicamente essencializado, a relação tecnológica ou a conexão desponta como um tipo particular de entidade voltada para o ser tecnicamente relacional, para o indivíduo concebido como um lugar de interseção nas conexões que constituem as redes sociais, para alguém sistematicamente fora de si mesmo.

Às vezes, é verdade, viver pode implicar estar fora de si mesmo, "deliciosamente perdido no interior dos próximos", como observa Ortega y Gasset, explicando-se: "Quando alguém chega perto dessa 'primeira impressão', ainda não deformada por reflexões posteriores menos perspicazes, nos parece que vemos até o fundo da pessoa. Daí, as súbitas simpatias ou antipatias que sentimos. Daí, a *flechada*, o *coup de foudre* em que costuma nascer o amor"[48].

48. Ortega y Gasset, José. La percepción del prójimo. *In:*Ideas y creencias. *Revista de Occidente*, Madrid, 1965, p. 142.

Outra coisa, entretanto, é o horizonte humano dos processos relacionais sistêmicos. Programadamente fora de si mesmo, sem a hipótese da intimidade ou da sensibilidade intracorporal, o indivíduo tende a eternizar a dita "primeira impressão", graças ao puro jogo retórico das palavras e à proteção da identidade pessoal em virtude da distância física. É um relacionamento de formas vazias. Pode até acontecer *o coup de foudre*, mas como uma pulsão com descarga sobre si mesma, no movimento do curto-circuito.

A idéia de um processo "relacional" não deixa de evocar o conceito junguiano de *individuação*: nada de subjetividades isoladas (características do individualismo clássico), mas entidades autônomas, abertas ao relacionamento com a diversidade dos arquétipos e constituídas por um pano de fundo existencial, que as reestrutura ao longo de todo o ciclo vital. A gnoseologia junguiana permitia pensar esse pano de fundo como uma unidade macropsicológica, mas sempre no quadro da subjetividade tradicional.

Agora, porém, tal unidade apresenta-se como a de uma conexão sistêmica ou uma rede global, de natureza tecno-ciber-neuronal, onde vivências efetivas tendem a ser assimiladas à informação em tempo real. Em vez de individuação (onde é pregnante a idéia de individualidade livre), portanto, cabe falar de "individualização": o particular como mera realização da funcionalidade sistêmica; uma individualidade sem singularidade, isto é, sem a dimensão enigmática e irredutível da alteridade.

Adequa-se aqui a dimensão funcional da consciência presente na realidade virtual, a que já fizemos alusão: seres humanos e dispositivos tecnológicos literalmente convergem em termos de pensamento num espaço não mais linear (como o da representação clássica) e sim caótico, sem flecha do tempo (como o do virtual). Nesse espaço, uma tecnoconsciência global, informação é objeto; idéia é um incorporal, um extra-ser; linguagem ainda pode ser vista como consciência realizada, desde que aí se incluam *bits* e fluxos informacionais.

Configura-se, portanto, uma nova dimensão psicossocial para o homem que, tendo a consciência moldada pelas grandes narrativas da Grécia Clássica, vive agora a transformação da *politeia* em *techné*. Aos modos particulares de vida identificados por Aristóteles na *Ética a Ni-*

cômaco – vida contemplativa (*bios theoretikos*), vida prazerosa (*bios apolaustikos*) e vida política (*bios politikos*) – pode-se agora acrescentar, como antes afirmamos, uma nova qualificação, uma quarta esfera: a vida midiatizada, que inclui a realidade tecnológica do virtual.

Nessa nova modalidade existencial, modos tradicionais de socialização imbricam-se aos tecnológicos. Este processo não se confina (como poderia depreender-se da perspectiva analítica de autores como Félix Guattari, por exemplo) à mera produção de subjetividades por agenciamentos tecnológicos, mas sem dúvida pode ser pensado como dispositivo de uma nova tecnologia da identidade, em certos aspectos comparáveis às técnicas políticas com que o Estado moderno tem intervindo na vida natural dos indivíduos. O ser humano pode doravante "habitar" (donde, uma nova eticidade) o cerne do artifício tecnológico, substituindo proprioceptivamente o antigo "ponto de vista", que sustentou a perspectiva moderna, pelo "ponto de existência"[49]. Funcionalizado, o indivíduo é o ponto onde o sistema exibe sua potência.

Nesta configuração, é a própria narrativa da subjetividade que entra em crise[50], daí as reiteradas atribuições de "incerteza ontológica" à atualidade. Na nova maneira de "narrar" o eu, a vida aparece como uma espécie de colagem, maleável e incoerente, de experiências acidentais. Esse novo eu é descrito pelo romancista Salman Rushdie como "um edifício instável que construímos com raspas, dogmas, mágoas da infância, artigos de jornal, observações casuais, velhos filmes, pequenas vitórias, pessoas odiadas, pessoas amadas"[51].

Está ausente dessa forma narrativa a vinculação comunitária: é de fato duvidoso que as novas perspectivas "relacionais" do ordenamento midiatizado apontem para um resgate do isolamento individual. Não é à-toa, que um arquiteto descreve o ciberespaço como "uma cidade sem raízes em qualquer ponto definido na superfície da

---

49. Cf. Kerckove, D. *A pele da cultura*. Relógio d'Água, 1997, p. 248.

50. Apesar de todas as tentativas, por parte da filosofia francesa contemporânea, para desvincular a noção de "sujeito" (restrita a mero suporte lógico das representações) daquelas comumente associadas a subjetividade e indivíduo.

51. Cf. Sennett, Richard. *Op. cit.*, p. 159.

Terra... e habitada por sujeitos incorpóreos e fragmentados, que existem como coleções de alcunhas e agentes"[52].

Mesmo tecnologicamente relacionado, ou melhor, "comutado", o indivíduo permanece sob a égide das abstrações do universalismo jurídico e da economia monetária, relacionando-se basicamente em função do consumo ou da produção, tendencialmente indiferente ao contexto sociopolítico. E certamente destinado a aprofundar a sua retirada da cena pública, com uma personalidade autocomplacente e limitada em suas possibilidades de ação ao espaço do *self* tecnológico.

Do ponto de vista existencial, ser "comutável" significa primeiro ser capaz de conectar-se produtivamente (em todos os níveis das relações de trabalho), e depois ser-para-o-consumo, isto é, ser colecionador de sensações. Isto implica um constante impulso de movimentar-se ou de circular (ainda que apenas mentalmente) em busca de diversidade e novidades. Na rede cibernética, a euforia da movimentação digital, do "acesso" aparentemente ilimitado a fontes de dados, implica um "enredamento" mental e emocional, que esconde a real imobilidade corpórea.

Desenha-se um novo tipo de personalidade, em que a experiência emocional prescinde das qualidades pessoais tradicionalmente atribuídas ao caráter. Recordando o poeta latino Horácio, para quem o caráter de alguém dependia de suas ligações com o mundo, Sennett observa que caráter "é o valor ético que atribuímos aos nossos próprios desejos e às nossas relações com os outros"[53]. Este valor se corrói por efeito dos laços fracos que caracterizam instituições e formas de comunicação sob a lógica do capitalismo dito flexível, potencializando a capacidade do indivíduo de libertar-se do próprio passado, mas também dos compromissos mútuos e dos traços que sustentam a identidade e ligam os homens uns aos outros.

Concebe-se inclusive uma psicopatologia específica. À nosografia clássica da histeria, da obsessão, da paranóia – afecções correspondentes ao rígido controle patriarcal e social, à repressão sexual – sucedem-se os estados de *borderline* (mal-estar do autocentramento

52. Mitchell, William. City of Bits. *Apud* Sennet, Richard. *A corrosão do caráter – Conseqüências pessoais do trabalho no novo capitalismo*. Record, 1999, p. 160.

53. Sennett, Richard. *Ibid.*, p. 10.

contemporâneo, caracterizado por limites fluidos entre as várias categorias nosográficas); de *depressão* ou melancolia, doença típica do consumismo e do desamparo existencial, provável expressão do conflito entre a exacerbação sensorial e a imobilidade físico-corporal dos indivíduos, confinados aos desejos passivos que canalizam as posições de pura demanda, ansiedade e espera; de *perversão*, expressada não mais como uma linha-de-fuga para uma posição sedentarizada das pulsões, mas como a errância sistemática e microfascista do desejo em torno de substituições ou simulações de um objeto para sempre afastado do real.

Não mais, entretanto, a consciência melancólica que, no início da modernidade ocidental, se atribuía ao janota maneirista: frente ao outro-de-si-mesmo convertido em mera sombra técnica, o indivíduo não pode sequer retirar-se para dentro de si próprio, já que o "interior" – a velha alma ou suas representações modernas – foi apropriado pela conexão, pelo que se afigura como sistema.

Trata-se efetivamente de um modo sistêmico de integração social caracterizado, do ponto de vista da reciprocidade das práticas, por atores e grupos sociais fisicamente ausentes no tempo e no espaço. Nele, homem e objeto são concebidos como feixes de relações – a exemplo da matemática (alternativa) das categorias, onde os objetos se definem por relações – institucionalmente habilitados por uma presença sistêmica ou espectral, uma sombra.

A "pele" com que se tocam os indivíduos fantasmáticos é uma prótese digitalizada que, na reciprocidade dita interativa, permite fazer economia da corporalidade natural e da personalidade total. Suas identidades, tendentes à multiplicidade e à fluidez (daí, o privilégio dado hoje por certos teóricos à idéia de "identificação") dependem cada vez mais de um tênue equilíbrio relacional entre qualidades diferentes, ou seja, do "valor da interface".

Dito assim, tudo isso pode soar um tanto apocalíptico, à maneira dos discursos de radicalidade crítica quanto à modernidade tardia. Há, porém, outras possibilidades interpretativas. Voltando-se, por exemplo, ao episódio da moça, o telefone e o noivo: o acionamento da pulsão sexual pela voz – portanto, por um certo tipo de "imagem" do corpo do outro – poderia ter também acontecido numa situação de co-presença física com o noivo. Recordemos um verso de Heine: "O que há na tua voz / que me comove tão profundamente?"

Ou então Barthes: "Por vezes, a voz de um interlocutor atinge-nos mais do que o conteúdo, e surpreendemo-nos a escutar as modulações e as harmonias dessa voz sem ouvir o que ela nos diz"[54]. E atinge-nos por motivos muito humanos:

> A escuta da voz inaugura a relação com o outro: a voz, pela qual se reconhecem os outros (como a letra num envelope) indica-nos a sua maneira de ver, a sua alegria ou sofrimento, o seu estado; ela veicula uma imagem do corpo e, além disso, toda uma psicologia (falamos da voz quente, da voz branca, etc.)[55].

A corporeidade da fala, concretizada na voz, permite pensar, como faz Barthes, a articulação entre corpo e discurso, que remete a outras possibilidades de atuação do *self*. E por quê? Porque, virtualizada, a identidade parece retornar ao grau zero do sujeito, neutralizando a pletora de sentido, o acúmulo histórico de significações que a constitui e conota. A psicanálise poderia enxergar aí uma regressão pulsional ou um retorno às protofantasias do sujeito, e provavelmente estaria certa. Mas é possível também conceber esse retorno como uma espécie de estado "adâmico" da identidade, uma espécie de "aquém" da representação e do sujeito, pronta a trilhar novos caminhos simbólicos.

"Novos" – é preciso insistir neste adjetivo porque, julgadas as coisas à luz dos conceitos atuais, essa ordem tecnocultural que se inaugura é incompatível com a simbolização. De fato, a ordem simbólica é um ordenamento originário de trocas – a dinâmica originária das culturas – que pressupõe ritos, ambivalência e conflitos.

Ora, a cultura cibernética apresenta-se até agora como "dessimbolizante", na medida em que se constrói em torno de relações imaginárias sem saídas externas para o desejo dos sujeitos e em que politicamente pretende neutralizar conflitos e tensões (o único a ser considerado é a pane ou o desarranjo técnico do sistema), seja na troca estritamente comunicacional, onde vige a retroação museificante e arqueológica dos conteúdos culturais; seja na relação genérica de um

---

54. Barthes, Roland. *O óbvio e o obtuso*. Edições 70, 1984, p. 208.

55. *Ibid.*, p. 209.

"eu" com um outro. Pretende, na verdade, controlar ou virtualizar a própria dimensão simbólica.

Nada nos impede, entretanto, de admitir como humana uma relação intermediada ou acionada por imagem corporal. O que chamamos de corpo é, na verdade, uma invenção da cultura, uma abstração a partir das articulações concretas da carne. Há sempre a carne (princípio de indistinção), o corpo (lugar da variabilidade simbólica) e suas imagens. A idéia contemporânea de um "corpo pós-orgânico" ou um tecnocorpo é a de uma invenção trabalhada primeiramente por computadores e imagens; depois, ou ao mesmo tempo, por discursos reestruturantes de identidades coletivas e por mitologias (literárias, midiáticas) que introduzem na cena humana *cyborgs* e clones.

Pode-se pensar, assim, na relação amorosa, ou mesmo sexual, pela rede cibernética. Se a presença pura e simplesmente física dos corpos-carne dos amantes pode ser concebida como "normalizadora" (do ponto de vista da reprodução ou da ordem conservadora) das relações sexuais, não dá, entretanto, nenhuma garantia de "humanização", quando se sabe da tradição do amor corporal não-físico (amor místico) ou das doutrinas medievais do desencarnado amor cortês. Por outro lado, o culto do corpo contemporâneo, em seus aspectos fisioculturistas, pode ser extremamente maquínico (exercícios e instrumentos de modelagem) e guiado por uma estética que mais tem a ver com as abstrações do mercado do que com a concretude humana.

Postas sob a perspectiva do erotismo, relações amorosas ou sexuais comportam humanamente o emprego de dispositivos técnicos, como tem demonstrado a arte erótica das civilizações que a cultivam. A dimensão erótica jamais foi realmente incompatível com o artifício – verbal ou físico. É multifária a presença do corpo no amor e no sexo.

Mas se realmente humano, um relacionamento dessa ordem requer uma real *vinculação* e não apenas *relação* entre indivíduos. Isto implica a "torção" de volta (a reversão da passagem na cinta de Moebius) ao *corpo pulsional* e a sua inscrição na dimensão simbólica, isto é, na lei do lugar da comunidade de *valor*, onde emerge aquilo que no homem, apesar da infinita variação de seus fenômenos, é substancial e permanente, ou seja, a angústia de sua morte.

Aquilo que há de formativo ou agregador de valor humano (ética) ao relacionamento entre humanos requer sensibilidade decorrente de compreensão simbólica e vinculação – quer dizer, da experiência das mediações originariamente constitutivas do homem –, portanto de caráter ou espírito consciente de sua finitude. Não se trata de pura relação nem do emocionalismo que advém na vertigem do momento, na temporalidade atemporal dos contatos interativos e virtuais, na simulação permanente (e perversa) do objeto real.

Trata-se, sim, do sentimento de ser existencialmente atravessado por uma *exterioridade* ao puro artifício técnico, isto é, por um lugar de convergência, um "comum" transcendente e do qual se depende, para além do simples impulso individual. Ética é um dos nomes possíveis para o fato de conscientizar-se desta dependência, para o movimento de atribuir limites às formas codificadas, para um pé fora do fechamento das redes, mas dentro do empenho vital de geração de valor humano.

Numa sociabilidade reticular sem qualquer exterioridade, as relações humanas daí decorrentes podem ser filosófica ou metafisicamente avaliadas como "*deboli*" (termo que Gianni Vattimo usaria aqui de bom grado, para referir-se ao "enfraquecimento" identitário da metafísica); sociologicamente, como *efêmeras*; comunicacionalmente, *comutativas*, ao invés de realmente comunicativas; psicologicamente, *fantasmáticas*. Nesta estrutura, permeada por um individualismo nada "debole", é cada vez mais difícil articular um lugar "comum", onde se dê o reconhecimento social necessário à aceitação da alteridade e à formação da auto-estima que atenua as explosões de ressentimento e de violência.

Não faltarão alegações no sentido de que as avaliações feitas pela *epistème* tradicional também entrarão em crise, diante de formas de racionalidade e de sensibilidade que demandam uma nova interpretação da vida social presente. Não certamente uma metainterpretação – ou seja, um grande sistema explicativo que pretenda uma causalidade última – mas uma atitude hermenêutica capaz de acolher a pluralidade das possibilidades interpretativas característica da sociedade contemporânea.

Nesta atitude mora a possibilidade ética de aparecerem "clareiras" existenciais ou linhas-de-fuga para a existência no puro virtual ou no *bios* meramente reflexo, à maneira do que indicam os versos do cubano Nicolas Guillén: "Oh, tão frio reflexo, não me retenhas / Não sou Narciso..."

IV
Communitas, ethiké

Aqui se especula sobre a possibilidade de uma ética plena na contemporaneidade, que se sabe atravessada por uma metafísica moral em decomposição e, no entanto, homologada pela mídia. Como tornar compatível a linguagem fundacional relativa a origem e destino do grupo e, portanto, acolhedora de todas as diferenças (o que se põe em jogo na comunidade e na ética), com a domesticação das diferenças e a uniformização da linguagem implicadas na "transparência" da midiatização? Pensar ações compossíveis, para além da rede de estruturas funcionais que se oferece como consciência histórica, poderia levar à responsabilidade crítica como atitude ético-política?

"Tempo é dinheiro", diz um provérbio norte-americano, associável a um outro, que diz: "O dinheiro fala". A isto aduz um ditado russo: "Quando fala o dinheiro, até a verdade se cala".

A mídia, dispositivo tecnocultural correspondente ao regime de temporalidade próprio do capitalismo globalista (o "turbocapitalismo") é hoje, antes de tudo, uma fala da moeda, se concordamos em reduzir a este termo toda a dimensão da tecnoeconomia que domina a vida moderna. O tempo, nessa dimensão, é primeiramente o tempo de trabalho reduzido para atender aos imperativos da intensificação da concorrência capitalista; depois, o tempo acelerado do processo de concentração da riqueza; finalmente, o tempo "livre" que os privilegiados acumulam sob forma de capital fictício (títulos financeiros, direitos de renda) e que os subalternos experimentam como exclusão social e consumo de lixo cultural reciclado.

Não faltam razões para concordar: o projeto sociocultural do progressismo iluminista tem como fundamentos a relação monetária e o universalismo jurídico, ou seja, o poder da abstração, tanto do valor de troca como do formalismo dos direitos. A luz da modernidade e do liberalismo é indissociável desse poder "sem medida, como o define Nelson Mandela e do qual diz ter medo, frisando: "É a nossa luz, e não a nossa escuridão, que mais me assusta".

Muitas são as referências que, latentes, presidem a frase do líder sul-africano. Ele poderia citar, por exemplo, o conhecido discurso em que o conde inglês Carnaervon procurava justificar o domínio britânico sobre os indianos, a quem tratava como "crianças na sombra da dúvida", à espera da sábia orientação européia: "[...] Cabe a nós supri-los de um sistema em que o mais humilde possa desfrutar da liberdade contra a opressão [...], em que *a luz da religião e da moral* possa penetrar *na mais escura das residências* [...] esta é a verdadeira força e o significado do imperialismo".

Mas poderia também, se estivesse voltado para uma referência filosófica, citar Schelling a propósito do "cone da razão" como gerador do cone de sombra da irracionalidade. É que toda regra racional demanda, na prática de sua execução, uma zona de obscuridade. Por isto, a frase de Mandela, dentre outras interpretações possíveis, pode ser entendida como a repercussão política de um certo consenso intelectual – na Europa e em outras partes do mundo – quanto à evidência de ser o fogo dos fornos crematórios de Auschwitz uma deriva lógica (e não uma exceção aberrante) do Iluminismo, uma vez que, em ambos os casos e em última análise, sacrifica-se o humano em favor de uma (abstrata, "inumana") racionalidade máxima. Ditadura e progresso tecnológicos são avatares das Luzes.

A eticidade comunicacional, como já vimos, é um tipo de iluminação – tecnomercadológica – sobre a repetição contingente do costume, a rotina cotidiana. Sobre a mesma coisa, portanto, que desde a *Ética a Nicômaco* se acha na base da virtude, sobre o que Aristóteles concebe como passível de ser moldado pela *hexis* e, assim, resultar na consciência ética. Esta, para manter sua fidelidade radical à vida "livre, boa e justa", tem de arriscar-se ao confronto com a troca monetária pura e simples, como bem deixa patente Marx em *O Capital*, quando associa metafisicamente o primado do dinheiro e da mercadoria – entendidos como unidade-padrão de mensuração dos valores dos produtos, a serviço do capital ao Mal.

Ou seja, a fim de nos mantermos numa base de positiva singularidade humana, é necessário que possamos também pautar-nos por valores irredutíveis a preços, ou pelo menos também pautar-nos pela suspeita crítica de que há um "algo mais" na passagem dos valores aos preços. Esse "algo mais", como pretendemos aqui sugerir, tem a ver com o que a tradição ocidental de pensamento vem chamando de "consciência ética", quer dizer, a consciência de móveis não imediatamente materiais ou econômicos no dito *homo economicus*.

Um exemplo histórico e extremo de redutibilidade é um dos detalhes do extermínio em Auschwitz e outros campos de concentração. As vítimas pagavam pela passagem do trem (tarifa-excursão, porque viajavam em grupo) que as levava à morte. Em contrapartida, a administração ferroviária, evidenciando a correção técnica do sistema, iniciava processos de reembolso financeiro, já que não havia viagem de volta. Funcionalidade, moeda, formalismo jurídico e moralidade gerencial substituem eficientemente o que se poderia chamar de consciência ética.

O episódio é extremo, mas fundacional, no sentido de que nos permite um retorno reflexivo a questões de origem do capital. Daí, a questão: sob o poder sem medida da tecnologia (entendida como racionalidade instrumental) e do mercado, cujo discurso social costuma coincidir com o do marketing, seria essa consciência ainda hoje possível? Em termos diretos, seria ainda hoje viável formular-se a questão central da ética – algo como "o que é uma vida boa para o ser humano?" – fora das determinações do império mundial?

Mais particularmente, trata-se de saber se haveria, como indaga Thompson, "uma dimensão normativa ou ética para o novo tipo de vida pública criado pela mídia"[1], uma dimensão em que os bens de vida não se confinem à pura acumulação de riqueza e conhecimento sob a forma monetária. O problema é mais do que pertinente quando se considera, como Habermas, que a mídia oligopolizada (conglomerados de bancos, grandes empresas e sistemas informacionais) passou a colonizar a esfera pública ou, como diz um profissional do

1. Thompson, John B. *A mídia e a modernidade – Uma teoria social da mídia*. Vozes, 1998, p. 223.

ramo, que "o único objetivo do marketing é fazer com que mais pessoas comprem mais produtos, mais vezes, por mais dinheiro"[2].

Inquietantes, na verdade, não são apenas os problemas da mídia tradicional como os apontados por Thompson e Habermas, mas aqueles trazidos pela rede cibernética globalizada, onde a diversidade de idiomas e de costumes torna praticamente impossível a adoção de normas de controle moral, mesmo sabendo-se que a infovigilância eletrônica é uma realidade. A incitação ao racismo, ao genocídio e a formas violentas de intersubjetividade é de muitos modos estimulada, ao lado da negação concreta do outro pela introjeção dos valores do individualismo agressivo, também pela velocidade de transmissão da rede e pelas possibilidades de anonimato dos interlocutores.

Mas pode a questão também ser qualificada como antiquada, pois já se tornou habitual considerar anacrônico o problema ético, visto ora como um resto de metafísica sem incidência prática sobre a plena realização da modernidade; ora como máscara humanista para o vazio deixado pelas mediações políticas tradicionais; ora como efeito de uma regressão fragmentária das ideologias, puro mecanismo de defesa coletiva contra a perda generalizada de sentido das coisas na sociedade contemporânea.

E defesa também, assinale-se, contra as ameaças catastróficas – fanatismo, terrorismo, corrupção, deterioração ecológica, anomalias da tecnociência. A este respeito, Heidegger é taxativo: "O desejo de uma ética urge tanto mais solicitamente o cumprimento quanto a manifesta perplexidade do homem, não menos do que a oculta, cresce desmedidamente"[3]. Ao lado desse tipo de discurso, que por sua tessitura acentuadamente filosófica pode também atrair o epíteto de antiquado, registram-se preocupações éticas de setores ponderáveis do pensamento econômico contemporâneo, não por quaisquer cuidados humanistas, mas pela convicção de que variáveis morais atuam fortemente nos modelos de conduta econômicos.

Em geral, os ataques intelectuais à problematização da ética decorrem do desconhecimento do que signifique propriamente a ques-

---

2. Zyman, Sergio. *O fim do marketing como nós conhecemos*. Campus, 1999, p. 16.

3. Heidegger, M. *Brief über den Humanismus*. Gesamstsausgabe 9, p. 353.

tão. Por confusão histórica, desde que Kant transferiu-a da esfera do sagrado para a da razão prática, entendem-na como um *resultado* (portanto, como um produto, algo que se elabora ou se formula socialmente, a exemplo de uma moralidade) e não como uma *condição* que possibilita a abertura dos horizontes humanos.

Por este motivo, a questão permanece sempre latente, principalmente diante da crescente evidência de que outra coisa não tem feito a contemporaneidade senão substituir o antigo escopo ético-social (fins políticos, vinculação comunitária, bem-estar coletivo, consenso, etc.) por critérios afins à economia de mercado, que implicam lucratividade, eficiência e outros valores relativos a dinheiro e mercadoria como conteúdos fundamentais da consciência.

A ordem que subjaz e lastreia essas qualificações é, em última análise, a da lei estrutural do valor (o capital), a *lex mercatoria* ou gramática poderosa das relações humanas de trabalho, cujos instrumentos de domínio e controle sociais desconhecem todo e qualquer valor incompatível com a perfeita funcionalidade do sistema produtivo, a exemplo dos valores relativos a fins transcendentes ou a formas outras de reciprocidade ou de troca. E a empresa midiática tem sido o grande instrumento dessa "lex" para a redefinição de formas sociopolíticas tradicionalmente regidas por tais valores (democracia, cidadania, escola) segundo os parâmetros ideológicos do mercado.

Valor é um "comum-universal" ou um equivalente geral, no âmbito de qualquer relação de troca. Economicamente, valor e mais-valor são conceitos operativos. Filosoficamente, porém, é uma palavra carregada de ambigüidade – tanta, aliás, que Paul Ricoeur preferia evitar o seu uso. Mas pode-se concordar em princípio que, na esfera da ética, valor é uma orientação prática de conduta no que diz respeito ao entendimento do bem e do mal para um determinado grupo. É algo transcendente ou externo ao indivíduo, proveniente de uma ordem – um "comum" – que se impõe como naturalmente desejável e coletivamente vinculante, diante da qual se levanta para todos o impulso da responsabilidade. Figura organizadora do "desejável", o valor permite a avaliação de *práxis* e da *doxa,* atos e opiniões.

"Valores", por sua vez, implicam os diversos modos de apropriação social da transcendência valorativa. Assim é que valores específicos como saúde, justiça, sagrado, beleza e outros são imprescindíveis ao vínculo social, respondendo à pergunta humana sobre o que se *deve* fazer quando se suscita a questão essencial da responsabilidade individual e coletiva – logo, de uma normatividade – para com o desejo do grupo de continuar existindo.

Desiderium (desejo) provém, em latim, de *sid* (remoto designativo de "estrela", donde a palavra "sideral") e alude ao astro que brilha e orienta a comunidade. O brilho do desejo origina-se no passado, nas vozes dos pais fundadores, investe a consciência presente e afeta a determinação do futuro das gerações. Por isto, o que desde Aristóteles se explicitava como fundamental para a consciência ética era o desejo (*orexis*), organizado pela *hexis*. Desejo é a energia *humana* de realização do real. O desejo humano traz do "céu" para a terra a concepção socrático-platônica (filosoficamente instaurada no diálogo *Menon*) de ética como empenho por um Bem: não mais puramente ideal e vazio, e sim relacionado com o fazer do homem.

É precisamente a concepção aristotélica que Hegel desenvolve[4], quando sustenta que o próprio ser do homem implica e pressupõe o desejo. Isto quer dizer que implica também o *valor*, por ser este o objeto de todo desejo. Explica-se: tanto o homem como o animal são inquietados por uma força que os leva à ação de satisfazer-se pela assimilação de um objeto. Por exemplo, o alimento que, posto a serviço da satisfação da fome, é transformado (destruído, "negado", assimilado) pela ação do ser vivo. O "eu" do desejo transforma e incorpora um "não-eu", objeto desejado. Este eu desejante é inicialmente vazio, mas termina se constituindo pelo conteúdo positivo do eu-assimilado – se este último é natural, será também natural o eu do desejo. Assim qualquer ser vivo adquire o sentimento de si.

Em que o homem faz diferença nesta explicação? É que o desejo humano, necessário para se passar do sentimento à consciência de si, visa um objeto não-natural, algo que não simplesmente destrói uma realidade objetiva a ser assimilada, mas ultrapassa essa realidade. Esse algo é o próprio desejo, a presença de uma ausência, diferente da coisa desejada, porque convertido em *valor*, entendido em princípio como equivalente geral, uma transcendência, que troca a coisa

4. Cf. Hegel, G.W.F. *Fenomenologia do espírito* (seção A, capítulo VI). Vozes, 1994.

pelo símbolo (no caso da economia, a moeda; no caso da ética, uma orientação quanto ao bem e o mal, uma atitude, uma virtude, etc.).

Acentuamos "em princípio", porque o entendimento do que seja valor está ligado à complexidade do próprio pensamento. Valor é a dimensão onde se movimenta o espírito para ir além da experiência atual ou da "naturalidade" dos desejos (a simples satisfação de necessidades, a pura vontade de manutenção de si mesmo). Mas é uma dimensão, assim como a do infinito, que não podemos conhecer instrumentalmente. Como assinala Alquié,

> nós não temos conhecimento positivo do infinito ou do valor: valor e infinito estão, contudo, presentes para nós, uma vez que a partir deles nós julgamos curtos demais os instantes de nossa vida, baixos demais os instintos de nossa natureza, pequenos demais os objetos limitados e temporais que são por nós encontrados[5].

Ultrapassado o campo do que Hegel entende como objetos naturais ou então o campo já saturado para o conhecimento, o espírito chega ao valor, que é fonte de inquietação, insatisfação, logo, de pensamento e transformações. Deste modo se aciona o desejo humano. Este, resultante de uma pluralidade de "desejos" ou "necessidades" (animais), visa um outro desejo.

Diversa e múltipla, pois, tem de ser a realidade humana para que os desejos dos indivíduos dirijam-se aos desejos dos outros. Isto pressupõe uma realidade social, ou seja, a organização de um mútuo desejar, o que equivale na prática a cada um ser reconhecido em seu valor humano. O desejo faz-se desejado porque corresponde a valor humano. O sujeito quer que o outro sujeito "reconheça" a autonomia de seu valor e o deseje. Na base da consciência de si, está a luta pelo reconhecimento, não de um si-mesmo identificado ou de uma pessoa ontologicamente plena, mas de algo que ultrapassa e até mesmo expõe a falta-de-ser do sujeito isolado – o valor.

O desejo humano é, assim, parecido, mas ao mesmo tempo diferente do desejo animal. Este último satisfaz-se com a assimilação de objetos reais (alimentos), destinados à pura autopreservação. O homem satisfaz-se ademais com desejos. A subjetividade realiza-se pela

---

5. Alquié, Ferdinand. *Le désir d'éternité*. Quadrige/PUF, 1992, p. 9.

satisfação ativa que, diferentemente da animalesca, ultrapassa o desejo de autopreservação e põe em risco a própria vida, em virtude de o desejo dirigir-se a um outro, o desejo de reconhecimento do valor. Da dimensão ativa da força desejante provêm a invenção e a criação humanas, a ontocriatividade essencial do homem.

A partir da argumentação hegeliana, a teoria psicanalítica (tão preocupada quanto a ética com a questão da "vida boa" para o ser humano) costuma interpretar desejo como uma força de vida contida nos limites da subjetividade e centrada na dinâmica da sexualidade. Demonstra como, diferentemente do animal, o desejo sexual do ser humano não se dirige diretamente a um objetivo, uma vez que é obrigado pelo valor (ou seja, pela ordem simbólica, pela cultura) a cumprir os percursos em geral labirínticos de seu próprio movimento. A prática psicanalítica é chamada a intervir nas sofridas errâncias desses percursos.

Mas para além da categoria da subjetividade individual, o desejo pode ser visto como uma espécie de jogo do mundo, responsável pela movimentação global do fenômeno humano. *Orexis*, como bem tinha visto Aristóteles, é levado pela *hexis* a exprimir-se na ética. Esta é primeiramente o empenho comunitário de continuidade da vida do grupo humano nos termos do desejo de seus princípios fundadores, que prescreve o compartilhamento de uma tarefa (um *munus* a ser exercido *cum*).

Continuidade não é, assim, conservação pura e simples da vida (*conatus sese preservandi*) mas a partilha de uma regra existencial, que obriga o indivíduo a dar-se (a doação originária de si mesmo) num empenho comum, grupal – onde *munus* e desejo coincidem –, ainda que se trate de ultrapassar limites, de lidar com a morte.

Depois, a ética é também a consciência individual da inserção nessa linguagem comum do desejo e a criação de condições para a normatividade e tomada de decisões compatíveis com o "justo" ou com o que se configura como o reconhecimento de um valor. Ou seja, reconhecimento do que, em termos de comunidade, implica obrigação radical para com o Outro.

A crise desse reconhecimento é objeto do pensamento ético, a dita ciência nomotética. Por isto é que esta questão tem-se levantado prioritariamente no interior do campo filosófico, como traço da busca, nos limites dos muitos modos de pensar, de algo ausente na trama complexa das relações humanas. "Toda investigação filosófica parte de interesses éticos e deve culminar na ética", diz Wittgenstein[6].

O ausente é a dimensão vazia do vínculo comunitário, isto é, a exposição do indivíduo à sua incompletude originária (a obrigação para com o Outro), que dá um limite à sua individualidade e o faz sair de si mesmo, voltando-se para fora – este é o sentido do "com" nas palavras "comunidade", "comunicação" e "comunhão".

Ética é tanto uma busca quanto uma radical interrogação em torno deste sentido. Assim, dentro da história dos modos de pensar inscreve-se a história dos modos especulativos de abordagem da inquietude humana, em face da ambivalência do desejo e do valor, isto é, do conflito entre medidas, determinações sociais e a indeterminação inerente às errâncias da liberdade. Eticamente, busca-se e especula-se sobre o sentido da morada *ethos* do homem, sobre a medida de suas ações.

A movimentação ética é análoga ao que descreve Santo Agostinho a propósito da busca de Deus: a busca em si mesma constitui a vida fática do homem. Explica Heidegger: "Na busca deste algo como Deus, passo eu mesmo a desempenhar um papel totalmente diferente. Não sou só *aquele do qual* parte a busca e se move para algum lugar, ou *no qual* ocorre a busca, senão que a própria execução da busca é algo dele mesmo"[7].

Inexiste hoje, assim, uma "crise da ética", porque no limite, contra o pano de fundo do evanescimento do sagrado, a ética não mais existe como uma entidade. É um objeto paradoxal: resta-lhe portar a linguagem da crise, no sentido da linguagem dos limites, possibilitada pelo pensamento da comunidade. É, portanto, a condição para perguntas radicais no que diz respeito a tensões e conflitos fundamentais no interior da Cidade Humana. A crise tem sempre lugar dentro do *bios*, da vida investida pela *Polis*, razão por que a consciência ética pressupõe a existência de comunidade como lugar originá-

6. Wittgenstein, L. *Conference sur l'ethique*. Gallimard, 1971, p. 117.

7. Heidegger, Martin. *Estúdios sobre mística medieval.* Fondo de Cultura Económica, 1997, p. 45.

rio de diferenciação e assemelhamento (lugar de luta pelo reconhecimento do valor)[8].

Na comunidade está implicada a idéia de uma continuidade, derivada não dos atributos de uma entidade ou da propriedade de uma substância comum (seja sangue, território, um laço cultural, etc.), e sim da partilha de um *munus*, que é a luta comum pelo valor, isto é, pelo que obriga cada indivíduo a obrigar-se para com o outro. Tal é a dívida simbólica, transmitida de uma geração para outra por indivíduos imbuídos da consciência de uma obrigação, tanto para com os ancestrais (os pais fundadores do grupo) quanto para com os filhos (os descendentes, que perpetuam a existência do grupo).

Ética é, em última análise, o pano de fundo imemorial ("a ética, se é algo, é sobrenatural" sustenta Wittgenstein) para o desejo de continuidade do grupo a partir do vigor de sua fundação. Só dentro do *ethos* da comunidade ou do "rebanho" – de uma realidade múltipla, portanto – pode o indivíduo ultrapassar a regularidade estável das simples forças operantes, a *physis*, e fazer-se propriamente homem, ou seja, transformar *zoé* (a vida natural) em *bios* (a vida investida de valor). A integração do indivíduo na comunidade assim compreendida dá a medida de sua felicidade (*eudaimonia*).

Humanizar-se, sociabilizar-se, buscar "felicidade" são eventos que definem o indivíduo como ser ético. A rigor, ele já nasce "ético", por ser filho de uma cultura. Mas esta definição ainda é por demais geral para dar conta da situação concreta onde o homem determina o bem que lhe é próprio ou "justo". Justiça e Bem equivalem-se semanticamente tanto em Platão como em Aristóteles. A justiça, como bem resumiria mais tarde Cícero, é a virtude geral que permite ao homem ser chamado de "bom".

Mas se em Platão a justiça traduz a ordem moral naturalmente inerente ao homem, em Aristóteles ela implica um tipo específico de relacionamento com o outro no interior da comunidade. Por isto, ele tem de formular um juízo sobre um curso de ação, uma *práxis*, que já traz implícito, por sua vez, um juízo originário. A ética é, assim, ao

8. Essa "luta" é descrita por Hegel na *Fenomenologia do espírito* como "dialética do senhor e do escravo".

mesmo tempo, uma generalidade (originária, fundacional) presente na experiência humana e um saber prático.

Divisa-se aqui a possibilidade de uma distinção (tornada possível desde Kant) entre moral e ética, mesmo levando-se em conta a precariedade do manejo desta diferença no interior do campo discursivo da filosofia. É que a consciência moral, reflexo de um *ethos* específico, diz ao homem como agir normativamente, enquanto que a ética "não ensina diretamente o que deve acontecer aqui e agora num caso dado, e sim em geral como se constitui aquilo que deve acontecer universalmente"[9].

Entenda-se: não pertence à epistème ética a universalidade dos conteúdos nem da abstração formalista (apanágios da moral). Ela é universalmente concreta, no sentido de que acontece em toda parte como um empenho prático de determinação de fins humanos (valores), em consonância com as diferenças e as singularidades, e em algumas partes como objeto de um saber. Este saber preocupa-se com os problemas de legitimação dos conteúdos da consciência moral, ou o que Kant chamava de "normatividade da norma". O filósofo alemão, como se sabe, não atribuía à ética a função de criar normas, mas de pensar os princípios que norteiam as normas dentro de comunidades concretas.

Isto quer dizer que o fenômeno ético é imanente à vida humana (a vida como *bios* e não apenas como *zoé*), já que todas as culturas dispõem de uma moralidade corrente, adequada às "verdades" particulares do grupo e geradora de uma consciência moral, guardiã dos princípios pelos quais os homens ajustam as suas condutas, para torná-las compatíveis com o os valores de um *ethos* específico.

Muito antes da especificação filosófica da ética por Platão e Aristóteles, pensadores gregos levantavam a questão em termos mais genéricos e também mais semelhantes às formulações de culturas não-gregas. Assim é que a questão transparece em fragmentos de Heráclito, quando ele fala da harmonia entre os homens e de como cada um deve se dispor em relação ao todo, concebido como uma boa disposição (*cosmos*). Daqui partirá, muito antes da palavra, a idéia de "Bem"

9. Hartmann, Nicolai. *Ethics – 3 v.* Jarrold and Sons Limited, Norwich, 1950, p. 29.

(*agathon*) enquanto solo da possibilidade de ordem e continuidade na diversidade de experiências.

Convergência e divergência, bem e mal, procedem de um mesmo lugar (ético), o Bem, ordenador de valores. Em práticas orientais, ocidentais, africanas ou então em doutrinas éticas filosoficamente sistematizadas como as dos estóicos, dos epicuristas, dos aristotélicos, da Igreja, de Kant, Spinoza, Nietzsche e muitos outros, a questão do valor é um universal concreto.

Concreta é igualmente a *phronesis* (de *phronein*, também já utilizada por Heráclito com o sentido de reunir as coisas), que diz em grego sabedoria ética, saber reflexivo, diferente do saber científico (*epistème*), mas também do saber técnico, mesmo levando-se em conta que há uma *techné* (a aprendizagem dos meios e da justa seleção dos fins) no percurso da escolha ética. É que a generalidade dos meios, o "como fazer", presente na técnica, não se verifica na decisão quanto ao justo numa situação concreta. Ou seja, não há o "justo em si", independente do caso específico.

A *phronesis* é sempre um saber concreto, que compreende meios e fins, portanto um conhecimento perpassado pelo valor. Como ensina Aristóteles, é um "saber para si", isto é, posto à disposição da escolha humana, não para o alcance de uma mera finalidade particular (como ocorre na técnica), mas para a realização de um valor que diz respeito à vida como um todo. Em outras palavras, para a realização de uma virtude (temperança, coragem, solidariedade, etc.) compatível com um Bem, fonte de todos os valores, idealizado pelo pensamento (como no idealismo de Platão) ou explicitado pela comunidade humana (como no essencialismo realista de Aristóteles).

Agathon (Bem) e *arete* (virtude) são termos lingüísticos e conceitualmente associados em grego. De *ariston* (forma superlativa de *agathon*) procede a idéia de uma disposição durável que capacita o indivíduo a realizar sua essência, o que lhe é próprio enquanto ser humano, no relacionamento com os outros. Num ordenamento social como o da *Polis* grega, onde se dá o primado de um princípio unitário (*holos*) sobre a parte, a virtude podia consistir na perfeita adequação, seja de um objeto ou de uma pessoa, a uma posição estabelecida pelo todo, porém sem reduzir-se aos aspectos instrumentais ou funcionais.

Mas tudo em que implica a ética aristotélica, uma ética das virtudes, vale para a Antiguidade, primeiro fundamentada pela plenitude da comunidade holística e depois, na Idade Média européia, pela religião (onde o Deus judaico é o fundamento último de toda realidade) ao lado dos estamentos e das ordens corporativas. Origem e sagrado estavam na raiz dos valores que vinculavam os indivíduos, operando a passagem entre o eu e o outro. O Bem é dado previamente, de modo transcendente, seja como padrão comunitário (o da Polis grega, por exemplo) ou como finalidade de um sistema religioso de valores. Antes de praticar atos bons, o indivíduo é "seduzido" pelo ser bom (a virtude, o padrão identitário da comunidade) e então age em conseqüência.

Na modernidade, com a autonomização do sujeito (o sujeito da consciência) frente à vinculação comunitária, tida como opressiva, e ao absoluto da religião, surge o problema de sustentação da reflexão prática, agora desorientada quanto a seus fundamentos. É que a vinculação moderna entre os indivíduos se faz pela eliminação das origens fundacionais e das sacralizações. Aos laços intersubjetivos fundamentados em consangüinidade, territorialidade e crença religiosa, sucedem o poder impessoal do Estado moderno e o princípio matemático com base do pensamento. O real não mais se revela espontaneamente à maneira de um segredo iniciático, mas sob exigências de exatidão que instalam o espírito matemático (logo, a Razão) no âmago do entendimento humano.

Moderna é, portanto, a dissolução da comunidade de indivíduos interdependentes em favor de um poder progressivamente invisível (o Estado de direito), anunciador de um corpo social de indivíduos isolados, mas formalmente (juridicamente) iguais. *Communitas communitarum*, assim viria Hegel chamar depois o Estado, embora com um emprego contestável da palavra comunidade, uma vez que o Estado implica o esvaziamento dos laços comunitários. A liberação de qualquer vínculo pessoal subordinante faz-se acompanhar do empenho de "reorganizar o mundo segundo o novo princípio de disponibilidade da origem", segundo observa Barcellona[10], no intuito de controlar tendencialmente não apenas o homem enquanto ser so-

10. Barcelona, Pietro. *Postmodernidad y comunidad – El regreso de la vinculación social*. Trotta, 1992, p. 18.

cial, mas a própria vida biológica ou natural (daí, as biopolíticas estatais dos séculos XIX e XX).

Liberado dos vínculos transcendentes, emerge na imanência da razão o sujeito moderno, este que diz com Descartes "penso, logo existo". Existir enquanto ser pensante torna-se o lastro, o fundamento último, o que antes se chamava de *subjectum* do pensamento moderno. Por isto, o "eu" pensante, o *sum cogitans*, é progressivamente interpretado como "sujeito", isto é, como a base de tudo, que passa a substituir a Natureza e Deus. A partir desse sujeito, organizado como "subjetividade", determina-se o objeto.

Essa nova ordem de poder, que atesta o rompimento da modernidade com a moral religiosa da Idade Média, torna irrepresentável o Bem. Levanta-se ao mesmo tempo o problema da diferenciação entre a moral privada dos indivíduos e a moral pública ou razão de Estado, tematizado nos escritos de Maquiavel. A "ciência" política surge na trilha de um desvio da palavra *virtù*, que passa a ser empregada com o sentido de "eficiência".

Impõe-se agora historicamente a crítica da moralidade tradicional. É precisamente isto o que Kant vai realizar, deslocando as questões do sentido da vida e da regulação da comunidade humana do uso especulativo (ou meramente teórico) para o uso prático da Razão. Trazendo de Aristóteles a designação (*nous praktikós*, razão prática) para o que entende como consciência moral, a ética kantiana vem pensar a vinculação social entre indivíduos tendentes a dispor livremente das origens e das tradições em favor da fixação de uma identidade subjetiva única, à qual se atribuem liberdades abstratas e deveres universais.

Liberdade é precisamente o que distingue a razão prática da razão pura, esta última guiada pela necessidade. Com Kant, a idéia de comunidade é basicamente uma construção lógica: nas relações sociais, a intersubjetividade vai designar apenas sujeitos separados, sem um "comum" transcendente, a não ser a racionalidade. Esta última possibilita a troca do constrangimento coletivo da comunidade antiga pela idéia do *dever pessoal*, guiada por princípios que se colocam à frente da vontade livre do indivíduo, ou seja, os princípios da razão e do transcendentalismo da lei.

As normas desse relacionamento fundamentam-se agora na natureza inteligível do homem, portanto na universalidade da razão – prática ou moral – em vez de em qualquer princípio superior proveniente de autoridade temporal ou sagrada. Mesmo admitindo um "ser moral todo-poderoso como senhor do mundo", Kant deixa claro (especialmente em sua *Crítica da Razão Prática*) que a moral, na medida em que se apóia no conceito de homem como ser livre (entenda-se: livre do domínio dos sentidos, mas subordinado à razão) prescinde da idéia de um outro ser acima dele ou de qualquer outro motivo além da lei moral. A crença religiosa é igualmente um dever do homem para consigo mesmo.

Scheler é taxativo quanto ao anúncio kantiano dessa metafísica moral (ou seja, uma visão radicalmente subjetiva da moralidade) implicada na autonomia da razão prática: "Toda ética que parte da pergunta: Qual o bem mais alto? ou qual é o fim último das aspirações de vontade?, considero como refutada, de uma vez para sempre, por Kant"[11]. De fato, qualquer "bem mais alto" estaria na contramão do sujeito racional, que age segundo sua própria vontade – seria heteronomia, não autonomia. Mas Scheler, tentando fundar uma ética objetivista dos valores, faz a crítica deste transcendentalismo subjetivista.

Decorre de Kant, no entanto, o entendimento de que o sentimento moral se apreende no enunciado lingüístico sob forma de juízo. Enunciados do tipo "isto é bom", "isto é mau", fora de um alcance puramente técnico, funcional ou mesmo pessoal, convertem-se em juízos morais. A estes corresponde a injunção, mais definida em enunciados do tipo "não pode", "tem de". Assim, alguém *tem de* agir de tal forma (em vez de primeiro ser bom, por virtude) para que, social e objetivamente, possa incidir sobre a sua ação um juízo moralmente positivo do tipo "isto é bom"[12]. Ou seja, a vontade livre e autônoma que guia a ação moral depende, entretanto, de algo injuntivo, que é a obrigatoriedade inerente à forma da "lei fundamental" ou princípio objetivo da vontade. Este concretiza-se na "máxima", que

---

11. Scheler, Max. *Op. cit.*, p. 31.

12. Não é que a virtude realmente desapareça do horizonte moral, uma vez que o querer ou a vontade do bem, portanto uma disposição da consciência prática, continua em pauta. Mas o acento desloca-se agora para uma fundamentação racional desse "ser bom".

se define para Kant como um meio de determinação e universalização da ação moral.

Evidencia-se desse modo a obrigatoriedade da regra moral. Esta é perfeitamente racional, portanto um imperativo, não no sentido gramatical, mas de injunção universal, de um dever imposto ao homem por ele próprio, em função de um "bem supremo", isto é, de um bem independente de qualquer contingência, por ser uma condição *a priori* para a expansão do ser humano.

Trata-se, para Kant, de um *imperativo categórico*, isto é, a expressão de um dever incondicionado, sem causa determinante, universalmente bom, na verdade um moderno princípio unitário. São tais imperativos 1) "age de tal maneira que a máxima de tua vontade possa sempre ao mesmo tempo valer como princípio de uma legislação universal" (em *Crítica da razão prática*) e 2) "age de tal maneira que faças da humanidade, tanto em tua pessoa quanto na pessoa dos outros, sempre ao mesmo tempo um fim e nunca simplesmente um meio" (em *Fundamentos da metafísica dos costumes*).

Baseia-se, assim, a regra moral numa razão que prescinde de ponto de referência, isto é, não precisa de objetivo, nem de levar em conta a particularidade do sujeito da ação – é apoditicamente prática, auto-referente, vale por si mesma: isto é bom, porque é racional. O juízo de valor é um absoluto. E o ser humano tem valor absoluto, donde o "fim em si mesmo": não pode ser instrumentalizado e deve ser respeitado como sujeito de direitos, respeitado em sua dignidade.

Por isto é que, na perspectiva kantiana, a regra moral é um *a priori* do agir humano, na medida em que o homem se defina como essencialmente racional. Algo assim como se pertencesse à ordem da natureza (embora esse "natural" não pertença à ordem das inclinações pessoais ou dos afetos, e sim à do dever) a consciência moral, que é única e universal, ainda que tenha de ser fundamentada de modo absoluto – a vontade livre passa a ser o "absoluto" – e tenha o Bem de ser racionalmente aprovado.

Desaparece o holismo subordinante, mas a idéia de comunidade permanece latente na forma de um "comum" reconhecido pelos seres racionais. Existiria, assim, uma consciência moral comum, com uma compreensão universalista do Bem enquanto idéia do "homem bom", existencialmente conotado como cooperativo.

Se a intersubjetividade toma o lugar da transcendência, o Bem resulta da aprovação e das críticas dirigidas pelos indivíduos às regras de conduta. É conseqüência de um dever motivado pela exigência mútua: o indivíduo age de uma forma louvável porque *respeita* o outro. Na verdade, trata-se do respeito (*Achtung*) à "lei", que é o princípio formal da vontade, determinada pela regra dita *máxima* por Kant: cada sujeito racional é um legislador universal.

1. Razão e consenso

Individualismo e universalismo são elementos de primeiro plano na virada que representa o pensamento ético de Kant. Como vimos, a *epistème* ética ganhara forma na Grécia clássica com Aristóteles, sinalizando a passagem de uma experiência mais "ontológica" (grupo social e personalidade iluminados pelo sagrado, conhecimento não atravessado pelo conceito) à experiência mais moderna e "ética", isto é, mais afinada com os princípios terrenos e particulares (cultura, cidadania) da comunidade.

Na modernidade ocidental, entretanto, a ética dá lugar ao direito positivo, entendido como consenso racional e legal dos sujeitos socialmente isolados ou "livres". Historicamente fora do que chama de "vinculação piedosa", ou seja, fora do âmbito da coerção holística, Kant vem instalar no pensamento ético a questão da autonomia originária do homem, que é a sua liberdade. Tendo esta como um incondicionado ou um *a priori* da condição humana, o homem viveria numa espécie de solipsismo moral garantido pela universalidade da razão prática. Bastaria ser humano, logo racional, para ungir-se do universalismo abstrato (transcendental) de um princípio ético.

Dentro da racionalidade da livre-escolha e da universalidade – traços fortes de um secularismo transcendente –, o homem do século XVIII podia aspirar kantianamente a um ideal de plenitude moral, capaz inclusive de conviver com a diversidade simbólica, com o "outro", na medida em que este integre a comunidade universal dos seres humanos. A relação entre moral e seu aval político seria feita pelo uso público da razão – donde a importância da esfera pública, ou da publicidade no pensamento kantiano.

A partir daí, falar em ética é praticamente girar ao redor de Kant, ainda que se trate de lhe contrapor outras posições. Contraposição radical, como sabemos, é a de Nietzsche que, ao invés de exaltar o sujeito da moral, o homem kantiano, denuncia-o como "essa ignomínia", anunciando a sua superação por uma vital vontade de poder, isto é, a vontade autônoma e potencializada, fora dos limites das regras e da lei. Nesta perspectiva, moral não é mais do que o resultado histórico de um ressentimento negador da vida e dissimulador da vontade de vingança – ao trocar o forte "eu quero" pelo manso "tu deves" – por meio do respeito universal à lei.

De uma maneira esquemática, porém, as reações a Kant podem ser classificadas em três linhas, como propõe Apel[13]:

1) Com o projeto holístico-dialético da razão, o hegelianismo e o marxismo criticam o subjetivismo e o formalismo presentes no universalismo da moral kantiana e caminham no sentido de uma "eticidade substancial", que se radicaria no "espírito do povo" (Hegel) ou na "classe trabalhadora" (Marx). A rigor, não haveria moral, enquanto dever-ser universal, mas o ser histórico capaz de efetivar a síntese entre o singular e o universal em meio ao empenho de reconstrução do mundo.

2) Com a recusa de quaisquer princípios universais, sejam formais ou lógico-históricos, o existencialismo individualístico, o hermeneutismo e o pragmatismo convergem para a perspectiva de defesa de uma moral privada, a reboque das situações específicas. Delineiam-se o irracionalismo das decisões e a regressão ao convencionalismo deontológico.

3) Nas tentativas de reconstrução do universalismo kantiano, Apel identifica três posições teóricas, a saber, a teoria da justiça de J. Rawls, a lógica do desenvolvimento da moral de L. Kohlberg e a ética do discurso, onde pontificam ele próprio e Habermas, ressalvando-se as divergências filosóficas entre ambos no que diz respeito à fundamentação "última" da ética.

Interessa-nos aqui em especial a ética do discurso, por levarmos em conta a coincidência histórica de seu aparecimento com a vigência de relacionamentos humanos cada vez mais organizados por discursos sociais oriundos da mídia – esta hipóstase da sistematização tar-

---

13. Apel, Karl-Otto. *Der postkantische universalismus in der ethik im lichte seiner aktuellen missverstaendnisse*. Cf. Oliveira, Manfredo Araujo de. *Ética e racionalidade moderna*. Edições Loyola, 1993, p. 35-37.

do-moderna da sociedade, antitética ao que Habermas, na trilha da fenomenologia husserliana, chama de "mundo da vida" (*Lebenswelt*), isto é, o mundo das regras partilhadas, da reciprocidade comunitária.

De origem alemã, essa corrente do pensamento ético torna-se conhecida a partir da década de setenta, precisamente no período em que se populariza no campo da reflexão européia o fenômeno da comunicação de massa. Embora não se costume estabelecer conexões entre as duas coisas ou apesar de pensadores como Apel ou Habermas não pertenceram prioritariamente ao campo da reflexão crítica sobre a mídia, a ética do discurso, também chamada de ética comunicativa, tem como imprescindível o conceito de comunicação, quando se trata de discernir critérios racionais de funcionalidade para a vida social.

Seu kantianismo evidencia-se nesse esforço de fundamentar racionalmente as regras morais – só que agora a partir da estrutura comunicacional do espaço público. O discurso é a categoria mediadora para a reflexão transcendental, que vai desvelar as condições de possibilidade do que Habermas chama de "agir comunicativo", isto é, a *práxis* da argumentação que permite universalizar, a exemplo do imperativo categórico de Kant, um consenso quanto a princípios formais, ou "máximas", de ação[14]. Comunicativas são as interações em que os sujeitos sociais tentam pôr-se de acordo para coordenar racionalmente seus cursos de ação. Deduz-se daí que a comunicação (uma interação) pode ser "comunicativa" (entenda-se: cooperativa, teleologicamente descentrada) ou não.

Também kantianamente cognitivistas, os propugnadores dessa ética sustentam a existência de conteúdos cognitivos nos juízos morais, o que supõe pensá-los para além da contingência dos costumes e do sensorialismo subjetivista. Mantêm a idéia da eticidade básica (o *ser dado* das regras, a *Sittlichkeit* hegeliana), da comunidade histórica, isto é, a pletora dos conteúdos emocionais e institucionais que orientam as condutas humanas dentro do contexto histórico-social, mas procuram enfatizar que a razão prática (princípio moral fundamental) apenas visa a remover, pela argumentação crítica, quaisquer obstáculos à universalização das regras.

---

14. Cf. Habermas, J. *Consciência moral e agir comunicativo*. Tempo Brasileiro, 1989. Vide igualmente o famoso ensaio *Wahrheitstheorien. In:* Fahrenbach, H. (org.), *Wirklichkeit und Reflexionen*. W. Schulz, 1973.

Para universalizarem-se, as regras vão buscar seu fundamento na racionalidade discursiva. Diz Habermas: "Com a passagem (tipicamente moderna) ao pluralismo das visões do mundo, a religião e a eticidade nela enraizada não podem mais servir de fundamento *público* para uma moral comum"[15]. Sublinha que a validade das regras morais com vinculação geral não mais se explica com razões religiosas, ou seja, não há mais nenhuma razão objetiva, imanente ao real, de que possa valer-se o indivíduo. Doravante, tão-só a razão subjetiva, apanágio do sujeito da modernidade, sujeito de uma consciência primordialmente racional.

Em outras palavras, com a emergência de uma razão eminentemente "prática" (aqui, referida à liberdade do homem enquanto sujeito privado), desvalorizam-se os conceitos metafísicos, e a ética entra num nível pós-metafísico de fundação. O conteúdo cognitivo do discurso da moral passa a referir-se à vontade e à razão dos indivíduos, abrindo caminho para a visão empirista, que entende razão prática como razão instrumental: a ação deve corresponder à expectativa de um resultado previsto, segundo interesses satisfatórios.

Outra é a posição da ética do discurso, instauradora de uma "razão comunicativa". Metodologicamente pragmática (não no sentido do clássico pragmatismo filosófico, mas da teoria da linguagem voltada para a análise das relações lógicas entre o enunciado e seu contexto), ela visa a obter o reconhecimento intersubjetivo das exigências para a validade de um discurso. Procura, assim, apontar para as contradições performativas nos atos de fala, a partir das condições de uma situação ideal de comunicação, supostamente encontrável na "comunidade discursiva" dos sujeitos, em vez de na isolada consciência moral do indivíduo[16]. Nessa condição discursiva ideal, pode-se

---

15. Habermas, J. Uma considerazione genealógica sul contenuto cognitivo della morale. *In: L'inclusione dell'altro*. Feltrinelli, 1998, p. 28.

16. A origem alemã dessa corrente pode suscitar especulações quanto a uma tentativa subconsciente de seus autores no sentido de, afastando da consciência moral a decisão ética, purgar velhas culpas geracionais, ligadas à colaboração com o *Reich* nazista. Vale ressaltar, entretanto, que Heidegger, certamente o mais instigante filósofo alemão do século XX, deixou de elaborar em termos sistemáticos a questão da ética, embora atribuísse grande importância a este problema, como deixa evidente em *Carta sobre o Humanismo*. A exemplo de Wittgenstein, mas por motivo diferente, considerou inviável a formulação de uma ética no interior da metafísica humanista.

reencontrar o imperativo categórico, isto é, a exigência direta de uma vontade e uma ação universalmente válidas.

Antes de Apel e Habermas, algumas das preocupações da ética do discurso já haviam sido tematizadas por expoentes da filosofia moral, em especial no quadro da analítica inglesa. Este é bem o caso de G.E. Moore que, ciente da observação de Aristóteles no sentido de que a palavra "bem" (e "bom", seu correlato) pode aplicar-se a uma multiplicidade de objetos, tenta atribuir-lhe um sentido inequívoco no campo da ética.

Moore chama a atenção para o fato de que essa palavra é utilizada, em muitos casos, como um adjetivo *atributivo* e não *predicativo*. Por exemplo, a frase "este é um computador cinzento" pode ser desdobrada em "isto é um computador e ele é cinzento", donde resulta "isto é um computador cinzento" e "um computador é uma máquina". Como se vê, "cinzento" tem aqui uma função predicativa. Em contrapartida, a frase "ele é um bom técnico", desdobrável em "um técnico é um homem", não pode resultar em "ele é um bom homem". "Bom" tem aqui uma função atributiva, o que requer uma fundamentação argumentativa para chegar ao entendimento do "bem" ou da "bondade" subjacentes à expressão. A análise do discurso está implicitamente convocada.

Não há certamente, como ressaltamos, nenhuma relação direta entre a ética do discurso e a realidade industrial-mercadológica da mídia em quaisquer de suas modalidades. Mas não se pode deixar de pensar nas coincidências analógicas entre a idéia de uma ética discursiva lastreada na hipótese implícita de uma racionalidade substancial da comunicação e os regimes semióticos decorrentes da midiatização ou da virtualização das relações humanas.

Um desses regimes, como já precisamos, é o *indiciário*, que opera no interior dos processos de significação por meio de *sinais* ou signos não-representacionais, a exemplo de olhares, gestos e outras expressões paralingüísticas. Ao invés das relações universais e abstratas do símbolo, o índice sinaliza para relações particulares e *situadas* num contexto determinado. De sua interpretação não se extraem conceitos, mas *posições* provisórias e relativas, sucessivamente ocupadas pelos interlocutores.

Na publicidade, na televisão, no espetáculo em geral – esferas de uma nova socialidade globalmente construída por efeitos imaginários e individualmente caracterizada pela auto-referência narcísica –, importam mais como base identitária a performance das mensagens e o posicionamento estético dos sujeitos-receptores do que definições de natureza conceitual. A mídia não é instrumento ou veículo (conceitual) de normas reproduzidas de algum lugar da vida social: ela própria, enquanto jogo infinito de reflexos de seu código, é moralidade público/privada, que se impõe por um indiciamento estético das situações.

Kant, uma vez mais, pode ser convocado para esclarecer este ponto. Na *Crítica da razão prática*, ele aponta para a "forma simples da lei", isto é, a lei despojada de toda matéria e todo significado, mas vigente como um princípio vazio. A potência de um vazio formal sustenta a sua aplicação universal, garante o respeito de todos. A essa forma de lei, cuja abrangência faz com que ela se confunda com a própria vida, corresponde o formalismo da moral kantiana.

Tudo isto persiste na vida contemporânea, com o acréscimo da mídia como concretização tecnológica de uma moralidade vetorizada pelo mercado. Agora é a forma vazia do mercado, para além das operações concretas de troca econômica, que tende a confundir-se com a existência cotidiana, graças à simulação midiática – de fato, uma nova tecnologia societal – de uma forma de vida, um novo *bios*, que tenta reduzir todas as variáveis humanas em nível da forma vazia do mercado. Daí, a importância da mídia, materialização de um "público" fantasmático, como já era capaz de prever, em 1846, Kierkegaard: "Para que tudo seja reduzido ao mesmo nível, primeiro é necessário procurar um fantasma, seu espírito, uma monstruosa abstração, algo que a tudo abrace e que nada seja, uma miragem e esse fantasma é o público"[17].

Esta outra esfera existencial prospera no espaço desocupado entre o Estado e a sociedade civil tradicional. E prospera num solo estético. De modo análogo ao da forma vazia da lei, o fenômeno estético (em toda a amplitude que tem este conceito, não reduzido à condição de mero juízo sobre a obra de arte) induz à experiência de

17. Kierkegaard, Soren. *The present time*. Harper Torchbooks, 1962, p. 20.

uma forma consensual esvaziada de qualquer conteúdo, acionada tão-só por aspectos emocionais ou sensoriais e em busca de uma universalidade plebiscitária. Nada de tensão nem de conflito, apenas a fantasia espetacularizada do consenso. Até mesmo a discriminação social abandona as suas justificativas tradicionais (o racismo, por exemplo, deixa de ter fundamentos biológicos e passa a apoiar-se em juízos estéticos) e migra para o campo da estetização, que se converte numa decisão moral.

Desligada do corpo e realocada pela *lex mercatoria* na esfera imagística do espetáculo (em todas as acepções que possa ter esta palavra), a potência prática do indivíduo converte-se num jogo quase-autônomo de aparências, prescindindo de historicidade. A midiatização, o *bios* virtual, é forma simples do mercado, concretização tecnológica do princípio vazio da troca mercantil, com potência de revestimento ou condicionamento de usos e costumes da comunidade humana. Tal potência é incrementada pela intensificação do acoplamento entre a economia mercantil e a economia do desejo, que leva dinheiro e afeto a circularem em estreita solidariedade social, obliterando os vínculos comunitários.

A palavra "comunidade, como se pode perceber, reaparece para indicar uma factualidade sócio-histórica, necessária à dimensão humana, oposta às abstrações sistematizantes (juridicistas e sistematizantes) do Estado, à contingência da sociedade civil confiada cada vez mais à sorte do mercado e da mídia, à crise da consciência conseqüente à troca da vinculação pela relação pura e simples. A comunidade não decorre da ordem sistemática e abstrata do Estado, e sim disso que Habermas vai chamar de "mundo da vida", como já dissemos, um modo de integração social definido pela livre interação dos sujeitos em sua cotidianidade.

Mas a idéia de comunidade comparece igualmente em teorias éticas contrárias à ética do discurso ou às posições iluministas, como é o caso de MacIntyre, um comunitarista conservador[18]. Para este, como para todos aqueles que hegelianamente denunciam o individualismo da moral iluminista ou kantiana, impõe-se o retorno a um

18. Cf. MacIntyre, Alasdair. *After Virtue* – Citamos aqui a edição italiana *Dopo la Virtù*. Feltrinelli, 1993.

princípio unitário que institua o primado do ser-dado das normas ou eticidade (em outras palavras, o todo, o social, a comunidade) sobre o indivíduo autônomo. Comunidade aqui, como se pode inferir, é vista como uma entidade ou um sujeito antropológico, pronta a acolher particularismos culturais e, eventualmente, fundamentalismos religiosos, patriotismos, etc.

Como na ética aristotélica, o Bem precede a decisão individual, pois procede de uma autoridade transcendente veiculada pelas tradições, pelo *continuum* existencial dos princípios inaugurais ou das vozes da origem grupal. Essa condição é característica, por exemplo, das culturas tradicionais africanas (o culto aos ancestrais é um sistema ético), seja na África, seja na liturgia dos escravos e seus descendentes.

Mas é em princípio uma condição incompatível, por força da organização capitalística, com a modernidade industrial que, pretendendo resguardar a soberania do indivíduo, reserva-lhe direitos e bens como principais recursos éticos. Por ser um fim em si mesmo, racionalmente autônomo, o indivíduo seria um livre titular de direitos, capaz de decidir livremente sobre o bem e o mal.

Reagindo ao que julga inconsistente nesses conceitos, supostamente resíduos históricos da ética antiga, MacIntyre reivindica o retorno a Aristóteles, isto é, o retorno à doutrina da excelência do caráter, portanto a uma ética das virtudes, francamente opositiva à moral das regras ou deveres como é o caso da deontologia kantiana. Trata-se de uma proposição inteligível apenas à luz de um quadro filosófico mais amplo (que aliás inclui Heidegger, pensador do ocaso do ser), onde a História do Ocidente aparece como um declínio: os conteúdos da moral iluminista não seriam mais do que resíduos da tradição grega (tal como transparece no aristotelismo e em aspectos da doutrina cristã).

Que virtudes seriam ainda possíveis fora do todo comunitário, no horizonte societário que mede a modernidade da consciência moral por sua distância em face da tradição? Para MacIntyre, aquelas disposições que capacitam o homem à prática de atividades específicas. *Practice* (prática) é categoria central para a realização dessas "virtudes". Assim como no jogo, centrado em si mesmo e independente de uma inalidade instrumental, a *practice* define-se pela atitude cooperativa ou solidária no interior de uma totalidade existencial e pela adequação a instituições capazes de abrigar valores tradicionais.

Mas como já não há mais lugar histórico para o todo holístico, uma vez que a sociedade moderna é individualista e orientada para a racionalidade instrumental, sugere MacIntyre as pequenas comunidades – só aí onde tivesse a força a idéia de um bem comum, seria ainda possível algo como a *eudaimonia* aristotélica.

2. Comum, público, consciente

À idéia do "comum", ou seja, da tarefa (*munus*) partilhada por todos os integrantes de um agrupamento humano organizado, costuma-se associar a palavra *público* para designar uma pertinência global, embora sejam noções diferentes. Aqui, globalidade pode ser entendida como totalidade social ou então como Estado, a esfera controladora das decisões que dizem respeito a todos os cidadãos, logo, das relações políticas.

Frisamos a diferença das noções, para dar abrigo à ponderação de que o "comum" implicado na palavra comunidade não é a "coisa" comum implicada na palavra "público", como em *res publica*. Sustentando que a comunidade não se identifica com a coisa pública, Esposito a define como o "buraco" onde a ordem pública arrisca-se sempre a cair, uma vez que "é precisamente o nada da coisa que constitui o nosso fundo comum"[19].

Efetivamente, a identificação e a diferenciação atuantes na comunidade dizem respeito ao reconhecimento do *munus* (e não o reconhecimento especular de identidades e diferenças), que é a tarefa compartilhada ou obrigação (*onus*) que se tem para com o Outro – portanto, uma dívida simbólica, um "buraco" originário.

O público, por outro lado, associa-se progressivamente na História do Ocidente (desde o Renascimento) ao que toma o lugar da vinculação comunitária, ou seja, ao Estado, que leva ao entendimento de comunidade como sujeito e substância (território, aldeia, parentesco, etc.), ao mesmo tempo em que procura neutralizar a troca

---

19. Esposito, Roberto. *Communitas – Origine et destin de la communauté*. Collège International de Philosophie, PUF, 2000, p. 22.

simbólica. Assim é que o público e o político estão, desde suas origens, estreitamente ligados. E progressivamente associado está o fenômeno da *visibilidade* dos assuntos comuns, uma vez que estes, na falta de uma participação direta dos cidadãos na esfera do poder, têm de chegar ao conhecimento global.

Toda ética supõe a partilha de uma regra comum (pública) a todos os membros de um determinado grupo. Mas em vez do Estado, depende da força de uma comunidade, quer dizer, da ordem vinculativa, responsável pelo reconhecimento do comum, necessário à constituição de indivíduos e instituições[20].

Nenhuma comunidade foi jamais tão orgânica ou tão homogênea como têm deixado supor uma certa leitura da tradição sociológica de Toennies ou os estudos da antropologia funcionalista. Na verdade, mesmo em termos sociológicos, é preciso dessubstancializar a comunidade, entendendo-a como o imaginário de um modo de organização do agrupamento humano, seja espontâneo, auto-revelado ou teoricamente formulado por pensadores. Sempre implicou a palavra, entretanto, a idéia de força do comum, um poder simultaneamente diferenciador e identificatório, que a sociologia ligou no século XIX às noções correntes de família, aldeia, povoado, pequenos grupos, associações.

Nada há de paradisíaco em tal realidade, e o ditado "pequeno grupo, grande inferno" serve como alerta inicial. Dúvida não há, porém, de que os caminhos da reflexão ética passam pela idéia convencional (sociológica) de comunidade, seja a holística dos tempos antigos, seja a abstrata comunidade moral da modernidade. O imperativo kantiano da publicidade como mediação necessária entre a moral e a política tem suas raízes plantadas na vinculação entre aqueles capazes de reinvidicar, a partir de um título de cidadania (direitos civis e políticos), plena integração na sociedade civil.

O projeto moderno dessa vinculação é de ser apenas societal, isto é, indivíduos autônomos ligados uns aos outros por laços jurídicos. Isto sempre coexistiu com a força do lugar (*genius loci*), caracterizada por língua, forma de vida, mitos – tudo que se constitui simbolicamente em padrão identitário – e presente nas relações de contigüida-

---

20. Cf. Paiva, Raquel. *O espírito comum – Comunidade, mídia e globalismo*. Vozes, 1998.

de entre os que se instalam num determinado espaço. São diversos os lugares e se entrelaçam na totalidade do espaço social.

A hipertecnologização contemporânea – dentro da qual os indivíduos se definem funcionalmente, a partir de uma lógica primordialmente socioeconômica – tende a "recusar" os lugares, deslocando-os e esvaziando-os do sentido comunitário. Numa ordem social organicamente constituída por informação (mídia em tempo real, computadores, satélites, ambientes virtuais, etc.), o espaço *é* a própria informação, portanto um novo "solo" para um novo *bios*. Isto fica bastante evidente quando se pensa na rede cibernética.

Mas apesar deste progressivo recalcamento histórico, a vinculação comunitária – pelo menos aquela que se visibiliza, como ordem simbólica, em laços de território, parentesco, compadrio, afinidades eletivas, injunções patrimonialistas – continua a incidir na realidade. É isto que parece reivindicar a permanência de resíduos da velha moralidade, assim como resíduos de antigas simbolizações (por exemplo, a conservação patrimonial de bairros, prédios e monumentos históricos). Patrimônio antigo e modernidade contemporânea podem, assim, coexistir e interpenetrar-se sob a égide da comunidade.

Comunidade designa aqui, na verdade, um tipo específico de relação intersubjetiva, que pode acontecer no interior da sociedade individualista moderna, de maneira velada ou esporádica em determinados territórios, ou então de modo mais forte onde seja maior a estratificação social. Por exemplo, em meio à precaridade da vida associativa presente nas favelas do Rio de Janeiro, a reciprocidade e a solidariedade características da comunalização, ensejadas por identidades localistas ou por formas de cultura popular, comparecem para mediar determinadas relações de convivência social possível.

Por sua vez, a esfera pública liberal-burguesa, historicamente constituída sob o signo da universalidade (abstrata) de suas instituições, exibe sempre as marcas do domínio de uma comunidade (concreta) de iguais, identificáveis como os mais ricos ou como os que detêm a mais-valia decisória.

O público constitui-se nos modos de organização da cidadania e de auto-representação da sociedade, nos modos como ela deseja perceber-se e se tornar visível. Nesse "comum", moldam-se as identidades sociais dos indivíduos e as imagens da coletividade, mas também se reflete, em especial no momento da segunda revolução industrial, o conflito entre capital e trabalho.

Um grande ponto problemático da questão ético-política na contemporaneidade está justamente na indagação sobre a possibilidade de um comum (um bem comum) para além dos restritos interesses liberais de pequenos grupos decisórios.

Considere-se, por exemplo, a idéia de uma sociedade global baseada em informação e comunicação. O exame econômico-político-cultural do fenômeno deixa claro que a globalização em curso não tem nenhuma universalidade (no sentido de que não se realiza para todos do mesmo modo), não é nenhuma *mundialização simbólica*, já que se assenta nas estratégias de uma minoria privilegiada e controladora do discurso modernizante sobre a unificação mercadológica e tecnológica do planeta.

Por trás da retórica desse discurso, constitui-se um poder tecnoburocrático generalizador das relações sistêmicas ou funcionais e averso ao que, mais uma vez, Habermas poderia chamar de formas estruturantes do mundo da vida: comunidade, auto-representação coletiva, autonomia social, consenso grupal quanto ao uso do espaço e do tempo. É uma retórica poderosa, que tudo ameaça absorver e simular, inclusive a própria idéia de comunidade: "O alicerce da experiência da AOL é o conceito de comunidade – a rede humana de relacionamento tecida por milhões de pessoas"[21].

Comunidade, em tais termos, é apenas uma das muitas simulações de diversidade e de comunhão (algumas delas, pepineiras de patriotismos controlados à distância pelas grandes potências militares e pelos vendores de armamentos) operadas pelo artifício imperial, com o objetivo exclusivo de aprofundar a integração globalista. Essa ordem artificial dispõe-se, como implícito projeto sociocultural do chamado "terceiro capitalismo", além das manobras inconfessáveis com vistas à reorganização de fronteiras nacionais, a neutralizar tecnologicamente "as aporias do moderno e, em especial,

21. *Banner* brasileiro da *America On Line*, a mais poderosa empresa (sobretudo após a sua bilionária fusão com a Warner em 1999) provedora de acesso à Internet.

a tensão entre indivíduo particular (eu) e mundo, entre teoria e *práxis*, entre saber e técnica"[22].

As contradições e tensões típicas das grandes dicotomias (capital/trabalho, verdade/aparência, eu/outro, etc.), presentes na comunidade e na sociedade tradicionais, não encontram espaço de representação na *reductio ad unum* operada por tecnologia e mercado. Não há também espaço aí para a conformação ética de "lugares" tradicionais como política e trabalho.

Está de fato em jogo um novo mundo histórico do homem – portanto, uma descontinuidade no interior do moderno –, uma nova *consciência*, entendida tanto no plano subjetivo como objetivo, isto é, como estruturação histórica de nossa programação individual e coletiva. *Con-scientia* é o nosso comum fazer e tomar ciência, decidindo e repetindo, das representações que ordenam ou dominam o fenômeno humano.

A representação, por sua vez, é um processo temporal de individuação atuante em toda e qualquer *práxis*, como bem acentua Carneiro Leão:

> Em toda atividade, seja sensual, intelectual, cultural, histórica, social, opera a representação. Se alguém é ocidental, oriental ou africano, é budista, cristão, umbandista ou judeu, é hindu, nagô, europeu ou americano, repete sempre os condicionamentos de uma programação imemorial que se multiplica ao infinito.

Esse tempo-representação é o profundo da consciência:

> Tempo, conhecimento, memória, consciência, inconsciente são uma única e mesma unidade. Não são processos separados, mas um processo só. E que processo é este? Que unidade é esta? É a representação sempre incompleta, sempre limitada, sempre parcial, e por isso excludente, separada, conflitual, ameaçadora, criadora de problemas e promissora de salvação[23].

---

22. Barcellona, Pietro. *Op. cit.*, p. 15

23. Carneiro Leão, Emmanoel. *In:* seminário na ECO/UFRJ, agosto de 1999.

Quando aventamos, a propósito da realidade virtual, a hipótese de uma consciência "tecnotrônica" – a consciência subjetiva desdobrada na máquina inteligente, com a informação como pressuposto da percepção –, deixamos implícita a afirmação de uma mudança concomitante na consciência histórica enquanto manifestação de um sentido determinado do ser humano ou expressão de um poder representacional.

A mudança privilegia a dimensão técnica do homem: em outras palavras, a forma da consciência contemporânea é basicamente tecnológica, o que equivale a dizer que o relacionamento do sujeito humano com a realidade passa hoje predominantemente pela tecnologia. Mais ainda: pelas tecnologias da informação em todos os seus modos de realização – da engenharia genética à computação, sem esquecer a mídia pública.

A temporalidade que atravessa os processos de individuação dessa nova consciência vem sendo descrita por observadores de diversas filiações teóricas como uma aceleração vertiginosa, que reduz os lugares à homogeneidade abstrata da rede, impede a fixação das coisas no presente e tenta controlar o futuro por meio do cultivo exacerbado do novo e da elaboração de cenários. Dá-se aí uma verdadeira mutação antropológica (a transformação da fisionomia milenar do homem intuída por Nietzsche?), em que se alteram os modos de percepção, a constituição psíquica e as formas lógicas do humano.

É própria da nova ordem sistêmica a tentativa de negociação do inegociável, que são as determinações essenciais da existência (nascimento, patrimônio genético, sexo, etnia), estas que Heidegger designa (em *Ser e Tempo*) como *Geworfenheit*, uma vez que nelas o homem é lançado ou "abandonado", sem que possa realizar uma escolha. Por outro lado, individual e coletivamente, busca-se substituir a dinâmica do desejo (sempre incerto ou indeterminado) por modelos de coexistência de todos os possíveis ou *cenários* do que pode ser o futuro. Mas também por cenários de cultura: a ontocriatividade humana, polivalente e ética, é trocada pelos roteiros técnicos da midiatização.

O dispositivo que intitulamos cenário é mais "civilizatório" do que "cultural". Entenda-se: enquanto cultura designa o modo de relacionamento com a singularidade, portanto, com o que no homem é um universal concreto, o conceito de civilização é usado para enfatizar os aspectos materiais e universais-genéricos das realizações humanas.

Por isto, um humanista do calibre do mexicano Octavio Paz costumava ver civilização como, antes de tudo, um "urbanismo": não visão do mundo, mas uma visão dos homens no mundo, portanto, uma ordem acabada de realizações, uma "arquitetura social". Os cenários contemporâneos são dispositivos arquitetônicos, que sinalizam para a hipertrofia das formas civilizatórias (o urbanismo colonizador em várias instâncias) sobre as culturais[24], ou seja, apontam para a hegemonia das raízes da civilização ocidental, cristã e branca sobre outros princípios originários de organização do mundo.

Instantaneidade, simultaneidade e globalidade (o tempo real) constituem, como antes acentuamos, os vetores e os valores de todo esse processo. Daí, a importância da velocidade – na circulação de capitais, mercadorias e pessoas, no processamento das informações, na produção do conhecimento, etc. – e sua radicalidade na transformação do ritmo da vida humana.

Conseqüência disto é a hipertransitoriedade das relações sociais. O lema "não há longo prazo" é apontado por Sennett como lei contemporânea[25]; relações humanas, trabalho, projetos – tudo se direciona para a curta duração. Objetos, valores, identidades passam a existir num quadro de rápida obsolescência e de definitiva incerteza quanto a seu sentido. Passado e presente são recalcados e substituídos pelo domínio do futuro, travestido com as aparências do "novo", sobre o aqui e agora da existência.

As transformações na vida pública e no trabalho são objeto privilegiado das preocupações de Sennett. De um lado, o esgotamento da ilusão republicana (que associava política a esfera pública, com um regime de visibilidade baseado no discurso argumentativo e na consciência moral) e, portanto, o fim do estilo burguês, democráti-

---

24. O colonialismo europeu é o paradigma político de tudo isso. Não à-toa, analistas sociais da contemporaneidade cunham expressões como "colonialismo cultural", "endocolonização", "colonização do futuro", etc., para designar os efeitos de dominação da mídia e do virtual. Por outro lado, o multiculturalismo contemporâneo, ao preconizar abstratamente o pluralismo e a diversidade da condição humana, mantém-se no âmbito político do capital-mundo flexível.

25. Cf. Sennett, Richard. *Op. cit.*, 1999.

co-representativo, de vida pública; de outro, o esgotamento do sentido forte do trabalho, que dependia da duração continuada de uma atividade transformadora por parte do trabalhador (o emprego), seja nas fábricas fordistas, seja nos escritórios burocráticos.

O debilitamento do emprego como forma jurídica hegemônica tem de fato conseqüências profundas sobre a vida do trabalhador e sobre seus modos de representação coletiva. Mesmo pautado pela tradicional exploração do capital sobre o trabalho, o emprego garantia ao indivíduo, pelo menos em princípio, experiência estável e uma sociabilização segura, capazes de conformar valores e modelos de personalidade centralizados em torno da idéia de caráter.

Caráter, como se sabe, é o conjunto de traços distintivos dos indivíduos humanos, tudo aquilo que espelha um modo de ser individual dentro de um quadro de imutabilidade, entendido como perspectiva finita de acesso de cada um aos valores. O longo prazo é o traço temporal que faz do caráter uma formação de disposições duráveis, no sentido de vincular o homem tanto às identificações adquiridas (valores, normas, ideais, etc.) como à vontade de querer o Bem.

A velocidade implícita no curto prazo – a exigência de resposta imediata a uma multiplicidade de situações – é visceralmente contrária ao sentimento ético como investimento radical da consciência pelo sentido do lugar (o *nomos* da terra, da habitabilidade humana) e, portanto, à efetividade das regras. "A ética pressupõe períodos de contemplação, deliberação e a adoção de um cálculo moral. Quem tem tempo para tal auto-análise quando o mundo está girando na velocidade da Internet?", indaga Morberg[26].

Embora não se refira explicitamente ao comunitarismo de MacIntyre, Sennett percorre parte de sua trilha teórica no que diz respeito à ética, uma vez que a crítica ao declínio da vida pública e das formas clássicas de trabalho tem como lastro antropológico a consciência da destruição de espaços tradicionais por um processo produtivo que assume as múltiplas formas de um fluxo cibernético global. A perda de força da consciência de unicidade e continuidade por transformação radical das formas de trabalho significa destruição do caráter, que MacIntyre qualifica como presença da virtude na modernidade.

---

26. Morberg, Dennis. *In:* Fortune Americas. Cf. *Jornal do Brasil*, 04/04/2000.

Reivindicar caráter, ainda que implicitamente e em seus aspectos apenas funcionais (no sentido da adequação a uma função), como é o caso de MacIntyre, é reivindicar a dimensão ética.

3. Uma ética, por quê?

Esse apelo à ética corresponde de algum modo à consciência do retorno do trágico na vinculação social, como conseqüência de um novo tipo de terreno comum – a "comunidade" global –, advindo do impacto da tecnologia humana sobre o ambiente natural. Em outras palavras, a crescente conscientização pelos modernos de que o globo terrestre (e não o universo em todas as suas definições) é a única morada da vida gera um *ethos* mundial de cuidado para com a vitalidade da biosfera.

Isto vale tanto para problemas ecológicos e desequilíbrios nas condições de vida das diversas populações do planeta (genocídios, catástrofes, ameaças à ecologia, fome sistemática, etc.) quanto para a esterilização pela tecnocultura das formas humanistas de sociabilidade ou das trocas simbólicas. Há hoje "desconexões" catastróficas entre a economia financeira e a economia real, entre o progresso tecnológico e o bem-estar social, entre os benefícios da produtividade e a qualidade do trabalho, etc. que exacerbam a neobarbárie do império transnacional do capital.

Essa conscientização deve-se, em termos político-econômicos, ao "encolhimento" do mundo pelos diferentes aspectos da globalização, uma espécie de compressão tecnológica da raça humana por homogeneização dos meios, sempre virtual, mas capaz de fazer reconhecerem-se num mesmo plano problemático antípodas viscerais. Em termos culturais, a uma totalização do fenômeno humano que dá margem a transformações individuais e coletivas das formações da consciência. A "noosfera" aventada por Teilhard de Chardin, a que temos feito referência, readquire pleno sentido.

Como terreno comum aparece, portanto, algo de diferente do que até agora vinha oferecendo a modernidade, ou seja, a pura e simples neutralização das tensões comunitárias por formas de vínculo (societárias) baseadas exclusivamente no universalismo jurídico e na economia monetária, assim como a pretensão da máquina de guerra do humanitarismo capitalista de resolver tecnicamente o mal-estar da diferença entre natureza e cultura, ricos e miseráveis, Norte e Sul.

Esse "algo" apresenta-se geralmente sob as aparências dos resíduos metafísicos da moral. O apelo a uma ética universal dirigido por governos, organizações mundiais, próceres neoliberais e intelectuais multiculturalistas costuma, sem dúvida, tentar encobrir o vazio da representação política, quando não aplacar com demonstração de boa consciência humanista a angústia trazida pela decomposição dos velhos valores liberais.

Claro, nada disso elude – para o pensamento ativo e comprometido com a diversidade concreta dos territórios e das culturas – a profundidade da questão que pode ser chamada de "ética", na falta de um nome melhor ou menos vulnerável: a determinação do bem comum na sociedade globalizada, a atribuição de limites aos interesses do mercado, a redução dos *gaps* tecnológicos, a contenção das guerras, a redistribuição das riquezas.

Mas a verdade é que prosperam os tais "resíduos metafísicos", a exemplo das utopias cibernéticas, florescentes no espaço vazio das ideologias e dos valores outrora acionados com mais facilidade pelo sistema político. Trata-se em geral de elaborações semióticas que contornam o sentido radical da palavra utopia, construindo "cenários éticos" em torno da realidade tecnológica.

Assim é que um articulista norte-americano, em textos intitulados "O cidadão digital" e "Nascimento de uma Nação digital", sustenta a emergência de um novo *ethos* político no ciberespaço, isto é, um outro tipo de sensibilidade, afim a uma nova comunidade "pós-política" capaz de conciliar o humanismo liberal com a vitalidade econômica do conservadorismo[27].

As preocupações do articulista, membro típico do clã dos chamados "digerati" centram-se na formulação de um novo tipo de política e

27. Cf. Katz, Jon. *In:* Revista *Wired* (U.S.), dezembro de 1997. Esta revista é uma espécie de Bíblia de *yuppies* e tecnófilos norte-americanos. Ela foi a responsável pela popularização do "digerato" (aglutinação de "digital literato"), alcunha para o liberal tecnófilo, fascinado pelo ciberespaço e tendente a identificar acriticamente as errrâncias hipertextuais da Internet com democracia ou liberdade civil pura e simples.

da construção de uma sociedade ainda mais civil com os recursos das neotecnologias da comunicação. Sua argumentação baseia-se em pesquisas realizadas por duas empresas norte-americanas, que revelam a existência de um grupo distinto de "cidadãos digitais" – educados, informados, tolerantes, com mentalidade cívica, radicalmente comprometidos com a mudança, "convictos de que a tecnologia é pura força do Bem e de que a nossa economia de livre-mercado funciona como uma poderosa máquina de progresso". Para estes, a Internet não é espaço de fragmentação, apatia ou alienação, como alguns denunciam, mas de ativa participação em todas as instituições cívicas.

Trata-se obviamente de um cenário "ético" (caracterizado pela prevalência do Bem tecnológico) projetado sobre a contemporaneidade, que recalca quaisquer outros aspectos moral e socialmente negativos da vida na rede cibernética ou a evidência de que a "liberdade" na rede consiste simplesmente na seleção de conexões dentro de um jogo combinatório de possibilidades. Dá como implícita, por outro lado, a suposição de que a tecnologia implica a realização do desejo universal de progresso e que, por isto, configura-se como o Bem compatível com a modernidade tardia.

Mas é um cenário também baseado na realidade consolidada, nos Estados Unidos, de uma hegemonia (no sentido gramsciano de dominação por consenso) interna, que gera forte consciência nacional, crença quase religiosa na onipotência da democracia norte-americana e patriotismo como uma espécie de conteúdo da consciência moral.

Não é o caso de se rechaçar as proposições desse "wishful thinking" analítico – "tecnófobos" e "tecnófilos" têm razão em vários dos pontos a que se apegam – nem de contrapor outras realidades àquelas propostas pelo cenário em questão. Trata-se antes de tomá-lo como exemplo de uma mitologia (sustentada pela ideologia moral da boa consciência tecnológica), onde comunidade e ética universalista se constroem por mero efeito de uma interatividade cibernética, democrática e mercadologicamente administrada.

Supõe-se aí que ser interativo é primeiro ser automaticamente comunitário e depois racionalmente reflexivo pela transparência absoluta – o acesso supostamente democrático e ilimitado – da informação. A ética aqui prescinde de qualquer formulação (com exceção, claro, da observância dos bons costumes e da moralidade social e juridicamente vigiados): ela já se dá como imanente na conexão ou na comutação cibernética, na comunicatividade pura e simples.

A reflexão nomotética pode, no entanto, associar essa evidente aura de felicidade ao utilitarismo clássico, de inspiração kantiana, teorizado no século XIX por pensadores como Jeremy Bentham, John Stuart Mill e Henry Sidgwick, mas com predecessores também famosos no século anterior, a exemplo de David Hume, Cesare Beccaria e outros. Para esta doutrina, que em sua formulação clássica e oitocentista se apresentava como uma ética universalista, a justificativa moral de um ato qualquer estaria na maximização da felicidade de seu agente, suscetível de prazer ou de sofrimento, fosse ele homem ou animal. Maximizar significa pensar em termos quantitativos, o que implica a possibilidade de um cálculo hedonístico das ações.

Podemos concordar com Pontara no sentido de que, de modo aproximado, são princípios do utilitarismo (clássico, hedonístico): 1) uma ação é moralmente *justa* se, e apenas se, não existe nenhuma ação alternativa cujo cumprimento produza maior felicidade; 2) uma ação é moralmente *obrigatória* se, e apenas se, toda outra ação alternativa produz menor felicidade; 3) uma ação é moralmente *errada* se, e apenas se, não é moralmente justa[28].

São muitos os problemas teóricos suscitados por estes princípios claramente contábeis – desde o entendimento de "ação" até o de "felicidade" – e mesmo os defensores dessa doutrina fazem-lhe restrições, tais como a sua rejeição enquanto método de deliberação ou mesmo a recusa do emprego sistemático da maximização da felicidade como fim consciente da ação humana.

Existem ademais outras formas contemporâneas de utilitarismo (por exemplo, as doutrinas de pensadores importantes como G.E. Moore, J. Rawls e outros), que contemplam outros bens além da felicidade. No chamado neo-utilitarismo norte-americano (o ultraliberal F.A. Hayek é um caso modelar), enfatiza-se a analogia entre esses princípios morais e as práticas social-democratas das tecnodemocracias ocidentais.

---

28. Pontara, Giuliano. *Breviario per un'etica quotidiana – Bene individuale, utilità colletiva*. Nuova Pratiche Editrice, 1998, p. 39.

De uma maneira geral, porém, o mercado e a mídia – pautados pelo triunfante utilitarismo norte-americano – se orientam cruamente por princípios dessa ordem, não certamente visando ao estabelecimento de qualquer teoria ética, mas a um método de deliberação, guiado pela adulação das consciências (a *kolakeia* da sofística grega), cuja lógica rege a incorporação de bens de consumo. O indivíduo permanece, como na interpretação otimista das doutrinas utilitaristas, o eixo de determinação da moral, mas sempre com a consciência canalizada para o sensorialismo consumista.

Felicidade entendida como bem-estar pessoal e prazer dos sentidos – também quantitativamente avaliáveis por medidas, cada vez mais refinadas, do mercado – são as promessas implícitas na moralidade de que se reveste o *bios* do mundo virtual. O jogo simbólico e singularizante do desejo é trocado pelo prazer tecnodirigido, que se converte em impositiva disposição imanente, num bem homogeneizado em si mesmo.

A crítica que se pode dirigir ao utilitarismo é, ainda hoje, em novos termos, a mesma que, na Antiguidade, os estóicos fizeram aos epicuristas: o desequilíbrio trazido pela repetição infinita dos prazeres. Sem a abstinência, sem o princípio do limite, o prazer perde o sentido, autodissolve-se. O utilitarismo contemporâneo, esse que delega por inteiro ao mercantilismo do mercado os poderes de atribuição de prazer e felicidade ao indivíduo, ao mesmo tempo que se esvanece a delegação política dos poderes mostra-se igualmente sem limites, sem princípios reguladores.

A moral daí resultante assemelha-se à mesma que preside à *relação social de droga*: presume-se que o excedente de prazer sobre o desprazer, *telos* desse princípio, seja favorecido por uma estetização generalizada da existência, geradora de uma multiplicidade de deontologias do gozo individual. Esse excedente é tão virtual como a realidade de uma imagem ou de uma fantasia onipotente, daí a caracterização de "droga" (*pharmákon*, remédio e veneno ao mesmo tempo) para uma relação humana nele baseada.

Mas tal multiplicidade encontra também um terreno próprio em certas zonas de sociabilidade do real-histórico tradicional, em especial aquelas onde se pode falar de uma "sinestesia" comunitária por efeito de representações sociais – mitos, ideologias, narrativas, imagens – ancoradas no imaginário coletivo. Os grupos de criação, de religião, de festa, os neotribalismos, as associações vitalistas ou "rizomáticas" que florescem à margem do trabalho institucionalizado e do mercado podem ser profundamente tocados por essa estesia difusa e fazer a experiência, não necessariamente auto-reflexiva, de uma "ética da estética".

Este tipo de ética, mencionado aqui e ali em textos de artistas e mesmo de autores vinculados a uma sociologia do cotidiano e das formas sociais, tem também o seu lugar em alguns sítios do campo filosófico. Na verdade, é primeiramente indicado pelo próprio Baumgarten, inventor da palavra "estética". Mas é também o caso de Herbart (Johann Friedrich Herbart, 1776 / 1841), descrito pelo neokantiano e raciovitalista Ortega y Gasset como "o menor dos grandes pensadores que brilharam na Alemanha entre Kant e Schopenhauer"[29]. Para este contemporâneo discordante de monumentos da razão romântica como Hegel, Schelling e Fichte, a tarefa da ética é simplesmente descrever essa qualidade que encontramos em tudo que aprovamos e que chamamos de "bem". Bem e mal são, assim, qualidades ou valores que não se podem conhecer, tão-só reconhecer ou aceitar.

O reconhecimento de que fala Herbart dependeria de uma sensibilidade peculiar para os valores, a que ele chama de *gosto* (*Geschmack*). O juízo de valor é um juízo estimativo, equivalente ao gosto, do mesmo modo que um juízo estético, onde atua uma sensibilidade perceptiva de valores enquanto tais, isto é, enquanto representação completa de *relações*. Se no juízo estético, tais relações constituem-se de uma pluralidade de elementos ligados a uma forma capaz de agradar ou desagradar, no juízo ético elas são constituídas por vontades.

Ao formar-se no homem um ato volitivo, o eu transforma-o numa representação, que recebe, pelo mecanismo do gosto, um juízo estimativo ou de valor. Ao nascer, a vontade é moralmente indiferente e assim persegue o objeto de um desejo. Quando coincide com o gosto moral, que a aprova ou a desaprova por meio de um juízo valorativo, transforma-se em volição plena. Mas o que o juízo avalia

---

29. Ortega y Gasset, José. *Op. cit.*, p. 99s.

não é o conteúdo ou a finalidade da vontade, e sim a sua relação com outra vontade: um primeiro querer relaciona-se com querer aprovação ou desaprovação – sobre isto é que incide o gosto moral, o estimável é a relação. E tanto mais positivamente estimável quanto mais bela e mais forte a vontade.

Em resumo, no âmbito desta concepção, ética termina sendo o mesmo que estética enquanto ciência da sensibilidade estimativa ou do gosto (*Geschmackslehre*). Não cabe à ética criar ou inventar coisa alguma, tão-só encontrar e descrever as relações fundamentais (as valorações exemplares presentes em todas as valorações concretas), tidas como estimáveis em si mesmas pelo gosto. Herbart vai chamá-las de "idéias práticas" – liberdade íntima, idéia da perfeição, idéia de benevolência, idéia do direito, idéia de compensação ou eqüidade.

O que faz Herbart, na verdade, é desenvolver sugestões kantianas, como aquela da possibilidade de um senso comum estético, baseado em juízos racionais sobre o sentimento. Depois, ele transpõe para o campo da ética o que Kant afirma sobre a política, isto é, o seu estreito relacionamento com a estética. Em termos kantianos, o modelo de funcionamento da democracia burguesa depende mais do gosto estético do que do dever moral, por implicar coerência racional dos argumentos, combate aos preconceitos e ajuste das diferenças.

Tudo isto é bastante discutível, como toda doutrina. Haverá sempre, no entanto, conexões importantes entre ética e estética, desde que se esclareça o sentido e o alcance de ambos os termos. Kierkegaard já advertia que, ao contrário do esteta, submerso na indiferença, o homem ético enfrenta o dilema de escolher ou não escolher. Nietzsche, por sua vez, chamava atenção para o fato de que "o estado estético posssui uma sobreabundância de *meios de comunicação*, juntamente com uma extrema *receptividade* aos estímulos e aos sinais. É o auge da comunicatividade e da traduzibilidade entre seres vivos – é a fonte das línguas"[30].

Mas o "estético" a que se refere o pensador é propriamente a criação artística como lugar de realização de uma vontade de poder a serviço de formas simbólicas originárias, capaz de inaugurar uma nova

---

30. Nietzsche. Fragmento 14 (119) da Primavera de 1988, *Apud* Vattimo, Gianni. *As aventuras da diferença*. Edições 70, p. 111.

posição soberana para o sujeito humano, desmascarando todas as ordens pretensamente objetivas e eternas. Não se trata, portanto, de um tecnicismo particular, a exemplo da estetização da política pelo fascismo, nem da estetização generalizada pelas múltiplas formas da reflexividade tecnomercadológica da mídia ocidental.

De fato, a famosa "negatividade em ato" em que se dizia implicar a criação artística parece não achar mais lugar na progressiva conversão funcional do mundo em objeto estético. Este processo está posto a serviço de uma reorganização radical tanto do *ethos* social quanto da imagem que dele se pode fazer. Já em Platão se encontra a advertência contra as tentativas (sofísticas) de se fundamentar no gosto ou na mera percepção (na *aisthesis*, portanto) a vida humana. Discerne ele muito claramente que tal fundamento vale apenas para o indivíduo isolado, radicalmente averso aos valores coletivos da *Polis*.

Esse tipo de estesia corre no sentido do que Kant chamou de "sociabilidade insociável", ou seja, uma vida em comum caracterizada por forte individualismo, por inclinações solipsistas, próximas de um "estado de natureza". É de fato o mundo do sensorialismo, da consciência imediata e bruta, análogo ao que Hegel chamou de "mundo dos sentimentos", enfatizando o quanto é animalesco para o homem permanecer ancorado nesta condição. É igualmente o mundo onde predomina a dimensão passiva do desejo, este que recalca a invenção em favor da demanda e da espera.

Estetiza-se hoje – em bases industriais, pela sobreabundância das tecnologias da comunicação – para tornar aceitável pela consciência a identificação entre vida biossocial e vida virtual (a do *bios* midiático), entre corpo físico e corpo espectral, entre mundo e espelho, mas em última análise, como já vislumbrara Kant, entre democracia e Estado liberal burguês. Livre de toda motivação sensual, como assinala Perniola, o juízo estético "seria a versão espiritualizada da atitude mercantil, que cancela as diferenças concretas entre os indivíduos, pressupondo que cada um se comportará segundo a legalidade sem lei do lucro"[31].

A forma estética – intensificadora da função que o lingüista Roman Jakobson chamou de "fática", para referir-se à manutenção do

31. Perniola, Mario. *Disgusti – La nuova tendenza esteticha*. Costa & Nolan, 1999, p. 9.

contato entre falante e ouvinte – constitui uma espécie de solo psíquico, veículo de um gozo oscilante entre o utilitarismo individualista e o solidarismo, para a passagem do tempo extensivo ao intensivo. Santo Agostinho fala a propósito da *tentatio* (Livro X, *Confissões*), que é o enredamento da consciência, em meio à dispersão e à fragmentação de sua vida fática pelas coisas atraentes e propiciadoras de gozo individual – a concupiscência do ouvido (a *delectatio* do espírito pelo som) e a concupiscência dos olhos (o simples querer ver, a curiosidade frívola do saber), mecanismos típicos de toda mídia, são modalidades da *tentatio*[32].

Vivido como simultâneo, instantâneo e global e permeado pela estetização aliciadora dos sentidos, o tempo intensivo faz evanescer-se a fronteira entre uma unidade temporal e outra, criando efeitos de não-separabilidade do espaço. A "aldeia global" mcluhaniana é, no fundo, um objeto estético, amparado por uma moral-de-emoção corporificada na mídia e vivida como a utopia realizada de uma solidária organicidade universal, conseqüência supostamente ineludível da tecnocultura.

A pura dimensão estética não apresenta, evidentemente, respostas humanamente (politicamente) satisfatórias para questões dramáticas da comunicação global, a exemplo do obscurecimento de uma realidade dificilmente estetizável (miséria sistemática, fome, dominação tecnoburocrática, etc.), simultânea à iluminação tecnomercadológica da mídia. Ou então, para os casos de curto-circuito de ação e reação, como o apontado por Meyrowitz:

> Nós *encorajamos* os estudantes chineses na Praça Tiananmen. As nossas reações passavam para eles por meio de faxes, telefones e seus próprios meios de comunicação. Nós assistíamos a eles nos assistindo a assisti-los. E na medida em que podemos levar algum crédito por sua crescente ousadia, temos de carregar no mínimo um pouco de responsabilidade pelo destino deles, depois de ter sido cortado o cordão umbilical eletrônico[33].

---

32. Cf. Heidegger, M. *Estudios sobre mística medieval*, *passim*.

33. Meyrowitz, Joshua. *Global Permeabilities*. Texto apresentado na conferência internacional *"Mídia e percepção social"*, Unesco – Universidade Cândido Mendes, Rio de Janeiro, 18/19/20 de maio de 1998, p. 8. O autor refere-se ao massacre, em 1989, de estudantes que exigiam na Praça da Paz Celestial (Tiananmen Square), em Pequim, democracia na China.

Ou seja, o fato de que "todo o mundo está assistindo", ou "tu me vês te vendo", pode encorajar, de um lado, atitudes de bravura e bela performance televisiva; de outro lado, os incentivadores, ancorados apenas numa realidade virtual, eximem-se de qualquer ação realmente efetiva. Incidindo num plano puramente sensorial ou emotivo, a câmara de eco global faz repercutirem valores puramente sígnicos, virtuais, sem força de transformação do real-histórico. Termina moralizando com recursos estéticos as relações sociais, mas deixando vazio o espaço ético da *responsabilidade*. Uma vez cortado o "cordão umbilical" da mídia e, com ele, a resposta controlada, cada um por si e salve-se quem puder, conforme o figurino do pragmatismo utilitarista e como ficou demonstrado no caso chinês, além de inúmeros outros semelhantes.

Habituamo-nos a entender as palavras resposta e responsabilidade por muito pouco de seu amplo alcance semântico: o retorno gestual, verbal ou escrito a uma mensagem inicial; a obrigação jurídica ou moral para com alguém ou algum ato. Trata-se de aspectos técnicos da resposta, modernamente atualizados sob a forma do *feedback* (a interatividade cibernética, as reações do público às pesquisas de audiência, as cartas dos leitores de jornais, a imputabilidade jurídica, etc.), midiatizado ou não.

Mas a palavra guarda historicamente como reserva o sentido forte, simbólico, de afiançamento ou garantia de uma posição (ética) de autonomia existencial. Na expressão latina *in honoribus majorum respondere* – que significa "estar à altura dos antepassados" –, responder implica uma atitude de radicalidade ética. Responsabilidade, possibilidade de dar uma resposta, é o compromisso existencial de estar humanamente à altura do outro, apoiando com atos os discursos, em todas as dimensões do convívio.

O largo espectro deste compromisso contém desde a luta coletiva pela redistribuição das riquezas, pela formação equilibrada dos jovens cidadãos, até as redes de desobediência civil e de comunitarismo militantes, que costumam originar-se nas regiões periféricas do mundo, entendidas tanto em termos geográficos como sociais e povoadas por desempregados, imigrantes, excluídos de uma maneira geral. Para estes, é importante um "catalisador externo" (expressão usada pelo cientista político alemão Ralf Dahrendorf), a exemplo de um espaço político normatizado ou mesmo da mídia orientada por finalidades, capaz de levá-los a participar de instâncias decisórias.

Isto é igualmente importante para setores das classes médias de países ricos preocupados com a decadência das regras jurídico-formais da cidadania e com a diminuição da confiabilidade em meios tradicionais de manifestação da verdade pública, como a imprensa. Os filmes que passaram a tomar a imprensa como objeto crítico são reflexos desse cuidado social ainda presente em determinados setores da consciência coletiva[34], que continuam atribuindo à imprensa o papel histórico – o famoso "quarto poder", emergente desde o século XIX – de controlar pela argumentação crítica os poderes constituídos (Executivo, Legislativo e Judiciário), assim como os grupos empresariais.

Aparentemente, a partir de um horizonte de ação social participativa, pode-se incorporar instrumentalmente as neotecnologias. O movimento cívico contra as frias estratégias neoliberais da Organização Mundial do Comércio (OMC) em Seattle (1999) pôde contar com uma mobilização internacional graças à Internet, utilizada como meio perceptivo e comunicativo para um novo tipo de ativismo, que combina participação social com interatividade midiática. Ideologicamente, de substituir os dispositivos de ação da clássica democracia representativa (mediados por Estado e partidos políticos) por uma espécie de rede técnica de ação direta. Na prática, cerca de mil e quinhentas organizações, de oitenta e nove países, deram-se as mãos para pedir uma moratória nas negociações comerciais e uma avaliação participativa do funcionamento da OMC.

A rede mostrou-se como doravante necessária a uma estratégia de resistência popular baseada na vigilância e na continuidade da mobilização, mas também ficou evidente que "resposta" não é puro

34. É verdade que esses filmes são geralmente norte-americanos e refletem a preocupação de se manter a tradição republicana das liberdades civis nos Estados Unidos. Costumam denunciar as práticas abusivas das grandes redes de televisão, acionadas pelo totalitarismo dos índices de audiência ou das pressões de multinacionais empenhadas em ocultar informações danosas ao interesse público. Nestas denúncias, a imprensa escrita norte-americana de elite permanece como uma espécie de reserva moral da verdade histórica. De qualquer maneira, têm um valor exemplar e deixam transparecer a crise do jornalismo tradicional, frente à emergência histórica da "mídia" como nova estrutura de poder, um "quarto poder", sim, mas visceralmente comprometido com a dominação.

discurso, implica ação coletiva. Alterou-se aí o tipo de relação tradicionalmente mantido pela mídia com seu público: informação deixou de ser mero produto, para transformar-se, junto com os militantes, em agente produtor do acontecimento ativista; marketing e mercado, vetores da mídia empresarial ou corporativa, foram trocados pelo interesse comunitarista. Daí surgiu uma alternativa jornalística à mídia empresarial, agora conhecida como "mídia sob demanda", que resultou na criação de uma rede denominada "Centro Independente de Mídia".

Outro exemplo, e geograficamente bem mais próximo, foi o evento comemorativo dos quinhentos anos de descoberta do Brasil. Em oposição ao espírito oficial, entidades representativas de parcelas socialmente excluídas da cidadania plena recusaram-se a participar do que seria a festa governamental. Aproveitando a ocasião, o Movimento dos Sem-Terra (MST) intensificou as suas ações transgressivas, ao mesmo tempo em que grupos indígenas articulavam-se com mídia e organizações não-governamentais, chamando a atenção nacional e internacional para seus problemas político-econômico-culturais, como demarcação e legalização de terras, educação com professores bilíngües, postos de saúde estruturados dentro das áreas, etc. Uma vez mais, aqui, mídia e comunidade foram co-partícipes na produção ético-política do acontecimento.

O que estamos sugerindo como possibilidade, pelo menos teórica, é a reapropriação e a reorientação da mídia enquanto *intelectual coletivo*. Esta expressão designa, desde o ativista italiano Palmiro Togliatti, na trilha da noção gramsciana de *intelectual orgânico*, a capacidade do partido político para interpretar e liderar grupos sociais, dentro de um projeto de hegemonia, isto é, de dominação por consenso. Hegemonia e soberania eram os alvos políticos tanto do príncipe imaginado por Maquiavel quanto do partido modelizado por Gramsci.

Hoje, o que Ianni chama de "príncipe eletrônico" (a mídia) permeia de forma continuada e, às vezes, de modo simultâneo, instantâneo e global, todos os níveis sociais em âmbitos diversos. A mídia afirma-se como "o intelectual coletivo e orgânico das estruturas e blocos de poder presentes, predominantes e atuantes em escala nacional, regional e mundial, sempre em conformidade com os diferentes contextos socioculturais e político-econômicos desenhados no novo mapa do mundo"[35].

Na verdade, pode-se acrescentar a isto que a mídia tende a incorporar também muitas das funções antes reservadas a "intelectuais públicos", tais como os artistas, publicistas e polemistas que tradicionalmente animavam de forma cultural determinados espaços em grandes e pequenos centros urbanos. O debilitamento desse tipo de *intelligentsia* acompanha a crise progressiva do espaço público, entendido como aquele onde se articulam e se debatem projetos coletivos.

No centro dessa crise, trabalha uma *atualidade*, que não mais apenas se dá, como na tradicional atualidade histórica, mas que é principalmente produzida como uma "interpretação performativa" (essa que faz acontecer aquilo mesmo de que fala) por dispositivos midiáticos a serviço de um poder em nada comprometido com a realidade humana e territorial dos sujeitos, isto é, com o patrimônio cultural que, por ancestralidade e herança, os singulariza. Daí, a crescente preocupação ética da parte de pensadores contemporâneos em tentar exercer uma espécie de "contrapoder" (Bourdieu) ou de "contra-interpretação vigilante" (Derrida) diante da urdidura factual da mídia.

Nesse sentido, pondera Derrida que "Hegel tinha razão ao exortar o filósofo de seu tempo à leitura cotidiana dos jornais", preconizando: "Hoje, a mesma responsabilidade exige também que saiba *como* se fazem e *quem* faz os jornais, os semanários, os noticiários da televisão. Seria preciso que se pudesse ver do outro lado, tanto das agências de imprensa como do *teleprompter*"[36]. Em discursos desta ordem, retoma-se de algum modo o empenho histórico da imprensa de intervir eticamente na realidade social, a exemplo do caso emblemático do artigo com que Émile Zola obrigou à revisão do processo Dreyfuss e foi reconhecido por Victor Hugo como "um momento da consciência humana".

Na reflexão contemporânea, reorientar eticamente a mídia como intelectual coletivo parece implicar em levá-la, para além dos interesses imediatos do mercado (o que parece inviável sob a sistemati-

---

35. Ianni, Octavio. *O príncipe eletrônico*. Primeira versão, IFCH de Campinas, novembro/9, p. 9.

36. Derrida, Jacques e Stiegler, Bernard. *Ecografías de la televisión*. Eudeba, 1998, p. 15-16.

zação social operada pelo capital-mundo), na direção de uma cultura crítica, quer dizer, a comprometer-se responsavelmente com a tradição coletiva das diversas formações sociais, com as marcas singulares (língua, memória, etc.) que as atravessam.

Os casos citados de Seattle e dos Sem Terra são pequenos exemplos, mas servem aqui para mostrar como tradição e modernidade tecnológica associaram-se na reorientação, tida como justa e oportuna, dos conflitos. No todo, tratava-se de reivindicar a integridade comunitária, de luta político-social movida por interesses econômicos grupais e pela responsabilidade (ética) com a cadeia intergeracional.

A determinação do bem e do justo, como bem frisa Jonas, depende da responsabilidade que se tem não apenas em face de um *alter ego*, mas do Outro como a totalidade dos entes atuais e futuros. "A capacidade de responsabilidade – capacidade de ordem *ética* – repousa sobre a faculdade *ontológica* do homem em escolher, sabida e deliberadamente, entre alternativas de ação. A responsabilidade é, pois, complementar à liberdade", sustenta ele[37].

Epígono da filosofia heideggeriana (embora denunciando a adesão do homem Martin Heidegger ao nazismo), Jonas põe-se a contrapé de Kant: pertence à ética o cuidado universalista com a humanidade, sim, mas o humano não se deixa definir por uma razão abstrata e intemporal. A consciência moral existe no interior de uma totalidade histórica, que a obriga, primeiramente, a uma solidariedade orgânica para com os contemporâneos, no pressuposto de que o patrimônio econômico, científico e técnico do presente resulta de uma acumulação realizada por todas as gerações passadas. Depois, consideração para com a cadeia intergeracional, a descendência. *Ética do futuro* é como ele chama a sua doutrina da responsabilidade em face da linhagem humana.

Como em muitos outros pensamentos da moralidade, a consciência é a instância soberana na doutrina de Jonas. Aceitando a responsabilidade pelas conseqüências de seus atos, o homem presta contas não mais a um Deus já ausente do horizonte coercitivo, e sim à sua própria consciência, humanamente afetada pela urgência do

37. Jonas, Hans. *Pour une éthique du futur*. Payot & Rivages, 1998, p. 76.

autocontrole em face das tentações modernas e prometeicas de eternização pela tecnologia.

O que obrigaria, por sua vez, a consciência? O *Ser*, pretende responder (heideggerianamente) Jonas. Do Ser, enquanto real da realidade que experimentamos, enquanto fundo abismal sobre cuja superfície histórica aparecem os entes – portanto, objeto mutável da ação do homem e sujeito permanente de um apelo que o compele a um dever –, procede em última análise a consciência da responsabilidade. Assim, logicamente, quanto maior a potência humana, maior a sua responsabilidade para com a vida humana.

Esta posição – bastante moralista, apesar da interessante sugestão de uma "ética de futuro" – não é exatamente a posição de Heidegger no que diz respeito à ética. Embora admitisse a importância da questão, ele recusou-se sempre, como já frisamos, a formular conteudisticamente uma ética, por considerá-la excessivamente implicada, na história do pensamento ocidental, com a história do humanismo, logo com a linguagem da metafísica. A idéia do Bem, por exemplo, básica para esta problemática desde Platão e Aristóteles, é criticada pelo filósofo alemão por apoiar-se arbitrariamente na pressuposição da eternidade do Ser e da verdade[38]. Deste arbítrio decorre, para ele, o modelo de ação produtiva que informa os sistemas de poder da modernidade.

Infere-se de seus escritos, entretanto, que sua idéia de uma vida ética aponta para a experiência radical do questionamento do mundo por parte do indivíduo, ao mesmo tempo em que acentua o imperativo de autoconscientização da dependência e da limitação pessoal do homem frente a esse mundo.

Dessa idéia Jonas extrai o corolário da responsabilidade, que conteria moralmente até mesmo a possibilidade a renúncia ao poder ilimitado do tecnocapitalismo e, conseqüentemente, ao seu projeto de colonização tecnológica da consciência: é dentro deste que a consciência, sempre-já um modo histórico de programação do homem – embora mantendo em seu campo o espaço da diferença –, arrisca tor-

38. Vale lembrar que, na Roma Antiga, Virtude era também o nome de uma deusa. Para chegar-se a seu templo, era necessário passar pelo templo da Verdade.

nar-se mero *software*, como já se tornaram a moeda e sua boca cultural, a mídia.

Renúncia é, claro, uma idéia que arrisca enveredar pela moral autopiedosa e salvífica, na linha das paixões tristes do remorso e do arrependimento, sem verdadeiro enfrentamento das alternativas postas na vida real e histórica (isto é, humana e em permanente elaboração social) pelo próprio homem. Neste enfrentamento é que se constrói a *responsabilidade*. Esta, muito mais do que puro complemento lógico da liberdade, é de fato a sua própria condição, o pensamento prático (ou a ética) que põe a consciência no caminho livre em direção tanto ao "si mesmo" quanto à vida boa e digna, na medida em que a faz perceber a sua inelutável dependência para com o todo.

Posições desta natureza podem assentar-se politicamente em concepções que privilegiem tanto as formações coletivas quanto as individuais. Não são, assim, estranhas ao liberalismo norte-americano, que coloca os direitos individuais à frente dos fins coletivos. Isto fica bastante claro no pensamento (de nítida inspiração kantiana) de autores como John Rawls e Ronald Dworkin.

Dworkin, por exemplo, distingue dois tipos de empenho ético[39]. Primeiro, o empenho "substantivo", que implica concepções quanto aos fins da vida (valores, virtudes) pelos quais se deve lutar. Segundo, o empenho "procedural", que consiste em tratar igualmente a todos, independentemente das concepções que possa ter cada um quanto aos fins. Liberal seria toda sociedade que relega a segundo plano a adoção de uma específica visão substantiva dos fins, para consagrar o empenho (procedural) de respeitar igualmente a todos, deixando a cada um a responsabilidade de decidir individualmente sobre a idéia de fins.

Mas por que, afinal, ética e não qualquer outra palavra advinda de regiões históricas criativamente fortes? Bem, ética é um conceito grego, platônico-aristotélico, que atravessou toda a História do Ocidente e pode ainda guardar algum vigor, na medida em que se afine analogicamente com o empenho presente em outras culturas de mobilizar as energias de criação e autotransformação perpétuas do indivíduo, na

---

39. Dworkin, Ronald. *Liberalism*. Cf. Taylor, Charles. *Multiculturalismo – Lotte per il riconoscimento*. Feltrinelli, 1998, p. 43-44.

direção de uma maior plenitude existencial, de uma vida mais rica, com a qual se jogue em termos felizes. Mas também na direção de um equilíbrio tanto das tensões como dos prazeres comunitários.

Por outro lado, o fato de que a questão da ética venha se levantando prioritariamente dentro do campo filosófico, não impede que se articulem modos de abordagem próprios de outras disciplinas de pesquisa ou de pensamento, mais diretamente afinadas com as ciências sociais e humanas e, portanto, com realidades sócio-históricas mais imediatas.

Pode-se, assim, trazer para o campo concreto da ciência política a abstrata dimensão filosófica, a que em geral se confina a reflexão sobre problemas tradicionalmente ditos "éticos". Basta pensar no conceito de *soberania*, cada vez mais importante no momento histórico em que se agudiza a crise do Estado-nação e em que a exceção – pano de fundo para a decisão soberana, segundo Schmitt – parece tornar-se regra[40].

Quando nos damos conta de que da exceção soberana decorrem a validação da norma jurídica e o sentido da autoridade do Estado (ou seja, o direito positivo e o poder político nascem de uma situação exterior a eles e com eles vinculada na forma da suspensão), a soberania aparece como dimensão que transcende a ordem jurídica e politicamente instituída, respondendo pela fixação do poder, mas também pela abertura para outros horizontes históricos.

Na exceção soberana, vislumbram-se, assim, características filosoficamente atribuíveis à dimensão ética, como a abertura e a historicidade constitutivas do processo de realização do *ethos* humano. Daí parte a consciência crítica das tensões e conflitos sociais, assim como emergem interesses e demandas para além das malhas jurídica e politicamente tecidas pela estruturação classista da sociedade. A crise do Estado liberal, a desagregação do tradicional mundo do trabalho, o evanescimento da representatividade política são fatores que provocam a conscientização coletiva quanto aos limites institucionais, logo a soberania e a ética.

---

40. V. Schmitt, C. *Le Categorie del politico*, Bolonha, 1988 e a leitura feita por Agamben, Giorgio. *O poder soberano e a vida nua – Homo sacer*. Presença, 1988.

A questão da soberania adquire hoje, portanto, grande magnitude. Antes, reduzia-se, como bem assinala Agamben, a "identificar quem, no interior da ordem jurídica estava investido de certos poderes, sem que o próprio limiar da ordem jamais fosse objeto de interrogação"[41]. O problema contemporâneo dos limites do Estado e o conseqüente espraiamento do estado de exceção reacendem a questão da decisão soberana tanto no macroaspecto da reorganização dos Estados-nações no mapa mundial, quanto nos movimentos nacionais em torno da reorientação dos novos sujeitos sociais.

Estão aqui em jogo a identidade do "novo" indivíduo, o sujeito da terceira revolução tecnocientífica, e um novo tipo de esfera pública capaz de abrigar democraticamente outras formas de compromisso entre vida coletiva e Estado, sem cair no fundamentalismo do mercado. A advertência radical vem de um capitalista: "O desencanto com a política alimenta o fundamentalismo do mercado, e a ascensão do fundamentalismo do mercado contribui, por sua vez, para o fracasso da política" (George Soros). Em outras palavras, o problema contemporâneo é a invenção de esquemas sociais viáveis para se lidar com as conseqüências das crises da representação política, da esfera pública e da governabilidade

Apesar de sua antiguidade e de seu fácil uso para os travestimentos morais, a idéia da ética ainda parece encontrar lugar no âmbito de uma mundialização (processo de internacionalização de mentalidades e costumes, paralelo à globalização tecnológica e financeira do mundo) em que a exceção soberana abra espaço para um ser-em-comum com linguagem cívica ou para pactos de coexistência (não necessariamente universais, não ideologicamente "multiculturalistas") entre diferenças individuais, coletivas, religiosas, étnicas e sexuais.

A procura de um outro *nomos* para o solo real ou virtual em que se distribuam os indivíduos evoca inevitavelmente a reflexão sobre a prática da morada, sobre o *ethos*, logo, evoca o que o pensamento tem chamado de impulso ético.

A palavra *nomos*, originariamente ligada ao ato de apascentar o rebanho por um pastor, permanece teoricamente instigante. Desde o diálogo platônico *Politikos*, é recorrente no mundo intelectual a ima-

41. Agamben, Giorgio. *Ibid.*, p. 20.

gem da comunidade humana como um parque zoológico, como bem assinala Sloterdijk[42]. A arte política ou as antropotécnicas políticas impõem-se como formulações de uma "arte pastoral" destinada à domesticação do rebanho. Identificam-se os pastores ou guias como os que detêm o saber capaz de bem classificar os homens e distribuí-los nos lugares adequados ("apascentar"), assim como, de acolher as suas qualidades, entre as quais, naturalmente, a sua voluntária servidão de "animais sem chifres". O Estado ideal-platônico resulta das naturezas nobres e voluntárias.

O *nomos* da modernidade ocidental expandiu-se com uma ética humanista consciente do imperativo de contenção da animalidade humana, por meio de técnicas racionalistas que implicam, civilizatoriamente, recursos culturais para o cultivo do espírito como a escrita, as ciências e as letras.

Ainda que se recuse esta perspectiva zoológica ou vitalista para a condição humana (é o caso de Heidegger com sua análise ontológico-existencial, que faz do Ser o pastor do "rebanho"), o fato é que o humanismo se desenvolve como um espaço agonístico para as diferenças entre os vários modos de abrandamento dos impulsos do homem, na direção de uma homeostase social. Se a animalidade é um horizonte negativo, a ela hoje se acrescentam como pontos problemáticos os descontroles da tecnologia e do mercado, comprometidos apenas com o *nomos* do poder, este designado por Platão como o que se exerce por tiranos sobre os "animais com chifres".

É nos espaços vazios do *nomos* tradicional que se fortalece o *bios* midiático, uma forma de vida em estreita simbiose com a forma simples e abstrata do mercado, tecnologicamente organizada para a neutralização do conflito social, para a imunização individual e coletiva contra tudo o que possa representar tensão e ambivalência comunitárias. Dentro desta ótica, a contraposição de *immunitas* a *communitas* é acertada. A maximização comercial dos efeitos da tecnociência é apenas uma das estratégias da *immunitas*, da "vacinação" anticomunitária.

42. Sloterdijk, Peter. *Règles pour le parc humain*. Éditions Mille et Une Nuits, Paris, 2000, p. 44-52. Vale observar que este texto provocou em 1999 uma grande discussão na mídia e entre intelectuais europeus.

Vale a pena, entretanto, levar em conta as especulações sobre se, admitindo-se a possibilidade de relativização do poder desta forma, poderia ter a informação pública – desde que culturalmente redefinida – um papel importante a desempenhar na formação de uma massa crítica em face das guetizações comunitaristas, dos isolamentos identitários, da hipertrofia do poder tecnológico e, mesmo, da arrogância intelectualista, que supõe controlar pela racionalidade discursiva todas as possibilidades de desdobramento dos processos sociais.

Nesta linha, pensar uma ética do futuro será concebê-la, longe de toda a moralidade do velho humanismo, como *poiesis* e *práxis* da "criação" rumo a uma "vida boa" para o homem. Entenda-se por isto o processo que engendra historicidade como evento fundamental da responsabilidade humana e faz crescer a força vital – o pensamento, o trabalho simbólico, a educação, a invenção científica. Aqui se dão as possibilidades de infinita expansão do humano, do deslocamento do horizonte que, como bem percebeu Nietzsche, altera-se de acordo com a movimentação do observador.

Mas entenda-se também ética do futuro como cuidado para com a cadeia de perpetuação da vida, para com o descendente: "A criança é inocência e esquecimento, um novo começo e um jogo, uma roda que rola sobre si mesma, um primeiro movimento, um 'sim' sagrado" (Nietzsche, no *Zaratustra*).

V
Communicatio e *epistème*

A palavra "comunicação" recobre, na prática discursiva corrente, três campos semânticos: veiculação, vinculação e cognição. Sugere-se aqui uma antropologia ético-política da comunicação, o que hoje equivale a dizer uma teoria do processo constitutivo do *bios* midiático ou realidade virtual e seu relacionamento com as formas tradicionais de vinculação social. Antropologia *lato sensu*, bem entendido, como um empenho de ciência que vai desde a descrição das formas estruturantes de uma cultura até a lógica do agir humano dentro de uma formação social, portanto, uma "antropológica" base reflexiva para uma nova posição interpretativa (pós-epistemológica e pós-ontológica) do processo comunicacional.

A partir do que até agora expusemos, como agregar-nos ao empenho de dinamização do campo acadêmico da Comunicação? Como tomar distância crítica da pura e simples preocupação – marcante nos cursos de graduação latino-americanos – com a formação de mão-de-obra especializada para o mercado profissional?

Nas três últimas décadas do século XX, os melhores momentos das atividades teóricas no interior deste campo, tanto na Europa como nas Américas, têm girado em torno das relações entre os discursos sociais e o poder; da reinterpretação sociológica, antropológica e semiológica das práticas comunicacionais e, mais recentemente, da recepção como objeto privilegiado para a pesquisa empírica.

Os momentos cientificamente mais estéreis, embora eventualmente frutíferos para agências de publicidade, jornais e estrategistas de consumo, têm a ver com o sociologismo funcionalista, ancorado no mecanicismo dos modelos industrialistas do processo comunicacional, que implicava um paradigma informacional: transmissão de uma mensagem, organizada por um código, através de um canal entre um emissor e um receptor.

Em ambas as situações, permanece indistinto o objeto teórico da Comunicação, referente constante, mas particularmente vago, em meio à proliferação dos discursos de uma ideologia comunicacional com acentuação futurista sobre as promessas da última grande utopia do capital – a tecnologia como manifestação universal do progresso. Vale lembrar a advertência de Durkheim: "Toda ciência que trata do futuro não tem objeto".

Efetivamente, se olhamos para o campo comunicacional apenas como um mero reflexo das práticas de mídia, sempre orientadas para uma antecipação acelerada do futuro, a cognição daí decorrente não parecerá dispor de qualquer objeto próprio. Por outro lado, é difícil pensar no conceito de "um" objeto para uma disciplina social atravessada pela profunda fragmentação, tanto dos fenômenos que procura conhecer quanto de seu próprio campo teórico.

Apesar disso, é possível sustentar que a Comunicação ocupa hoje uma posição reflexiva sobre a vida social, se não com "um" objeto claramente discernível, certamente com um "nó" ou um núcleo objetivável, onde se entrelaçam problematizações diversas do que significa a vinculação ou a atração social.

É compreensível que o comportamento indisciplinar dos estudos comunicacionais – resultante dessa incômoda condição de estar espremida entre as grandes disciplinas do pensamento social e uma multiplicidade de práticas socioculturais atuantes – costume lançar uma sombra sobre esse núcleo objetivo. Diferentemente de disciplinas como sociologia, antropologia, psicologia e História, que emergiram academicamente a partir do "continente" filosófico, a Comunicação partiu tanto da Academia quanto do mercado e sempre teve maior peso prático (é um tipo de saber estreitamente ligado à produção de serviços) do que conceitual. Nesta conjuntura, simplesmente inexiste consenso teórico quanto a seu objeto.

Também compreensível é o fato de que essa multiplicidade de práticas, quase sempre embalada por uma ilusão futurista presente nos supostos juízos críticos, dê margem a uma confusão entre doutrinas de acompanhamento técnico (variantes do marketing ideológico) e a atividade científica (quer esta se guie pelo método hipotético-dedutivo ou pela "teoria", descomprometida com fins imediatos).

No entanto, apesar dos ritmos cada vez mais velozes e mercadologicamente obsessivos de hoje, pode-se fazer contato com algo que *dure* política e existencialmente na contemporaneidade, isto é, algo que tenda a comportar-se como um *fio condutor do sentido* pertinente à variedade das ações sociais. Nessa duração, faz-se claro o núcleo teórico da comunicação: a *vinculação entre o eu e o outro*, logo, a apreensão do ser-em-comum (individual ou coletivo), seja sob a forma da luta social por hegemonia política e econômica, seja sob a forma do empenho ético de reequilibração das tensões comunitárias. Não se trata, portanto, de vinculação como mero compartilhamento de um fundo comum, resultante de uma metáfora que concebe a comunicação como um receptáculo de coisas a serem "divididas" entre os membros do grupo social. Vinculação é a radicalidade da diferenciação e aproximação entre os seres humanos.

Evidentemente, o núcleo objetivo da cognição comunicacional inclui as tensões constitutivas do comum, em qualquer nível. O "eu" e o "outro" não são entidades prontas e acabadas, a serem conectadas por um nexo atrativo. Apreender cognitivamente o si-mesmo, compreender a dinâmica identitária – portanto, o vínculo entre o "si" genérico e o "si mesmo" singular, mediado pela transcendência do Outro – está no cerne do problema comunicacional.

Reduzir esse problema à pura interação midiática resulta em posições gestionárias da seguinte ordem: "Eu defino o objeto de estudo dos estudos de mídia como a estrutura e os processos de comunicação social"[1]. O que avulta nesta definição é o privilégio da "relação" tecnológica ou da interação em termos liberais-societais. Afirma-se aí como natural, politicamente intocável e cientificamente garantido um modelo de sociedade fragmentada, constituída de indivíduos competitivos e isolados dispostos numa rede hipertecnológica e midiaticamente relacionados.

Vinculação, entretanto, é muito mais do que um simples processo interativo, porque pressupõe a inserção social do sujeito desde a dimensão imaginária (imagens latentes e manifestas) até a de-

---

1. Garnham, Nicholas. *Emancipation, the Media and Modernity*. Quebec, 1999, p. 3.

liberação frente às orientações práticas de conduta, isto é, os valores. Aqui se faz necessariamente presente o sentido ético-político do bem comum. Isto torna a questão comunicacional política e cientificamente maior do que a que se constitui exclusivamente a partir da esfera midiática.

Dentro do campo filosófico, a questão do vínculo é a mesma que Kant denomina de "ação recíproca" ou "comércio", ao perguntar-se sobre como é possível que "várias substâncias estejam em comércio mútuo e pertençam por este meio a esse todo único que se chama o mundo?" (*In: Da forma e dos princípios do mundo sensível e do mundo inteligível*, 1770). Sua resposta apela para a terceira das funções lógicas *a priori* em todo entendimento ou em todo julgamento possível (*categorias*, desde Aristóteles): a relação, que implica inerência e subsistência, causalidade e dependência, comunidade (ação recíproca entre agente e paciente).

A comunidade, diz Kant, é "a causalidade de uma substância na determinação das outras, em toda reciprocidade". Em termos da habitação humana num território, a noção kantiana de comunidade pode ser invocada para referir-se à possibilidade que tem o indivíduo de pôr-se em disponibilidade para algo em comum, concretamente para o *valor* ou a *troca* numa relação geral de cada um com todos os outros. É o *topo* originário da diferenciação e da aproximação – e é, por outro lado, a questão subsumida na idéia de comunicação.

Em latim, as palavras *communitas*, *communio* e *communis* (*cum* é o que liga ou reúne; *munus* é cargo ou serviço que se presta a outro) referem-se à idéia de pôr uma tarefa em comum, ou seja, dispô-la como possibilidade de realização a mais de um, o que implica o coletivo (*koinos*, *koinonia*, em grego), oposto a particular. O ser-em-comum da comunidade é a partilha de uma realização, e não a comunidade de uma substância. Quer dizer, não se define como um estar-junto num território, numa relação de consangüinidade, numa religião, mas como um compartilhamento ou uma troca.

Isto vale frisar, porque se sabe o que aconteceu ao termo, depois de elevado a categoria sociológica por Tönnies: converteu-se pós-romanticamente numa espécie de ícone de um passado cuja perda se lamenta em vista da desestruturação morfológica das relações sociais e da atomização dos indivíduos nos grandes centros urbanos. Passou, assim, da idéia do ser-em-comum como um *topo* dinâmico de realização para a noção de um ser substancial pensado como uma identidade (coletividade, agrupamento) colocada num lugar determinado.

O conceito de comunicação aponta para a movimentação concreta de toda comunidade. Evidencia que se trata de pôr em comum as diferenças práticas na dinâmica de realização do real. Isto está implícito, desde a origem, na palavra *communicatio* (do latim clássico, ciceroniano), que inclui os mesmos *cum* e *munus* de *communitas* e significava propriamente *societas* ou sociedade abordada pelo ângulo comunitário da atração, comércio ou vinculação entre humanos, deuses e humanos, vivos e mortos. A expressão *dies communicarius* prescrevia em Roma a ritualização desse laço.

O problema já comparecera, antes mesmo da origem da palavra, na comunidade grega (a *Polis*), com a invenção da Retórica, esta técnica de discurso que constitui uma apropriação política (dialógica, persuasiva, democrática) da questão do vínculo. Apropriações anteriores (na doutrina de Empédocles, por exemplo, com a idéia de *phylia*) davam-se no interior de uma visão cosmológica do mundo. Depois, com Platão, a questão aparece na forma da relação dialogal – a "boa retórica" platônica –, filosoficamente exigida pelo desvelamento da verdade.

Mas a palavra comunicação evidencia também que se trata de problematizar a questão teórica do ser-em-comum. São de fato vários os modos e os níveis em que essa questão pode ser apropriada pela reflexão. Na História dos sistemas de pensamento, diversos autores suscitam-na dentro do campo estrito da filosofia, sem deverem ser chamados, entretanto, de filósofos da comunicação. Platão e Aristóteles são básicos, na Antiguidade. Husserl, Scheler, Heidegger, Habermas, Apel são exemplos modernos particularmente marcantes.

Socialmente, a questão emerge no final do século XIX, quando os efeitos das grandes concentrações humanas nas cidades começam a preocupar o Estado liberal e os pensadores sociais. Médicos, penalistas e antropólogos deparam-se com a ameaça potencial das multidões (ou massas) e com o desafio de controlar o indivíduo daí emergente. Em *A Psicologia das multidões* (1895), Gustave Le Bon concebe a "alma da multidão" como autônoma diante do indivíduo e vê a lógica coletiva como uma regressão civilizatória. Gabriel Tarde, que influenciaria grandemente os primeiros estudos norte-americanos de comunicação, contesta o primado das multidões e proclama o advento da "era dos públicos". Mas a palavra "massa", semanticamente ligada a multidão, marcaria depois a cena acadêmica norte-americana e a internacional.

A questão toma vulto e importância com a crescente presença hegemônica da informação na estruturação das representações e ações sociais. Primeiro, ela aparece como subtema das disciplinas do pensamento social sistematizado no século XIX – sociologia, psicologia, antropologia. Já no início do século XX, ganha boa visibilidade acadêmica nos Estados Unidos, em conexão com as indagações quanto aos efeitos do jornalismo (o jornal era o *medium* dominante nessa época) sobre a mudança social[2]. A partir dos anos dez, a chamada Escola de Chicago converte-se num influente centro de estudos microssociológicos sobre os fenômenos da comunicação, privilegiando os temas da "comunidade humana" e da cidade como "laboratório social".

A abordagem empírica de questões comunicacionais partia basicamente da sociologia de acento pragmatista. Pesquisadores como o sociólogo Charles Cooley, o jornalista-sociólogo Robert Park (bastante influenciado pelo francês Gabriel Tarde e pelo alemão Georg Simmel), o pedagogo John Dewey e outros preocuparam-se inicialmente com o quadro social em que ocorre o processo de transmissão intersubjetiva de sentido e depois passaram a atribuir importância teórica ao jornal. Na França, Jacques Kayser empreendeu estudos pioneiros sobre o jornal, ao mesmo tempo em que Alfred Sauvy lançava as bases da formalização analítica da opinião pública[3].

O desenvolvimento de tecnologias como o rádio, cinema e televisão fez-se acompanhar por essa tradição acadêmica, incentivada pelo

---

2. Para uma visão ampla e minuciosa das teorias e correntes do pensamento comunicacional, ler: Mattelart, Armand et Michèle. *Histoire des théories de la communication*. Éditions La Découverte, 1995; Sfez, Lucien. *Crítica da comunicação*. Loyola, 1994; De Fleur, Melvin L. & Ball-Rokeach, Sandra. *Teoria da comunicação de massa*. Jorge Zahar Editor; Bougnoux, D. (ed.), *Sciences de l'information et de la communication*. Textes essentiels, Larousse, 1993.

3. É importante frisar que a tradição da análise quantitativista ou discursiva do jornal concorre para a ampliação do conhecimento de aspectos técnicos do campo comunicacional e tem produzido trabalhos de grande interesse, como por exemplo as análises do francês Maurice Mouillaud sobre o texto jornalístico.

interesse de governos, envolvidos tanto na Primeira como na Segunda Grande Guerra, em conhecer os efeitos persuasivos da propaganda sobre as populações civis. Em 1927, Harold Laswell inaugura conceitualmente a linha da chamada *mass communication research* com o livro *Propaganda Techniques in the World War*, mostrando a mídia como indispensável à gestão das opiniões e associando propaganda à democracia.

Nessa corrente, que pontificou principalmente a partir da década de quarenta, foram pioneiros, além de Laswell, pesquisadores como Paul Lazarsfeld, Robert K. Merton, Bernard Berelson, J. Klapper, Wilbur Schramm, M. Janowitz, Daniel Lerner, Kurt Lewin, C.I. Hovland, Charles Osgood, Elihu Katz e outros. Nela, a questão comunicacional partia da realidade tecnológica dos meios de comunicação (em geral, tidos como todo-poderosos) e tematizava-se por meio da sociologia, mas dentro dos modelos da teoria da informação (emissor – mensagem – canal – receptor). O canadense Marshall McLuhan, que a popularizou a partir dos anos sessenta, também partia da realidade empírica do *medium*, mas no quadro de uma teoria literário-sociológica da cultura.

Como se pode resumir, a visão norte-americana dos processos comunicacionais tipifica a sociologia de inspiração funcionalista, isto é, aquela voltada para o estudo dos efeitos de adaptação ou marginalização dos indivíduos no interior de um sistema social. Os funcionalistas partem do postulado da unidade funcional do grupo (na realidade, um juízo moral sobre a Ordem) para avaliar equilíbrios e desequilíbrios. Nesta perspectiva, os meios de comunicação são instrumentos supostamente neutros, ao invés de socialmente comprometidos com o aperfeiçoamento social, como na Escola de Chicago a serviço das funções de vigilância dos valores, tradição, informação e entretenimento.

Metodologicamente, essa abordagem gira em torno de um modelo onde dois ou mais indivíduos interagem, trocando mensagens contra um pano-de-fundo necessário (o *medium*), embora teoricamente pouco relevante, já que o maior cuidado acadêmico visa as motivações individuais e coletivas, as performances e os resultados. Neste modelo, de natureza positivista, o sujeito da consciência parte de uma constante, que é o mundo externo e natural. Diante deste, o sujeito põe-se em primeiro plano, para poder controlá-lo por meio de um conhecimento supostamente exato, quantitativamente gerado por pesquisas de opinião, *panels*, análises de conteúdo e avaliações de efeitos.

Tudo isso era bastante influenciado pelo conceito de cálculo informacional, trazido à luz no final dos anos quarenta pelos matemáticos norte-americanos Claude Shannon e Warren Weaver. O objetivo de ambos era a formalização de um sistema geral de comunicação, com vistas a quantificar o custo de transmissão de uma mensagem entre um emissor e um receptor, em face de ruídos indesejáveis no canal.

Este modelo linear foi adotado pelos sociólogos e psicólogos da *mass communication research*. Mas a chamada "teoria matemática da comunicação" inseria-se numa linha mais ampla de estudos voltada para o tratamento matemático e eletrônico da informação, que redundaria na computação e nas abordagens sistêmicas ou cibernéticas dos processos sociais.

Visão diferente do positivismo funcionalista têm os europeus, impulsionados pelo pensamento fenomenológico, isto é, por uma posição descritiva do que "aparece à consciência", do "fenômeno". Aqui, desde Husserl, é o mundo externo (denominado *Lebenswelt* ou "mundo da vida") que se põe em primeiro plano. O conhecimento do mundo é circunscrito pela implicação da consciência do sujeito nesse mundo sobre o qual ele atua. As estruturas subjetivas do sentido, a consciência em suma, são assim anteriores a qualquer outra estrutura de mediação como, por exemplo, a linguagem.

Discípulo de Husserl, Heidegger concorda em que a existência humana produz-se a partir da experiência do mundo, em seus termos, a partir de um finito "estar-no-mundo". Ele desloca, entretanto, o primado do papel constitutivo exercido pela consciência – e, portanto, da busca husserliana de categorias intersubjetivas e transcendentais do conhecimento – para a História do "Ser" (*Sein*), onde sujeito e mundo advêm à existência de modo não dualístico, sem separação entre um termo e o outro. Por isto, em vez de "ser humano", o pensador fala estrategicamente de "Dasein", que se costuma traduzir como "estar-aí" ou como "pre-sença".

O que quer dizer Heidegger com a palavra "Ser"? Uma metáfora midiática pode ser esclarecedora: imaginemos um espectador que liga a televisão e assiste a um capítulo de telenovela. Suponhamos que ele não tenha visto os capítulos anteriores nem tenha nenhuma idéia do que se vai passar depois. Evidentemente, não vai entender muito do acontecido no capítulo, menos ainda da telenovela, uma vez que o seu sentido se encontra no desenrolar de toda a história. A experiência feita pelo espectador é a do evento do capítulo, mas ele precisa da telenovela para efetivamente saber da história e atribuir sentido às suas partes. Telenovela e capítulo dependem um do outro e se interpelam reciprocamente.

O "Ser" pode ser entendido como esse "fundo" para o desdobramento ou o desenrolar das coisas. Trata-se de um fundo "abismal" e não de um estável fundamento. Onde enxergá-lo? Em sua morada, responderia Heidegger, que é a linguagem. Na vida real dos homens, o "Dasein" existe dentro de uma cultura, logo, de um mundo compartilhado (por meio da comunicação ou troca de sentidos e valores), a partir de uma articulação espacial e histórica, possibilitada por uma ordem de acolhimento de todas as diferenças, a que costumamos chamar de "linguagem" e que se manifesta na forma prática do "discurso".

A diferença entre um e outro é que linguagem, na acepção heideggeriana, não significa um concreto discurso comunicativo, e sim a matriz dos eventos, a superfície em que, historicamente, se inscreve o Ser. A linguagem implica, em si mesma, um mundo anterior à consciência, aberto à interpretação hermenêutica.

A focalização fenomenológica sobre a linguagem manifestada em discurso social não se restringe à interpretação de Heidegger. Alfred Schutz, também discípulo de Husserl, mas radicado nos Estados Unidos, preocupou-se com os pressupostos intersubjetivos da comunicação humana. Comunicar-se implica já estar de posse de uma experiência cognitiva coletivamente moldada e posta à disposição da prática individual no *Lebenswelt* por categorias de linguagem. A partilha intersubjetiva do mundo é, assim, precedida pelo pano de fundo social da linguagem.

Depois da Segunda Guerra, aparece nas ciências sociais a sustentação da anterioridade da linguagem à consciência. No início dos anos 1950, o antropólogo Claude Lévi-Strauss afirma, contra as pretensões de uma teoria sociológica do simbolismo (Marcel Mauss), que seria preciso buscar uma origem simbólica do fato social, ou seja, a lei cultural e a linguagem produzem a sociedade, e não o contrário.

A antropologia cultural de Claude Lévi-Strauss previa uma única macrodisciplina da comunicação, que abrigaria a sociologia, aproximando-se estreitamente da cibernética, da lingüística estrutural e da teoria da comunicação. Considerava Lévi-Strauss que toda e qualquer experiência assume formas estruturadas (em geral, inconscientes), que consistem em pares de opostos, suscetíveis de representação algébrica, ao modo das análises que a teoria lingüística (Escola de Praga, Ferdinand de Saussure) costumava fazer sobre a dimensão codificada da linguagem, a língua.

De modo sucinto, era este o cerne do estruturalismo: a diversidade infinita da ação humana poderia ser analisada, a partir de suas diferentes estruturas, por disciplinas como psicanálise, antropologia, história, teoria literária. Assim é que a vida social, pensável como um processo interativo entre indivíduos, pode ser reduzida a três estruturas – o parentesco, a economia e a linguagem –, cujas regras de trocas correspondiam a tipos distintos de comunicação. A idéia lévi-straussiana de cultura é a mesma de um sistema de comunicações, das quais o mito e o ritual constituem formas particulares.

Os estudos franceses de comunicação, desde as análises de discurso (as várias semiologias) até os ensaios compreensivos, inspiraram-se largamente na sugestão saussuriana de uma ciência dos signos sociais (semiologia) e na análise estrutural de Lévi-Strauss, embora este último sempre tenha duvidado da aplicação do estruturalismo à sociologia. Já em 1957, Roland Barthes propunha-se em suas *Mitologias* a estabelecer as bases teóricas da semiologia, aplicando as análises aos produtos da comunicação de massa, tratados como mitos e ritos comunicativos.

A chamada "théorie", que prosperou acadêmica e editorialmente entre os anos 1960 e 1980, continha sob aspectos múltiplos a questão comunicacional. Esta era a preocupação explícita, por exemplo, do *Centre d'Études des Communications de Masse* (CECMAS), fundado pelo sociólogo Georges Friedmann e animado por críticos e pesquisadores como Roland Barthes, Edgar Morin, Julia Kristeva, A.J. Greimas, Christian Metz, Abraham Moles, Eliseo Veron e muitos outros.

Na Europa, nunca foi decerto uma preocupação exclusivamente francesa, apesar da repercussão maior dos "sorbonnards". Com efeito, na mesma época do CECMAS, surgiu em Milão o Instituto A. Gemelli, também empenhado em análises de naturezas diversas sobre os processos da comunicação. Semiólogos como Umberto Eco, Paolo Fabbri e vários outros pesquisadores italianos têm pontificado desde então nesse campo.

Ainda no mesmo tempo, essa problemática foi teoricamente acolhida entre os ingleses no interior do campo dos *cultural studies* (estudos culturais), uma mescla de teoria literária com teoria da cultura que remonta ao final do século XIX, mas amadurece nos anos 30. Obras como *Culture and anarchy*, de Mathew Arnold (1822-1888); *Mass civilization and minority culture*, de Raymond Leavis (1895-1978); *The uses of Literacy*, de Richard Hoggart; *Culture and society*, de Raymond Williams (1921-1988) têm em comum a preocupação com os efeitos da intervenção do capitalismo industrial na cultura e, de um modo geral, pautam-se por uma certa nostalgia comunitarista. Em 1964, o *Centre of Contemporary Cultural Sudies*, em Birmingham, passa a sistematizar academicamente essas questões com uma multiplicidade de influências teóricas, que inclui Georg Lukacs, Walter Benjamin, Antonio Gramsci e outros grandes nomes da crítica cultural. Na análise específica da mídia, também comparece a metodologia semiológica e, mais recentemente, a "teoria da recepção", impulsionada por Stuart Hall.

Por mais específicas que sejam as análises de franceses, italianos e ingleses acompanhados em muitos outros países por pesquisadores movidos pelas mesmas preocupações, paira sobre todas elas a influência crítico-marxista da Escola de Frankfurt, liderada principalmente por filósofos como Max Horkheimer e Theodor von Adorno, criadores nos anos quarenta do conceito de "indústria cultural". Este conceito, que assinala a transformação do valor simbólico da cultura em valor mercantil, é assumido por analistas de todas as latitudes e expandido por outros grandes nomes da Escola de Frankfurt como Walter Benjamin, Leo Löwenthal, Herbert Marcuse e Jürgen Habermas. Nele ressoa a formulação heideggeriana da *Ge-Stell* como a "armação" ou racionalidade técnica do mundo que investe o homem e sua cultura.

Embora de outra maneira, Heidegger ressoa igualmente na obra filosófica de Michel Foucault. Este debruça-se sobre o discurso de modo bem diferente do lingüista, do semioticista, do sociólogo ou do historiador: discurso é agora o objeto onde se inscreve a experiência coletiva do mundo e a partir do qual o analista, como um arqueólogo ou um genealogista, descreve as condições de seu aparecimento histórico. O mundo organiza-se discursivamente, ao modo de um texto, e a tarefa do pensamento é pesquisar as pressuposições para o surgimento dos objetos e das práticas humanas dentro da superfície das palavras. A "microfísica" do poder – ou o conjunto de táticas de subordinação que permeiam as relações sociais integra essas pressuposições.

Ao lado dos vários arcabouços críticos que privilegiam como objetos seja a indústria cultural, seja o discurso, desenvolve-se também uma linha crítica que visa a articulação dos fenômenos ditos de globalização com a formação dos grandes conglomerados de mídia e com os processos de desregulamentação das telecomunicações.

Na prática, este tipo de estudo preocupa-se com a entronização do mercado (em vez das instituições sociais) como principal regulador das diversas atividades econômicas, culturais e comunicacionais. O poder, aqui, é sociologicamente abordado em sua dimensão macro, e não apenas micro, como na análise filosófica de Foucault. O norte-americano Herbert Schiller e o belga Armand Mattelart são bons exemplos desta tendência analítica.

1. Autonomia do campo

Em toda essa movimentação teórica, a Comunicação é algo situado na encruzilhada de disciplinas tradicionais do pensamento social. Mesmo com metodologias crescentemente específicas (como a semiologia francesa, a semiótica norte-americana, a análise da recepção, etc.), não parecia passar, em termos epistemológicos, de uma mera plataforma de observação de novos fatos socioculturais. Nos Estados Unidos, a idéia de "rede", ou seja, da conexão intersubjetiva por fluxos comunicacionais presente na Escola de Palo Alto com Gregory Bateson e Paul Watzlawick, mas também noutros termos em cognitivistas como Humberto Maturana e Francisco Varela contribuiu para uma visão totalizante do fenômeno comunicacional. Mas ainda se tratava de uma encruzilhada ou de uma convergência teórica.

Agora, entretanto, o estudo da comunicação social parece encaminhar-se progressivamente para uma posição de autonomia relativa em face das disciplinas sociais e humanas já consolidadas e também por demais ligadas à análise dos clássicos sistemas centrais de ação histórica, como o capitalismo, o Estado, a religião.

Qual a garantia de objeto para essa autonomia?

Antes de mais nada, para nós, a especificidade da vinculação social que, em sentido lato, é núcleo objetivo de uma ciência da comunicação. Em sentido estrito, a evidência de que as práticas socioculturais ditas comunicacionais ou midiáticas vêm se instituindo como um campo de ação social correspondente a uma nova forma de vida, que propomos chamar de *bios midiático*. Essas práticas – uma espécie de antropotécnica eticista – não esgotam nem sintetizam o problema da vinculação, uma vez que dizem mais respeito propriamente à *relação* socialmente gerida pelos dispositivos midiáticos e, portanto, pelo mercado.

É preciso deixar bem claro, por um lado, que a Comunicação não se reduz a uma visão "midiacêntrica" do mundo. Sempre existiram recursos ou meios de comunicação, mas a "mídia", tal como a vimos definindo, é dispositivo recente. Por outro, é preciso salientar que diversas abordagens teóricas vêm incorrendo no engano fundamental de confundir a realidade midiática com a realidade sócio-histórica, classicamente tomada como objeto teórico pelas disciplinas do campo humano e social.

São de fato níveis diferentes de realidade. O apelo à interdisciplinaridade ou a uma certa transdisciplinaridade não resolve o embaraço epistemológico, porque altera apenas a posição do sujeito do conhecimento no nível das práticas (teóricas) disciplinares coladas ao real-histórico: sociologia, antropologia, psicologia, etc. São disciplinas com objetos teóricos construídos a partir de *bio* ou formas de vida real-históricas que, desde o *Filebo*, de Platão, e a *Ética a Nicômaco*, de Aristóteles, vêm sendo designados como política, ciência e sentidos (prazeres).

O campo da mídia – linear (tradicional) e reticular (novíssima) – incide sobre um outro modo de sistematização social, sobre um outro *eidos* (substância primeira, essência), que é a realidade simulada, vicária ou ainda virtual. O território da mídia é o de um quarto *bios* existencial, o *bios* midiático, que tende a se autonomizar das relações sociais imediatas por meio da abstração simulativa, assim como no passado recente e no presente esporádico, os líderes autoritários e os ditadores conseguem autonomizar-se frente às massas que os fizeram ascender ao poder.

Ora, as disciplinas construídas a partir das formas representativas do real-histórico clássico ligam-se apenas aleatoriamente (caoticamente), sem linearidade discursiva, ao que se passa no *bios* midiático. Daí, 1) os conhecidos fracassos dos prognósticos sociológicos, psicológicos, etc. sobre o evento midiático; 2) a incoerência, senão a inconsistência teórica do que se chama de campo comunicacional; 3) a indisciplina metodológica desses estudos; 4) o agigantamento do campo, com a idéia enganosa de que a comunicação esteja em tudo.

A comunicação cobre efetivamente um largo, mas delimitado, espectro de ações ou de práticas, que podemos assim classificar:

a) veiculação: antropotécnicas eticistas ou práticas de natureza empresarial (privada ou estatal), voltadas para a *relação* ou o *contato* entre os sujeitos sociais por meio das tecnologias da informação, como imprensa escrita, rádio, televisão, publicidade, etc. Trata-se, portanto, do que se tem chamado de midiatização. Os dispositivos de veiculação (mídia) são de natureza basicamente *societal*. Em torno deles é que se tem articulado preferencialmente a maior parte dos estudos ou análises de Comunicação;

b) vinculação: práticas estratégicas de promoção ou manutenção do vínculo social, empreendidas por ações comunitaristas ou coletivas, animação cultural, atividade sindical, diálogos, etc. Diferentemente da pura relação produzida pela mídia autonomizada, a vinculação pauta-se por formas diversas de reciprocidade comunicacional (afetiva e dialógica) entre os indivíduos. As ações vinculantes, que têm natureza basicamente *sociável*, deixam claro que comunicação não se confina à atividade midiática. A problemática do ser-em-comum ou das trocas simbólicas demanda abordagens a que não são estranhas as obras de sociólogos como Georg Simmel, Alfred Schutz ou de filósofos de variadas linhagens;

c) cognição: práticas teóricas relativas à posição de observação e sistematização das práticas de veiculação e das estratégias de vinculação. Aqui, a Comunicação emerge não como uma disciplina no sentido rigoroso do termo, mas como uma maneira de pôr em perspectiva o saber tradicional sobre a sociedade, portanto, como um *constructum* hipertextual (interface de saberes oriundos de diversos campos científicos) a partir de posições interpretativas. A "ciência" da comunicação impõe-se, a exemplo da filosofia concebida por Wittgenstein, como uma *atividade* crítica, só que voltada para a sociabilidade, a eticidade e as práticas de socialização pela cultura, uma espécie de "filosofia pública".

Essa atividade tem sido vista como "indisciplinar", porque o seu percurso cognitivo é da ordem da radicalidade do *trans*, isto é, de um campo de relações hipertextuais ou de interfaces entre os "seres de espírito" – as entidades virtualizadas do *bios* midiático e os variados recortes do mundo real-histórico. Esse campo é propriamente um atrator ou um "buraco negro" para onde se projetam as substâncias originais da História.

Simplesmente perde consistência histórica o "sujeito" da sociologia clássica, concebido a partir de uma identidade fixa, que respondia pela estabilidade de suas relações com o mundo, integrando-o como uma subjetividade crítica e criadora, por meio de estratégias diferenciadas de gestão, num sistema social.

É a gestão desse sistema pelo poder que garantia a sua objetividade social, induzindo a objetividade científica buscada pelas disciplinas teóricas. Como precisa Jeudy: "A objetividade do sistema social não vem do processo de teorização, ela é produzida por estratégias de gestão, pela racionalização da 'realidade social'. Em conseqüência, a validade da teoria depende só do critério de verossimilhança". Na verdade, esta é uma característica geral da ciência moderna, que integra estruturalmente a forma social, sem dela apartar-se à maneira de um repertório de fatos absolutamente neutros e objetivos.

Nas ciências sociais, fica mais claro o procedimento:

> primeiramente, a teoria constrói suas próprias regras de cientificidade, sendo estas definidas na maior parte como re-

> gras institucionais do "meio científico"; segundo, a teoria fica o mais próximo possível dos atores, operando um trabalho de objetivação de suas modalidades de ação; e terceiro, o próprio teórico não deve se entregar a um mimetismo cegante, já que se espera que ele teorize. A verossimilhança da teoria é dependente do processo de objetivação e da prova fornecida pela adequação da reflexão à apreensão da realidade social[4].

O campo comunicacional onde se evidenciam novas estratégias de gestão da vida social e onde o ator social não é mais o "performer" do "teatro" social, como na sociologia clássica, e sim de uma máquina semiótica simuladora do mundo, oferece-se como plataforma para um novo tipo de reflexão sobre o homem e sobre a organização social. É verdade que este campo assemelha-se ao de todas as outras instituições sociais, que se desenvolvem dentro da própria realidade que ajudam a criar e a administrar, mas com uma diferença: a mídia vive do discurso que faz sobre sua própria simulação das outras realidades.

Em termos cognitivos, o campo impõe-se ao mesmo tempo como evento indicativo da ruptura que a filosofia analítica contemporânea opera com a tradição fenomenológica: "não são mais as questões da relação entre sujeito e o objeto nem da intersubjetividade que são essenciais, são as da linguagem, da produção da argumentação, das condições de verdade da enunciação e das modalidades da compreensão"[5]. A "objetividade" comunicacional é puro discurso.

Por outro lado, o fato de ser o *bios* midiático algo de virtual ou de relativamente externo diante do real-histórico não constitui nenhum empecilho epistemológico. Muito pelo contrário, é uma vantagem, se aceitamos a perspectiva de Feyerabend, no sentido de que

> não podemos descobrir o mundo a partir de dentro. Há necessidade de um padrão externo de crítica: precisamos de um conjunto de pressupostos alternativos ou – uma vez que esses pressupostos serão muito gerais, fazendo surgir, por assim dizer, todo um mundo alternativo – necessitamos de um mundo imaginário para descobrir os traços do mundo

4. Jeudy, Henri-Pierre. *Sciences sociales et démocratie*. Circé, 1997, p. 37.

5. *Ibid.*, p. 7.

real que supomos habitar (e que, talvez, em realidade não passe de outro mundo imaginário)[6].

Mas é muito peculiar essa externalidade característica da realidade virtual ou midiática, porque na verdade ela é produzida pela sociedade que construímos. É algo que criamos, com que brincamos (nas múltiplas formas do entretenimento), que podemos utilizar manipulativamente e que, por isto, acreditamos conhecer. Criar algo e compreendê-lo podem ser partes de um mesmo processo, em especial quando esse "algo" parece organizar grande parte de nossos usos e costumes.

A idéia de organização surge daí como teoricamente muito importante. Destaca-se agora como um ponto de partida interpretativo ou epistemológico muito forte, porque a realidade midiática (societal) tem deixado mais ou menos claro que a socialidade não constitui uma mera zona indeterminada, a serviço da economia e da produção cultural, e sim um lugar de trânsito obrigatório entre ambas. Ou seja, entre a infra-estrutura econômica e superestrutura cultural, impõem-se estruturas mediadoras que, na verdade, controlam ou organizam a economia, muito mais do que são por ela controladas.

Deste modo, o campo comunicacional incita-nos a pensar mais o modo de organização social – ou seja, a gestão dos padrões institucionais (hábitos controlados) responsáveis pela invenção tecnológica, pela produtividade do trabalho e pela administração culturalista do "tempo livre" – do que o clássico modo de produção econômico, voltado para a pura e simples exploração do valor-trabalho[7]. Pelo viés da Comunicação, impõe-se a abordagem do modo como a sociedade contemporânea – inapelavelmente a reboque do turbocapitalismo – vem progressivamente ampliando o raio de ação dos sistemas que dirigem as formas de vida classicamente comprometidas com a organização estatal, suas derivações e suas alianças.

As tecnologias da comunicação constituem filtros poderosos para a incorporação do relevante e eliminação do irrelevante diante do novo ordenamento do mundo. Relevante tem sido tudo o que favo-

---

6. Feyerabend, Paul. *Contra o método*. Francisco Alves, 1975, p. 42-43.

7. Esta é, aliás, a perspectiva de fundo do nosso *A máquina de narciso – Televisão, indivíduo e poder no Brasil*, 1984.

reça o consenso das elites nacionais e transnacionais sobre os processos de concentração da renda, sob a batuta imperial da economia euro-norte-americana. Irrelevante, qualquer conteúdo "humano" resistente, ainda que por mera incompatibilidade, à abstração inapelável da lógica do sistema e da globalização das formas mercantis.

Nesse quadro de pensamento, faz sentido a distinção sociológica entre o "societal" (tudo que diz respeito à construção oficial de uma sociedade, portanto, aos mecanismos ou aparelhos reguladores, cuja ação vem de cima para baixo) e o "sociável" (o informal humano de uma sociedade, que opera de baixo para cima, no nível de redes de reciprocidade).

Esta perspectiva leva-nos a pensar a mídia como forma de vida adequada a uma nova etapa da organização social requerida pela lógica do processo atual de expansão capitalista, que pressupõe, além da acumulação internacionalizada em escala global, transformações radicais (mutação no trabalho, novas subjetividades, extinção de direitos, maior atomização dos atores sociais, etc.) nas formas sociais clássicas, fragmentadas e em vias de reorganizações institucionais por meio de ONGs, seitas, movimentos comunitaristas, associações de natureza lúdica, tribalismos e outras.

Nesta nova etapa histórica do capital, a dimensão societal (Estado e organizações empresariais) procura estender-se até as zonas menos determinadas da socialidade. De um lado, a ampliação do controle societal sobre o próprio fenômeno biológico do homem – por genética ou biotecnologia; de outro, o controle das redes de socialidade (parentesco, vizinhança, amizade, amor, etc.), que escapavam à regulação dos aparelhos societais – por midiatização, por formas virtualizadas de vida.

O *bios* midiático é a resultante da evolução dos meios e de sua progressiva interseção com formas de vida tradicionais. Historicamente, assinala o momento em que o objeto (tanto o colossal empilhamento dos produtos de consumo quanto o desenvolvimento vertiginoso das máquinas eletrônicas e das telecomunicações) alcança uma posição poderosa e inédita frente à ordem clássica do sujeito.

Com a mídia e com os dispositivos nômades, o objeto dá início a circuitos de auto-referência técnica (uma verdadeira interobjetividade), participando ativamente no campo do sentido social (embora numa posição "negativa" no que diz respeito ao sentido conceitualmente "humanista") e ganhando relativa autonomia diante da esfera da subjetividade.

Implica o novo *bios* um primado da esfera objetual sobre o sujeito e, com isto, a constituição de uma outra forma de vida, onde o virtual (ou seja, uma realidade potencial, eideticamente inacabada) tem mais peso fenomenológico do que as representações clássicas do real histórico, elaboradas e desenvolvidas em função de uma ligação semanticamente objetiva com o real.

Uma ciência da comunicação humana coloca de si mesma a tarefa de produção de conhecimento específico (e não marcadamente sociológico, antropológico, psicológico, jornalístico, etc.) sobre a sociabilização decorrente dessa nova realidade histórica, com o objetivo de buscar perspectivas críticas e orientações práticas para as novas formas de vida. Estas emergem de fato no horizonte da História contemporânea, marcada pela crise dos mecanismos sociais de identificação e de trocas intersubjetivas.

"Ciência" aqui deixa de ser entendida como a forma de conhecimento que o positivismo sempre desejou encerrar nos parâmetros da eficácia causal ou da rígida dependência empírica aos fatos, desvinculando da história de sua constituição os materiais com que trabalha o cientista, conforme o figurino da filosofia idealista do conhecimento.

Estão bem resumidas por Castells e Ipola as teses dessa filosofia: "1) Existe uma verdade a-histórica, que é dada previamente, na ordem da "realidade". É suficiente extraí-la sem que seja necessário produzi-la; 2) O sujeito (discurso que conhece) e o objeto (de conhecimento) constituem os elementos primeiros do conhecimento científico; 3) A investigação científica efetua-se através da "adequação" entre o sujeito e o objeto do conhecimento. Esta adequação define a "verdade", o que pode ser expresso pela fórmula: (sujeito) = (objeto) = verdade"[8].

Essa redução empirista do conhecimento a seu objeto real decorre, como bem se sabe, do universalismo abstrato do Iluminismo, para

---

8. Castells, M. e Ipola, E. *Prática epistemológica e ciências sociais*. Afrontamento, 1973.

o qual apreender a lógica do humano equivale a aceitar a hipótese do homem universal, com a mesma estrutura de interesses e afetos, explicável por leis gerais e universais semelhantes às supostas leis mecânicas do mundo físico. A linguagem dessa redução seria inevitavelmente matemática. Assim é que o marquês e matemático Condorcet, um dos primeiros a pensar em "ciência da sociedade", preconizava a aplicação do cálculo probabilístico à História, a fim de se prever "o progresso da raça humana" e de se poder "subjugar o futuro". Da geometria poderia deduzir-se, como bem pretendia Voltaire, a moral. Com o olho armado pela exatidão universal da ciência, o sujeito do conhecimento observaria empiricamente os fatos objetivos e deles retiraria a verdade humana.

Entretanto, neste momento histórico em que as ciências da natureza se indagam sobre o seu próprio sentido e em que as ciências humanas repensam o seu papel e as suas perspectivas, a expressão "ciência da comunicação" tem mais a ver com o que Kant designou como "um caminho seguro" ou com o que Condillac chamou no século XVIII de "língua bem feita", ou ainda mesmo com o que Hegel entendia por conhecimento vinculado ao equilíbrio comunitário, estratégia de complementaridade histórico-social.

Apenas agora ciência não mais na direção de uma totalidade teórica articulada e orgânica, e sim rumo a sistemas interpretativos que criem espaços cognitivos para a identificação dos novos agentes sócio-históricos e para o relacionamento com a multiplicidade das novas formas sócio-organizativas. Em outras palavras, em vez da metáfora do livro (totalidade fechada), a do hipertexto, como conexão e abertura.

Deve tornar-se evidente, porém, que uma real posição interpretativa, de natureza científica, do fenômeno midiático não se confunde com o êxito social de ideologias teóricas coladas à contemplação fascinada do progresso tecnológico e às imagens idílicas do consumo. Ideologia teórica tem aqui o sentido de uma homogeneidade de idéias acadêmicas sobre a realidade, que a justifica como algo ontologicamente dado e não-transformável.

Tais ideologias – que podemos chamar de "doutrinas de acompanhamento técnico" – nada mais são do que versões universitárias de uma generalizada escatologia comunicacional (por exemplo, idéias do tipo "a cibercultura é o terceiro estágio da humanidade", "cibercultura é a presença virtual da humanidade diante de si mesma", etc.), que procura impor-se, como pano de fundo quase-religioso, na ausência de estruturas ético-políticas.

Essas ideologias fazem-se presentes tanto em certos setores do mundo acadêmico quanto do jornalístico, que se juntam apenas para ver "desfilar" todo um mundo técnico já pronto e acabado. O cientificismo empirista gerado pela teoria idealista do conhecimento ajusta-se perfeitamente à visão midiática do mundo. Pode-se observar, aliás, que o jornalismo – em especial, o jornalismo dito "de qualidade" – tem assumido progressivamente o controle do discurso tradicionalmente mantido pelas ciências do homem sobre a vida social em todos os seus aspectos, ainda que o jornalista não legitime o seu texto por uma "posição epistemológica". A maior parte da mitologia comunicacional contemporânea é jornalisticamente veiculada[9].

Para inserir a ciência da comunicação numa perspectiva histórica, capaz de levar a um posicionamento ativo sobre a complexidade das novas relações humanas e sociais, "temos de inventar um sistema conceitual novo, que ponha em causa os resultados de observação mais cuidadosamente obtidos ou com eles entre em conflito, que frustre os mais plausíveis teóricos e que introduza percepções que não integrem o existente mundo perceptível"[10].

Ou seja, no que diz respeito à ciência da comunicação social é imperativo que se ouse romper com a metafísica (aristotélica) dos fatos observáveis, onde a indução empirista – gerada pela tradicional dicotomia entre teoria e observação – tem tentado aprisionar toda a amplitude do real. Ousar romper, por exemplo, com formulações como a do cientista Teilhard de Chardin quando escrevia que "é mau para as ciências ter mais idéias do que fatos".

---

9. Registra-se contemporaneamente uma interpenetração crescente entre a abordagem midiática do mundo e a produção acadêmica. De um lado, técnicas de planejamento de pesquisa de campo e de tratamento de dados (estatísticas, tabelas, gráficos, etc.), tradicionalmente exclusivas de disciplinas sociológicas, são incorporadas por *softwares* midiáticos de fácil aplicação. De outro, análises acadêmicas, muitas vezes volumosas e de boa circulação na comunidade científica, pautam-se pela informação quase-jornalística do fenômeno observado. Livros como *A nova mídia*, de Wilson Dizard Jr. ou as produções de Pierre Lévy são claros exemplos.

10. Feyerabend, Paul. *Op. cit.*, p. 43.

É oportuno lembrar inicialmente, com Morin, que método não é a mesma coisa que metodologia:

> As metodologias são guias *a priori* que programam as pesquisas, enquanto que o método derivado do nosso percurso será uma ajuda à estratégia (a qual compreenderá utilmente, certo, segmentos programados, isto é, "metodologias", mas comportará necessariamente descoberta e inovação). O objetivo do método, aqui é ajudar a pensar por si mesmo para responder ao desafio da complexidade dos problemas[11].

Metodologicamente, pode-se começar pensando, à maneira de Feyerabend, na *contra-indução*, capaz de incluir "teorias várias, concepções metafísicas e contos de fadas". Mas depois, relativizando o excesso anárquico de Feyerabend, vale recorrer a Peirce, à sua *abdução* – que ele opunha à indução e à dedução, como um método de descoberta por procedimentos erráticos, eventualmente caóticos, que comporta a invenção, a inspiração e o mito.

A importância e atualidade da contribuição peirceana evidenciam-se quando se problematiza o contexto em que se descobrem ou se propõem as hipóteses científicas[12]. Peirce tem na abdução um conceito axial para entender-se a dinâmica das mediações entre o acaso e a determinação na formulação de uma nova teoria científica. É verdade que essa maneira de pensar tem antecedentes clássicos: o próprio Kant já sustentara que, sem intuição, todo conceito é "vazio". Mas Peirce, ao conceber a abdução como "conjetura espontânea da razão instintiva", faz dela uma espécie de lógica originária da idéia criativa, ponto de interseção entre a ciência e a arte. Do que chama de *il lume naturale* (o *insight* natural das leis da natureza), partiria a faculdade divinatória, instintiva (pulsional?) capaz de criar.

Abdutivo (mesmo sem referência ao conceito peirceano) foi Barthes, um dos primeiros expoentes do pensamento pós-fenomenológico francês a proclamar a importância da linguagem, comparando a sua redescoberta neste século à aventura do homem no espaço cósmico. A obra de Barthes – tanto de crítica da chamada alta cultura como da

---

11. Morin, Edgar. *O Método – 3: O conhecimento do conhecimento*. Sulina, 1999, p. 39.

12. Vide a respeito do assunto a clara exposição de Lúcia Santaella em *O método anticartesiano de C.S. Peirce*, título posterior de *Metodologia Semiótica (fundamentos)*, tese de Livre-Docência, USP, março de 1993.

indústria cultural – pautou-se por uma contínua invenção metodológica. Ele foi, na verdade, um *leitor* extraordinário, um "redescritor", configurando-se a sua inventiva interpretação semiológica da cultura como, ao mesmo tempo, literária e acadêmica.

Invenção ou criação é o que de fato tem acontecido com os analistas mais intuitivos disso que se poderia designar como uma mutação dos sistemas de pensamento dominantes, rumo à implosão da tradicional ontologia (substancialista) de inspiração aristotélica. Inexiste uma estrutura explicativa única para a diversidade fenomênica da comunicação, o que nos conduz à exigência de se testar *pluralmente* a capacidade explicativa de uma teoria (construção conceitual ou hipótese provisória sobre o fenômeno), confrontando-a ao que já se chamou de "capacidade explicativa diferencial de teorias referentes a outros sistemas de inteligibilidade"[13].

Isto pode ser considerado uma "transdisciplinaridade", mas desde que radical, quer dizer, um encadeamento de teorias diversas correspondentes a campos científicos diferentes e classificadas por diferentes disciplinas, só que agora pertencentes a uma estrutura compreensiva (mais do que meramente explicativa), desenvolvida por uma linguagem própria e guiada por uma lógica processual – não positivista nem predicativa de propriedades que se atribuam a entidades fisicamente substancializadas.

A forma "ensaio" – adequada a essas formulações – comporta a experiência de limites, tal como o acolhimento da indeterminação, a hibridização de formas conceituais heterogêneas, a contaminação do texto, como na literatura recente, por metáforas científicas. Isto pode ser igualmente considerado uma visão "sinóptica" do processo social, em que modos diferentes de olhar e participar concorrem para uma focalização específica, não da exata realidade da ciência, mas de sua presença alusiva.

Trata-se de privilegiar (analogicamente, metaforicamente) as *conexões* – primeiro entre as teorias e depois entre estas e os fenômenos observados, embora sem as implicações algébricas que eram típicas do estruturalismo lévi-straussiano. São de tal natureza, por exemplo,

---

13. Berthelot, J.M. Les Masses: De l'être au néant. *In: Masses et Postmodernité*, org. de Jacques Zylberberg. Méridiens Klincksieck, 1986, p. 193.

as analogias, oscilantes entre a ficção e a teoria científica, especulativamente formuladas por Jean Baudrillard em suas análises da mídia e da pós-modernidade. Isto lhe valeu, assim como a outros pensadores inventivos, a acusação de "impostura" intelectual.

A razão disto é que o método, aqui, apresenta-se como francamente abdutivo: ele inventa uma linguagem, ficcionaliza até mesmo a ciência dedutiva/indutiva para explicar. A *compreensão* – conhecimento que se processa por apreensão imediata ou analógica de um fenômeno – como que desafia a *explicação*, pretensamente objetiva e inimiga das metáforas, a responder a suas representações concretas. É que, na compreensão, o conhecimento inclui necessariamente o sujeito que conhece e, assim, obriga-se a pôr em questão as construções do mundo (subjetivistas, resultante de jogos de linguagem) que se tomam como fatos objetivos para a ação cognitiva.

Assim, vários dos objetos colocados sob a ação cognitiva da Comunicação resultam verdadeiramente de metáforas. Krippendorf mostra como estudos sobre o conteúdo das mensagens nos processos comunicacionais decorrem geralmente de uma "metáfora do receptáculo", em que se concebe a comunicação como uma espécie de recipiente para conteúdos (informações, pensamentos, significados, etc.), figuráveis como *entidades com qualidades objetivas*, que se podem transportar de um lado para o outro[14]. Outras metáforas do conduto, do controle, da transmissão, da guerra, do ritual afetam substancialmente a natureza dos estudos em comunicação.

Apesar de partir de uma linguagem metafórica, o discurso tecnocientífico tende a apegar-se à linguagem literal, supostamente capaz de melhor traduzir a realidade externa, independentemente do observador. Esta distinção é rejeitada por Krippendorf, ao mostrar que as metáforas, muito mais do que meros recursos de assemelhamento estrutural, são veículos de construção do novo conhecimento e de sua organização por meio de *implicações* significativas. Precisamente por este motivo, Baudrillard, mestre numa análise fortemente metafórica, é um autor modelar para se introduzir o tópico da invenção metodológica. Tanto mais porque, desde os anos sessenta – quando

14. Cf. Krippendorf, Klaus. *Principales metáforas de la comunicación y algunas reflexiones constructivistas acerca de su utilización. In:* Parkman, Marcelo (org.). *Construcciones de la Esperiencia Humana,* vol. II, Gedisa, p. 107-146.

os objetos passam ao primeiro plano da vida social, como conseqüência do primado do consumo sobre a produção – ele problematiza toda a dimensão objetual da contemporaneidade.

Em *O sistema dos objetos* e *Crítica da economia política do signo*, principalmente, ele procurou formalizar um discurso supostamente interobjetivo (relacionado a um sistema de signos e a uma sintaxe do objeto), reinventando a semiologia como uma operação de transversalidade para disciplinas bastante ativas naquela época, a exemplo da lingüística, da antropologia estrutural, da psicanálise e da análise marxista dos processos produtivos.

Depreende-se de seus trabalhos a idéia de uma irredutibilidade do objeto às tradicionais disciplinas de abordagem da vida social. É isto que nos sugere a hipótese atual de uma outra *forma de vida*, o *bios* midiático ou virtual (resultante de nova tecnologia societal) capaz de funcionar até certo ponto com uma lógica própria, auto-referente (tautológica)[15]. Esta forma tem persistido nas últimas décadas como um "parque" tecnológico integrado e adequado aos regimes de visibilidade pública e de representação do capital em sua fase globalista. Não é verdadeiramente uma causa radical, mas sintoma da mutação civilizatória que preside à emergência de um novo *bios*.

O que o campo comunicacional parece requerer, em suma, é um novo sistema de inteligibilidade para a diversidade processual da comunicação, possivelmente na direção de uma antropológica do vínculo e das relações, isto é, a) o empenho por uma redescrição das relações entre o homem e as neotecnologias capaz de levar em conta as transformações da consciência e do *self* sob o influxo de uma nova ordem cultural, a simulativa; b) ao mesmo tempo, o empenho ético-político-antropológico no sentido de viabilizar uma *compreensão* das mutações socioculturais dentro de um horizonte de autoquestionamento, norteado pela afirmação da diferença essencial do homem, de sua singularidade.

A compreensão, para Krippendorf, comporta duas ordens: na primeira, assimila-se irrefletidamente a lógica plana da comunicação corrente, enquanto na segunda o sujeito se inclui auto-referenci-

15. Em torno dessas características articula-se o conceito de "tautismo", desenvolvido por Sfez, Lucien, *Crítica da comunicação*. Loyola, 1994.

almente no ato de compreender, o que se traduz na metáfora da "compreensão da compreensão da comunicação". Sustenta ele:

> A comunicação se transforma em um fenômeno social precisamente quando seus participantes re-conhecem ou constroem, em sua compreensão da comunicação daqueles com os quais se comunicam, quando sua teoria da comunicação abriga recursivamente as teorias da comunicação dos Outros, e quando os comunicadores participantes podem, então, ver-se a si mesmos através dos olhos dos outros[16].

Quanto ao "empenho redescritivo", tem aparecido ao longo das últimas três décadas, sob rubricas disciplinares variadas (sociologia, antropologia, filosofia, psicologia), principalmente em autores europeus e latino-americanos. Os europeus costumam enveredar pela linha crítica (em geral, desconstrutivista) da crise da representação, com a temática da "não-comunicação", do extermínio do sentido, onde pontificam analistas da cultura como Jean Baudrillard, Zygmunt Bauman, Paul Virilio e muitos outros.

A mídia é claro sintoma dessa crise. Sem a exigência do significado (imprescindível à historicidade), ela vigora por ambiência, costume, sensorialismo (pura eticidade, em suma), fazendo-se de parâmetro existencial por fascinação especular. E no regime da mídia eletrônica ou da realidade virtual, é concebível a vigência de um novo tipo de nominalismo, que tenta (a exemplo da doutrina tradicional na filosofia do Ocidente) eliminar a categoria da significação e reconhecer apenas o signo e seu referente.

A ordem das imagens ou dos simulacros, onde importa mais a conexão do que o sentido, é de fato uma forma tecnológica de nominalismo. Toda uma metafísica do conceito vê-se abalada pelos atos concretos da fala, transformada pela midiatização da vida social, pelo esgotamento de determinados modos clássicos de representação da realidade e pela potencialização dos efeitos *perlocucionários* cristalizáveis nos contextos.

Com efeitos dessa ordem preocupa-se a teoria pragmática da linguagem, sucedânea, na virada do século, das preocupações semiológicas que predominaram nos anos sessenta e setenta. O pragmatismo

---

16. Krippendorf, Klaus. *Op. cit.*, p. 134.

lingüístico empenha-se em demonstrar a imbricação necessária da locução (o que se diz) com a ilocução (o modo de expressar o que se diz), visando a criar sobre outro (receptor, enunciatário) um efeito dito *perlocucionário*. As designações deste efeito variam segundo a diversidade teórica dos autores (Deleuze e Guattari, por exemplo, chamam-no, em *Mil platôs*, de "traços supra-segmentários"), mas ele aparece como uma constante analítica em sistemas de pensamento contemporâneos, que vão da filosofia analítica da linguagem à antropologia[17].

Em todos, procura-se tirar as máscaras da metafísica conceitual e fazer virem à luz, sejam as variações lógico-lingüísticas do contexto (à maneira de Wittgenstein), sejam as outras cenas latentes na oralidade, nas aparências ou nas superfícies (à maneira de Nietzsche). A hermenêutica reaparece nesse quadro da epistème contemporânea como resultado da "evidência" nietzscheana de que não há fatos, tão-só interpretações (posição de Gianni Vattimo, por exemplo): a própria verdade, ao contrário do pensamento "realista", é apenas um fato interpretativo.

Há também os "construtivistas", como Jürgen Habermas que, em nome da filosofia ou da ética, dispõe-se a pensar um novo espaço público com o instrumental de uma suposta razão comunicativa. Por trás da sua ética do discurso está a preocupação com um possível caos do sentido (pelo menos do ponto de vista do racionalismo conceitual) decorrente da ampliação dessa realidade inapreensível pelas formas tradicionais de representação.

Seja em Habermas, Apel ou Gadamer, é dentro de uma comunidade de comunicação que se desenvolve um *horizonte de sentido*, condição para a compreensão intersubjetiva. Na argumentação, residiria a racionalidade capaz de fundamentar a *práxis* comunicativa e tornar universalmente aceitáveis os atos de fala. A concordância ra-

---

17. Deve-se a isto certamente o êxito na esfera acadêmica de posturas teóricas que, em detrimento das macroexplicações, valorizam a observação ou a redescrição de relações marcadas pelo aqui e agora, tais como a pragmática (Peirce, Austin, Searle), a microssociologia (Tarde), a sociologia das formas sociais (Simmel, Ledrut, Maffesoli), a socioantropologia interacionista (Goffman, Schutz), o neopragmatismo (Rorty), a filosofia das intensidades, rizomas, "línguas menores", micropercepções e linhas-de-fuga (Deleuze, Guattari) e outras. Mas igualmente o trânsito freqüente dessas posturas em produções artísticas – filmes, romances, obras plásticas, etc.

cional sancionaria moralmente um enunciado ou, em última análise, um comportamento.

Posição construtivista tem igualmente um culturalista como Raymond Williams, que pensa em processos de composição social no interior das estratégias de hegemonia. A ele vinculam-se direta ou indiretamente os latino-americanos, só que particularmente interessados em centrar suas análises e pesquisas no que se vem chamando de campo comunicacional.

Isto se deve possivelmente ao grande número de escolas de comunicação disseminadas em toda a América do Sul, mas também ao fato de que a partir daí parece desabrochar um pensamento latino-americano ligado à intervenção ou à participação sociais, portanto, a uma associação do que chamamos de "veiculação" com a "vinculação". O problema da comunicação representou, em muitos aspectos, um pretexto para o aparecimento, embora tímido, de um novo tipo de pensamento participativo, bastante diverso das preocupações européias e norte-americanas com o assunto.

De fato, a chegada vertiginosa da economia de mercado a regiões de renda precária – o que é típico dos países do chamado Terceiro Mundo –, aliada à decomposição do velho tecido urbano, coloca os problemas de comunicação e cultura no centro das preocupações intelectuais. Por um lado, eles se situam numa problemática política, que é a da hegemonia (ou dominação por consenso) do bloco historicamente dominante, por meio das organizações e instituições da *sociedade civil* (conceito hegeliano marxianamente reposto por Gramsci) sobre o conjunto da sociedade. Esta foi a problemática, ainda muito atual, teorizada por Gramsci, para quem a organização material da cultura, hoje capitaneada pela mídia, alinha-se com outros "aparelhos privados de hegemonia", tais como escolas, partidos, sindicatos, etc.

Por outro lado, situam-se numa problemática que se orienta por um empenho de melhor compreensão da dinâmica sociocultural do consumo, das formas de apropriação ou reapropriação dos produtos de massa, das modalidades de circulação do sentido e de suas múltiplas formas de relacionamento com os sistemas políticos e que estimula a constituição de um campo intelectual específico.

Não é aqui o nosso propósito fazer um levantamento exaustivo dos nomes de pesquisadores relevantes para a área. Houve pioneiros relevantes, como o boliviano Luis Ramiro Beltrán. Mas no tocante à análise de discurso, é particularmente marcante o trabalho do argentino Eliseo Verón, que influenciou toda uma geração de estudiosos na América Latina. A seu lado, merecem citação especial o também argentino Anibal Ford, o peruano Desiderio Blanco e o uruguaio Fernando Andacht.

O espanhol-colombiano Jesus Martin-Barbero e o mexicano Guillermo Orozco Gómez, claramente influenciados por Raymond Williams, têm-se constituído em fontes de referência para estudos que privilegiam a categoria teórica da mediação (aparentemente originada na obra de Williams, embora já por ele deixada de lado) em seus estudos dos processos comunicacionais[18].

Aqui tem primado uma sociologia da cultura em geral, característica dos chamados *estudos culturais* e pronta a incorporar contribuições da semiótica – capaz de levar em consideração o multidimensionalismo das práticas comunicacionais, mas especialmente atenta aos processos de hibridização simbólica atuantes na circulação dos produtos da mídia ou da indústria cultural.

Martin-Barbero debruça-se em particular sobre os modos de como a mídia intervém na constituição de um novo público urbano, incitando a novas formas de sociabilidade, de inclusão e exclusão sociais. Seu interesse pelos usos sociais da telenovela destaca o relacionamento entre a oralidade "primária" persistente nas maiorias populacionais, especialmente na América Latina, e a oralidade "secundária" que presidiria aos códigos tecnoperceptivos do audiovisual (rádio, cinema e televisão).

É um tipo de estudo cada vez mais voltado para o que Michel de Certeau chamava de reapropriação da mídia pelos usos práticos[19]. Não é uma posição absolutamente nova. Mais de três décadas atrás, Hilde

18. Consultar a respeito Martin-Barbero, Jesus. *Dos meios às mediações: Comunicação, cultura e hegemonia*. Ed. da UFRJ, 1998 e Orozco Goméz, Guillermo. *Recepción televisiva y mediaciones: la construcción de estrategias por la audiencia. In:* Televidencia. Cuadernos de Comunicación, n. 6, Mexico, 1994, p. 69-88.

19. Cf. Certeau, Michel de. *A invenção do cotidiano: Artes de fazer*. Vozes, 1994.

Himmelweit, uma pesquisadora inglesa, já sugeria como caminho de pesquisa no campo da recepção a troca da perspectiva da influência da televisão sobre as crianças pela problematização do que as crianças *fazem com* a televisão, em outras palavras, como dela se reapropriam, tornando-se pólo de recepção e fonte de informações.

Tais usos ou práticas discursivas tendem a ser entendidos como *mediações* entre a mídia e seus públicos, portanto como categorias potencialmente reveladoras da mediação operada pelas tecnologias da comunicação no processo de produção dos novos imaginários urbanos.

Entretanto, apesar do indiscutível interesse que têm estudos desse gênero para o campo comunicacional, o conceito de mediação não consegue ultrapassar a sua enorme imprecisão cognitiva, já apontada por vários autores, inclusive o próprio Raymond Williams, uma de suas fontes originárias. Mediação, entendida como interação entre opostos, ainda é idéia correspondente ao que Feyerabend chamou de "metafísica dos fatos observáveis" e que funciona por meio do estabelecimento de um dualismo fundamental entre sujeito e objeto ou entre partes da realidade independentes entre si. Comunicacionalmente, funciona aqui a "metáfora do receptáculo" (o recipiente cheio de coisas a serem compartilhadas) e as suas implicações de "transporte" e recepção.

O apelo à multiplicidade das mediações não parece de fato resolver o problema do conhecimento. A mediação termina comparecendo como uma espécie de convocação moral ou seja, apenas moral e não política das instâncias da política, formação etnocultural, gênero, contexto, comunidade e movimentos sociais, com vistas a reanimar o sujeito da ação, visivelmente rebaixado pela ordem contemporânea dos objetos e do *bios* midiático[20].

Por outro lado, o apelo culturalista à categoria da "reapropriação" pura e simples dos produtos culturais costuma passar por cima da hegemonia econômica dos grandes monopolizadores da mídia e das telecomunicações, assim como dos fortes mecanismos de expropriação tecnológica (de língua, de território, de memória social) do

---

20. Bem diferente é o uso que faz deste conceito o francês Régis Débray, com a sua "Midiologia". As mediações que o interessam teoricamente são aquelas "pelas quais uma idéia se torna força material".

sentido das ações sociais, que se fazem presentes em cada pequena reapropriação consumista. É essa expropriação que tende a retirar do sujeito social contemporâneo qualquer possibilidade de organizar-se socialmente pelo trabalho ou tende a negar-lhe possibilidades de auto-reconhecimento social por um novo princípio de individuação ou qualquer outro princípio unificador que não seja a circularidade do consumo.

Esse tipo de consumo, entretanto, é produtiva e politicamente marginalizante, conforme se depreende da argumentação de Gianotti:

> [...] os periféricos miseráveis que o capitalismo continua produzindo em grau cada vez maior e a massa de consumidores vorazes, que tudo fazem menos se conformar a uma individualidade social, não constituem forças produtivas diretas do capital, precisamente porque foram excluídos praticamente do universo do trabalho moderno.

Para ele, "o novo capital solta os indivíduos de sua reflexão determinante para deixá-los girando em volta do circuito interno do sistema, como se fossem asteróides desgarrados de seu centro"[21].

Aceitar a utopia de uma nova cidadania por uma pura inserção igualitária do indivíduo no mercado e nas teletecnologias, confiando na racionalidade da transparência comunicacional, é desconhecer ingenuamente o irracionalismo dessas novas formas de sociabilização e sua profunda conexão com o lado "irracional" (na verdade, um outro tipo de racionalidade) do sistema capitalista.

É também aceitar acriticamente a concepção neoliberal do cidadão como um consumidor soberano em suas escolhas num mercado pretensamente "livre". Neste sentido tem-se orientado a sociopolítica dos usos das teletecnologias e do consumo dos produtos culturais da mídia tradicional. Os defensores desta corrente equivalem à versão teórica do que faz em sua prática de disputa político-institucional o norte-americano Ralph Nader, ideólogo do Partido Verde, que substitui cidadania por consumo. Nesse jogo, escamoteia-se de algum modo a despolitização da vida pública.

Não há dúvida quanto ao interesse acadêmico e público dessas perspectivas latino-americanas por direcionarem terapeuticamente

21. Gianotti, J.A. *Certa herança marxista*. Companhia das Letras, 2000, p. 227-228.

a pesquisa para as redes informais de socialidade (e não exclusivamente para o âmbito político-econômico dos aparelhos societais), onde melhor se movimentam as maiorias populacionais, cada vez mais divorciadas, pela distribuição de renda e pelo *gap* tecnológico, do desfrute real e pleno (formação qualificada, consumo equilibrado, integração social) do novo sistema produtivo.

São igualmente, sem dúvida, perspectivas estreitamente dependentes disso que Jacques Derrida chama de "metafísica da soberania", ou seja, axiomas de autonomia do sujeito, da vontade transformadora, da consciência emancipatória. Pressupõem uma crença na existência de uma realidade social substancializada e objetivada. A questão é: não será essencial a uma ciência da comunicação liberá-las da metafísica disciplinar e fazê-las assumir o risco do trabalho com sistemas conceituais realmente novos?

Refletindo sobre o cinema, Deleuze comparava os grandes cineastas aos grandes pintores e músicos, frisando serem eles os que mais bem falam daquilo que fazem, porém advertindo: "Mas, falando, eles tornam-se outra coisa, tornam-se filósofos ou teóricos, mesmo Hawks que não queria saber de teorias, mesmo Godard quando finge desprezá-las. Os conceitos do cinema não são dados no cinema. E contudo são conceitos do cinema, não teorias sobre o cinema"[22].

O mesmo ocorre com a comunicação, de um modo geral. A mão-de-obra técnica do *bios* midiático (jornalistas, diretores de imagem de televisão, cineastas, publicitários, estrategistas de necessidades ou de marketing, web-designers, etc.) costuma afetar um certo desprezo pela teoria, porque se acha mais autorizada para falar do que faz. Além disso, intui por experiência continuada que as ciências sociais e humanas tradicionais não dão conta da realidade representacional produzida pelo campo da mídia.

Entretanto, da fala puramente empirista nada sai de verdadeiramente reflexivo sobre a profunda afetação da vida humana na contemporaneidade pelas práticas comunicacionais. O que deveria ser reflexão e base para novos posicionamentos políticos e antropológicos converte-se em discurso (tautológico) de acompanhamento técnico.

---

22. Deleuze, Gilles. *Cinéma 2 – L'image-Temps*. Minuit, 1985, p. 366.

É que falta um outro tipo de prática, a prática conceitual, e agora em termos capazes de integrar a atividade dos produtores do campo comunicacional com a atividade reflexiva (acadêmica ou não), de maneira a converter as teorias *sobre* a comunicação em teorias *da* comunicação entendida como *práxis*, na linha do que vem sugerido por Deleuze a propósito do cinema.

Isto implica de fato um empenho *sinóptico* de pensadores e produtores na direção de uma perspectiva que associe a *redescrição* das situações e dos fenômenos à *atitude* crítica, esvanescida pela indistinção crescente entre sujeito e objeto.

O que é exatamente uma redescrição? Para nós, trata-se da construção de um outro sistema de inteligibilidade para fenômenos até então submetidos à lógica do entendimento predominante nas formas correntes de poder social. A ele acrescenta-se a atitude crítica, não como mera recorrência da reflexividade epistêmica da modernidade, mas como reiteração de uma posição ético-política empenhada na agregação de valor humano e sentido, isto é, imprevisibilidade, indeterminação, ontocriatividade ou liberdade inerente à criatividade humana ao que, no mundo, se faz caso ou acontecimento.

Um exemplo: quando mencionamos a originalidade metodológica de Baudrillard, dávamos como implícita a sua redescrição (embora este termo, ou mesmo esta operação, seja um "impensado" em seu trabalho) do fenômeno comunicacional por meio de uma nova perspectiva para embates tradicionais da metafísica.

Por um lado, ele retoma o empenho de David Hume (mesmo sem citá-lo e talvez sem conhecê-lo) no que diz respeito a transformar, com elegância estilística, a terminologia reflexiva sobre a experiência humana, sua hibridização retórico-sofística de imagens cientificistas, ficcionais, lingüísticas, etc. e também a relativizar o peso das verdades, encarando-as, do mesmo modo que o empirista inglês, como meras regularidades de representações, ao invés de fundamentações ontológicas apoiadas na substância e na existência[23].

---

23. Evidentemente, isto tem os seus riscos ético-políticos. Assim, a análise intitulada "A Guerra do Golfo não aconteceu" era uma maneira irônica de mostrar que, para o europeu, a guerra euro-americana contra o Iraque era mero simulacro em jornais, rádios e televisões. Deixou, entretanto, de assinalar que, para os árabes, ela aconteceu de fato e que lá estavam os escombros e os cadáveres como comprovação.

Por outro lado, com a temática da não-comunicação (ou "incomunicação"), Baudrillard redescreve – deslocando para o campo das práticas sígnicas na modernidade contemporânea – a reflexão de Hobbes (mesmo citá-lo ou sem apresentá-lo conceitualmente) sobre a violência e o medo como princípios originários do funcionamento social. Em Hobbes, a ausência de uma associação pacífica entre os indivíduos, ou seja, uma "não-relação", dissolutora dos laços comunitários e transformadora do homem em "lobo do outro", funda a vida social. Em Baudrillard, a não-comunicação é o princípio fundador da ordem societal apoiada em meios de comunicação.

A redescrição aparece primeiramente como uma intervenção inventiva (abdutiva, à maneira de Peirce) do pensamento no campo das idéias que remontam às origens da Modernidade e são retrabalhadas pelos epígonos do Iluminismo. Mas implica também uma intervenção na esfera das práticas que orientam a reflexão sobre os acontecimentos do mundo. Isto pode ser acompanhado em várias elaborações teóricas da contemporaneidade (algumas, aliás, já citadas) mas vale aqui destacar o pensamento de Paul Ricoeur com sua "hermenêutica da ação"[24], uma vez que muitas de suas reflexões são deslocáveis para a questão da mídia.

Para ele, é a narrativa (a narração da experiência humana) que leva o homem a compreender a si mesmo. Narrativa não se faz apenas com símbolos e com escrita, mas também com ação, que se pode interpretar à maneira de um texto. A linguagem constitui o cerne da experiência humana, todo discurso é ação, daí a força heurística da ficção e da metáfora enquanto estratégias discursivas.

A posição de Ricoeur dá lugar a uma ontologia hermenêutica, de onde se depreende o conceito de "identidade narrativa", isto é, a vida do homem como um enredo narrado. Ética e política apresentam-se como os eixos dessa ontologia, voltada para a decifração do sentido do homem e do Ser, mas sem perder de vista o agir humano, que constitui o vínculo entre a metafísica e a moral. Dentro desta perspectiva, a própria consciência não é um ponto de partida para o homem, mas uma finalidade, uma tarefa a ser empreendida.

---

24. Vide sobretudo *La Métaphore vive* (Seuil, 1975), *Du texte à l'action* (Seuil, 1986), *Soi-même comme um autre* (Seuil, 1990) e *Temps et Récit III* (Seuil, 1985).

Não que o filósofo esteja diretamente preocupado com a mídia. Seu cuidado reflexivo tanto na hermenêutica da ação como na dos mitos e dos textos visa mesmo os problemas da verdade e da arte, da ficção e da história, da poesia e dos mitos, da liberdade, etc. Mas sua idéia de uma redescrição ou uma "refiguração" da experiência temporal pela narrativa pode ser deslocada (reinterpretada) para o fenômeno da aceleração temporal (a reinscrição do tempo vivido no tempo da máquina) pelas teletecnologias.

O *bios midiático* implica de fato uma refiguração imaginosa da vida tradicional pela "narrativa" do mercado capitalista. Frente a ele, é possível pensar no saber comunicacional como uma redescrição da realidade tradicional pelo pensamento que incorpore a nova ordem tecnológica, mas refigurando a experiência do indivíduo em seu relacionamento com o mundo virtual, experimentando por sua vez uma crítica da existência e buscando um sentido ético-político para o empenho ativo de reorganização do nosso estar-no-mundo.

Na operação redescritiva, a ciência da comunicação aparece como momento de uma "filosofia pública", isto é, uma *práxis* de expressão pública do discernimento quanto ao social. Dizer práxis é dizer teoria e prática juntas, investidas das regras de uma metodologia crítica, mas apoiadas numa posição classificável como "pós-epistemológica", isto é, sem comprometimento com os paradigmas estáveis das ciências da natureza, sem a violência das pretensas "álgebras" sociais. Tal descompromisso significa na prática transpor os limites disciplinares e incorporar, a partir da atividade midiática, a idéia de interface, entendida como *interseção de experiências*.

Trata-se de encontrar genealogicamente o "comum" dos problemas e reconstruí-lo interpretativamente num "lugar", não mais definido como um grande e ontológico metadiscurso explicativo (a exemplo da filosofia clássica), e sim como um mapeamento discursivo das interseções, isto é, a cognição comunicacional – uma atividade (filosófica) pública e crítica.

A crítica não é mais a mesma da modelagem enciclopedista, tal como foi anunciada por Diderot em *Le Neveu de Rameau* e celebrada desde então pelo espírito moderno, ou seja, o exercício infinitamente reflexivo que resulta da penetração do objeto por uma subjetividade conceitualmente afiada e valoritativamente neutra, em busca de uma grande verdade. Nesta posição, o sujeito é sempre absolutamente externo ou transcendente em face do objeto.

A crítica que agora se desenha como exigência histórica é *imanente*, no sentido de que parte de dentro do objeto-sistema, para tentar enxergar os seus limites. O crítico *implica-se* necessariamente, ou seja, *compreende*, mais do que explica. Em outras palavras, não realiza uma mera montagem de modelos do presente ou de cenários do futuro, mas trabalha para trazer à *luz pública* o sentido das ações sociais expropriado pela racionalidade instrumental do sistema organizador.

É na prática uma atitude hermenêutica que, transcendendo a velha dicotomia sujeito/objeto e reinterpretando para mudar as perspectivas, trabalha um caminho de soberania humana em face da neutralização ou da imunização (se aceitamos *immunitas* como o contrário de *communitas*) que a modernidade velha e contemporânea impõe à socialidade comunitária. O aparente cinismo de grande parte da crítica cultural européia não consegue esconder esse velho empenho ético.

Trata-se mesmo de uma atitude (ainda que ambígua) de reintegração da ética no conhecimento, por meio de uma reorientação da velha distância epistemológica entre sujeito e objeto, abolindo as pretensões de absoluta neutralidade e levando em consideração que, no tocante ao social, o sujeito da cognição é parte do objeto que analisa.

É um circuito propriamente "comunicacional", uma espécie de diálogo entre as instâncias constitutivas da práxis, onde espírito e mundo co-produzem-se dialogicamente e aproximativamente, mais ou menos nos termos descritos por Morin:

> a) o conhecimento objetivo produz-se na esfera subjetiva que se situa no mundo objetivo; b) o sujeito está presente em todos os objetos que conhece, e os princípios de objetivação estão presentes no sujeito; c) nosso espírito está sempre presente no mundo que conhecemos, e o mundo está, de certa forma, presente em nosso espírito. Essa dupla presença realiza-se não tanto em função de uma analogia entre micro e macrocosmos quanto de uma dupla inscrição[25].

---

25. Morin, Edgar. *Op. cit.*, p. 257.

Isto significa abandonar a plataforma da objetividade universal erguida pelo positivismo (em termos práticos, reavaliar a metafísica de observação dos fatos) e aceitar o desafio de incorporar ao espírito científico uma posição *compreensiva* e *interpretativa* para as ciências do homem, tentando deter teoricamente o movimento expansivo da pura reflexividade – a interpretação da interpretação, a mera racionalidade descomprometida com a abertura humana – a que se entregaram as ciências sociais clássicas.

Em termos mais diretos, trata-se de se pôr cientificamente na contramão do movimento expansivo de redução da *experiência vital* pelo crescimento exponencial da armação tecnológica do mundo, coonestado pelo comercialismo indiferente das organizações midiáticas. Isto implica inscrever no pensamento comunicacional o horizonte de revitalização da experiência democrática a partir do "comum", isto é, da capacidade de articulação ético-política das organizações regionais e populares.

Comunicação como pública atividade filosófica ou práxis reflexiva uma espécie de "publicística", assumidamente pós-ontológica e pós-epistemológica é um postulado com caminhos diversos de realização. Para Rosen, os estudos em comunicação conseguem ser críticos quando, ao lado de outros, moldam "uma linguagem do 'nós', que fala a valores comuns, problemas comuns, uma herança comum, um senso comum do momento histórico e suas possibilidades". Sublinha que "aqui, 'comum' não significa comum no interior de uma disciplina profissional, e sim algo compartilhado através das fronteiras que separam intelecto de vida pública"[26].

É oportuno lembrar que "publicista" é uma designação anterior a "jornalista". Na verdade, os primeiros jornalistas da modernidade foram publicistas, isto é, intelectuais que se valiam da arte tipográfica e do veículo "jornal" para exporem publicamente as suas idéias e defenderem as suas causas de natureza política, atinentes ao comum da cidadania. Publicistas dessa ordem foram os *founding fathers* da Nação norte-americana, isto é, intelectuais orgânicos de uma democracia emergente, como Lincoln, Hamilton, Jefferson, Paine, Adams

26. Rosen, J. Making things more public – On the Political responsibility of the media intellectual. *In: Critical studies in mass communications*, v. 2, n. 4, 1994, p. 369.

e tantos outros. Por outro lado, já em meados do século XX, alguns pensadores da Comunicação (como Otto Groth, na Alemanha) chamavam o seu campo teórico de *Publizistik*.

A partir das posições que tentam inserir a atividade intelectual na esfera pública como uma modalidade de serviço público, onde intelectuais da mídia e da academia eliminem as suas fronteiras é viável pensar-se na noção de *experiência*, como um meio de contornar a dualidade entre sujeito e objeto.

Na ótica pragmatista, entende-se experiência como um conjunto de vivências de natureza individual e coletiva sobre cujos resultados pode-se chegar a um acordo lógico e ético. Noutra ótica, de inspiração benjaminiana (Walter Benjamin), experiência é o relacionamento ativo com a História, tanto em sua forma manifesta (memória) como latente (mitos, imaginário, transmissão intergeracional) e se distingue de "vivência", por ser esta um relacionamento privado com o acontecimento.

Mas o fato é que, na história da moderna atividade científica, a noção de experiência iniciada por Francis Bacon define-se por oposição às formalizações matemáticas e às abstratas formulações teóricas, privilegiando os ensaios e erros, o acaso e a imaginação. Experiência ou experimentação constitui a *práxis* (teoria e prática integradas) do pesquisador, onde conhecimento e imaginação criativa juntam-se para fazer do objeto trabalhado não apenas algo concebível, mas também socialmente realizável.

No tocante à Comunicação, algo como uma "experiência vital" costuma ser deixado de lado pelos analistas de mídia que, fascinados pelo agigantamento tecnológico dos processos e anestesiados pelo amortecimento político da representação clássica, esquecem o homem e suas possibilidades de ação transformadora. Na prática, esquecem ou passam ao largo da evidência de que, hoje, a elaboração de políticas públicas envolve, além de governos, empresas multinacionais e agências internacionais, também o público e suas organizações cooperativistas, comunitaristas ou simplesmente não-governamentais. Há margens de experimentação de novos modos de fazer política.

Nessa experiência, teoria e prática (cognição e atividade comunicacional) reúnem-se para realizar a "operação soberana" que Bataille identificava com a produção artística, mas que agora revela-se eticamente oportuna a uma posição de soberania do indivíduo diante da nova ordem tecnológica que, a reboque do mercado, lhe expropria progressivamente saberes e memória. Isto já se verifica, ainda que timidamente, nos novos tipos de ação coletiva que incluem mídia, partidos, sindicatos e entidades civis (ONGs, associações de natureza diversa) em busca de uma renovação da luta política.

A questão fundamental de uma ciência da comunicação, a vinculação humana, implica uma interrogação crucial (ético-política) sobre o além do puro mercantilismo do mercado e sobre as possibilidades de reorientação crítica das teletecnologias na direção dos imperativos de responsabilidade humana para com as marcas de sua singularização. Isto implica, em termos práticos, *pensar não midiaticamente* (uma vez que o pensamento da mídia não pode ser exclusivamente midiático e, por certo, também não apenas acadêmico) e pesquisar os caminhos políticos de abertura existencial para o homem contemporâneo, a quem se tenta dar a impressão de que tudo está dito pela técnica ou de que o futuro já chegou.

Bibliografia seleta

AGAMBEN, Giorgio. *O poder soberano e a vida nua – Homo sacer*. Presença, 1988.

—. *La communauté qui vient – Théorie de la singularité quelconque*. Seuil, 1980.

ALQUIE, Ferdinand. *Le desir d'éternité*. Quadrige/PUF, 1992.

ARISTÓTELES. *Ética Nicomaquea*. Gredos, Biblioteca Clássica, 1988.

—. Rhétorique. *Livre de poche*, 1991.

ATTALI, Jacques. *Lignes d'horizon*. Fayard, 1990.

—. *Pour un modèle européen d'enseignement supérieur*. Stock, 1998.

AUGER, Pierre. *L'homme microscopique*. Flammarion, 1952.

BARBERO, Jesus Martin. *Dos meios às mediações, comunicação, cultura e hegemonia*. Ed. UFRJ, 1998.

BARCELLONA, Pietro. *Postmodernidad y comunidad – El regreso de la vinculación social*. Trotta, 1992.

BARTHES, Roland. *O óbvio e o obtuso*. Edições 70, 1984.

BATISTA, Rosalis & BATISTA, Oduvaldo. *Compromisso com a verdade – Meio século de jornalismo*. Universitária UFPB, 1999.

BAUDRILLARD, Jean. *A sociedade de consumo*. Elfos, 1995.

—. *Pour une critique de l'économie politique du signe*. Gallimard, 1972.

—. *Le miroir de la production*. Galilée, 1985.

—. *L'échange symbolique et la mort*. Gallimard, 1976.

—. *De la séduction*. Galilée, 1979.

—. *Simulacres et simulation*. Galilée, 1985.

—. *L'échange Impossible*. Galilée, 1999.

BAUMAN, Zygmunt. *O mal-estar da pós-modernidade*. Zahar, 1998.

—. *Globalização – As conseqüências humanas*. Zahar, 1999.

BERGSON, Henri. *Les deux sources de la morale et de la religión*. Oeuvres, PUF, 1970.

BOUGNOUX, D. *Sciences de l'information et de la communication – Textes essentiels*. Larousse, 1993.

BRENTANO, von Franz. *Psychologie vom empirischen standpunkt*. Leipzig, Verlag von Meiner, 1924.

BUISINE, Alain. *L'ange et la souris*. Zulma, 1997.

BURKE, James & ORNSTEIN, Robert. *O presente do fazedor de machados – Os dois gumes da história da cultura humana*. Bertrand, 1999.

CASTELLS, M. & IPOLA, E.P. *Epistemologia e Ciências Sociais*. Afrontamento, 1973.

CERTEAU, Michel de. *A invenção do cotidiano – Artes de fazer*. Vozes, 1994.

CHAMPAGNE, Patrick. *Formar a opinião – O novo jogo político*. Vozes, 1988.

CHARDIN, Teilhard de. *L'avenir de l'homme*. Seuil, 1962.

DAWKINS, Richard. *O gene egoísta*. Itatiaia, 1989.

DEBORD, Guy. *A sociedade do espetáculo*. Contraponto, 1997.

DE FLEUR, Melvin & BALL-ROKEACH, Sandra. *Teoria da comunicação de massa*. Zahar, 1995.

DELEUZE, Gilles. *Cinéma 2 – L'image-temps*. Minuit, 1985.

DERRIDA, Jacques & STIEGLER, Bernard. *Ecografias de la Televisión*. Eudeba, 1998.

DIZARD, Wilson. *A nova mídia – A comunicação de massa na era da informação*. Zahar, 1998.

DRUCKER, Peter. *Sociedade pós-capitalista*. Pioneira, 1995.

ECO, Umberto. *Kant e o ornitorrinco*. Record, 1997.

EDELMAN, G. *Biologia da consciência*. Instituto Piaget, 1995.

ESPOSITO, Roberto. *Communitas – Origine et destin de la communauté*. Collège Internationale de Philosophie, PUF, 2000.

FEYERABEND, Paul. *Contra o método*. Francisco Alves, 1975.

FORD, Aníbal. *La marca de la bestia – Identificación, desigualdades e infoentretenimiento en la sociedad contemporánea*. Norma, 1999.

GARNHAM, Nicholas. *La economia política de la comunicación – El caso de la televisión. Telos – Cuadernos de comunicación, Tecnología y Sociedad*, 1991.

—. *Emancipation, the media and the modernity*. Québec, 1999.

GIANNOTTI, J.A. *Certa herança marxista*. Companhia das Letras, 2000.

GIDDENS, A. Une théorie critique de la modernité avancée. *In:* AUDET, Michel & BOUCHIKHI, Hamid (org.), *Structuration du social et modernité avancée*. PUL, Québec.

GRIPSRUD, J. (ed.). Media and Knowledge – The role of television. *Working papers*, n. 2, Noruega, University of Bergen, 1996.

GUILLAUME, Marc. *Le contagion des passions*. Plon, 1989.

HABERMAS, Jürgen. *Mudança estrutural da esfera pública*. Tempo Brasileiro, 1984.

—. *Consciência moral e agir comunicativo*. Tempo Brasileiro, 1989.

HARTMANN, Nicolai. *Ethics* – 3 v. Norwich, Jarrold and Sons Limited, 1950.

HEGEL, G.W.F. *Fenomenologia do espírito*. Vozes, 1994.

HEIDEGGER, Martin. *Was Heisst Denken?* Tübingen: Niemeyer Verlag, 1984.

—. Brief Über den Humanismus. *Gesamtsausgabe*, 9.

—. *Língua de tradição e língua técnica*. Paragens, 1995.

—. *Ser e Tempo*, 2 v. Vozes, 1993.

—. *Estúdios sobre mística medieval*. Fondo de Cultura Económica, 1997.

HERRIGEL, Eugen. *A arte cavalheiresca do arqueiro zen*. Pensamento, 1983.

HUME, David. *Investigação sobre o entendimento humano*. Unesp, 1999.

JACOBELLI, Jader. *La realtà del virtuale*. Laterza, 1988.

JAEGER, Werner. *Paideia – A formação do homem grego*. Herder, 1969.

JASPERS, Karl. *Psicopatologia geral – Psicologia compreensiva, explicativa e fenomenológica*. Livraria Atheneu, 2 v., 1979.

JAYNES, Julian. *The origin of consciousness in the breakdown of the bicameral mind*. University of Toronto Press, 1976.

JEUDY, Henri-Pierre. *Sciences sociales et democratie*. Circé, 1997.

JOLIVALT, Bernard. *La realite virtuelle*. PUF, Coll. Que Sais-Je? n. 3037.

JONAS, Hans. *Pour une éthique du futur*. Payot & Rivages, 1998.

KANT, I. *Critique de la raison pratique*. PUF, 1965.

—. *Fondements de la métaphysique des moeurs*. Delagrave, 1966.

—. *Métaphysique des moeurs*, I-II. Vrin, 1968.

KANTOROWICZ, Ernst. *Les deux corps du roi – Essai sur la théologie politique au moyen âge*. Gallimard, 1989.

KERCKOVE, D. *A pele da cultura*. Relógio d'Água, 1997.

KIERKEGAARD, Soren. *The present time*. Harper Torchbooks, 1962.

KROKER, Arthur & WEINSTEIN, Michael A. *Data Trash – The theory of the virtual class*. New World Perspectives, 1994.

LÉVY, Pierre. *As tecnologias da inteligência*. Ed. 34, 1995.

—. *A máquina universo – Criação, cognição e cultura*. Artmed, 1988.

—. *O que é o virtual?* Ed. 34, 1996.

LIMA, Venício. Televisão e política – Hipótese sobre a eleição presidencial de 1989. *Revista Comunicação & Política*, n. 11, 1990.

LYOTARD, Jean-François. *Le différend*. Minuit, 1983.

MAC COMB, M. & SHAW, Donald. The Agenda-Setting Function of Mass-Media. *In: Public Opinion Quarterly*, 36, 72.

MacINTYRE, Alasdair. *Dopo la virtù*. Feltrinelli, 1993.

MATTELART, Armand & Michèle. *Histoire des Théories de la Communication*. La Découverte, 1999.

McLUHAN, Marshall. *Os meios de comunicação como extensão do homem*. Cultrix, 1979.

MIDDLETON & EDWARDS. *Collective remembering*. Sage, 1999.

MORIN, Edgar. *O método – 4. As idéias: habitat, vida, costumes, organização*. Sulina, 1998.

—. *O método – 3. O conhecimento do conhecimento*. Sulina, 1999.

MURRAY, Janet H. *Hamlet on the holodeck: The future of narrative in cyberspace*. The Free Press, 1977.

NIETZSCHE, F. *La généalogie de la morale.* Gallimard, 1987.

— *Ainsi parlait Zarathoustra.* UGE, 1972.

OLIVEIRA, Manfredo Araujo de. *Ética e racionalidade moderna.* Loyola, 1993.

ORTEGA Y GASSET, José. Ideas y creencias. *Revista de Occidente,* Madrid, 1965.

PAIVA, Raquel. *O espírito comum – Comunidade, mídia e globalismo.* Vozes, 1998.

—. *Histeria na mídia – A simulação da sexualidade na era digital.* Mauad, 2000.

PARENTE, André. *O virtual e o hipertextual.* Pazulin, 1999.

PERNIOLA, Mario. *Disgusti – Le nuove tendenze estetiche.* Costa & Nolan, 1999.

PESSOA, Fernando. *Textos filosóficos.* Ática, 2 v., 1968.

PLATÃO. *Obras completas.* Aguilar, 1972.

PONTARA, Giuliano. *Breviario per un'etica quotidiana – Bene individuale, utilità colletiva.* Nuova Pratiche Editrice, 1998.

REQUENA, Jesus Gonzalez. *El discurso televisivo: espectáculo de la posmodernidad.* Catedra, 1995.

RICOEUR, Paul. *La métaphore vive.* Seuil, 1975.

—. *Du texte à l'action.* Seuil, 1986.

—. *Soi-même comme um autre.* Seuil, 1990.

—. *Temps et récit III.* Seuil, 1985.

SALAUN, Jean-Michel. *A qui appartient la télévision?* Aubier, 1989.

SANTAELLA, Lúcia. *Metodologia semiótica (fundamentos).* USP, 1993. [Tese de Livre-docência.]

SCHELER, Max. Ética – Nuevo ensayo de fundamentación de un pensamento ético. *Revista de Occidente*, Buenos Aires, 1948.

SCHMITT, C. *Le categorie del político*. Bolonia, 1988.

SCHUMPETER, Joseph. *Capitalisme, socialisme et démocratie*. Payot, 1965.

SENNET, Richard. *A corrosão do caráter – Conseqüências pessoais do trabalho no novo capitalismo*. Record, 1999.

SFEZ, Lucien. *Crítica da comunicação*. Loyola, 1995.

SIMONDON, Gilbert. *Du mode d'existence des objets techniques*. Aubier, 1958.

SLOTERDIJK, Peter. *Règles pour le parc humain*. Éditions Mille et Une Nuits, 2000.

SODRÉ, Muniz. *A máquina de Narciso – Televisão, indivíduo e poder*. Cortez, 1990.

TAYLOR, Charles. *Multiculturalismo – Lotte per il riconoscimento*. Feltrinelli, 1998.

THOMPSON, John B. *A mídia e a modernidade – Uma teoria social da mídia*. Vozes, 1998.

TURKLE, Sherry. *La vida en la pantalla – La construcción de la identidad en la era de Internet*. Paidós, 1997.

UEXKÜLL, J.V. *Mondes Animaux, Monde Humain*. Gonthier, 1965.

VERÓN, Eliseo. *Semiosis de lo ideológico y del poder – La mediatización*. Universidad de Buenos Aires, Oficina de Publicaciones del CBC, 1995.

WITTGENSTEIN, L. *Tratactus lógico-philosophicus*. Gallimard, 1986.

—. *Conférence sur l'éthique*. Gallimard, 1971.

WUNENBURGER, Jean-Jacques. *Questions d'éthique*. PUF, 1993.

ZYLBERBERG, Jacques (org.). *Masses et postmodernité*. Klincksieck, 1986.

ZYMAN, Sergio. *O fim do marketing como nós conhecemos*. Campus, 1999.

esafortunados
David Snow e Leon Anderson
esorganizando o consenso
Fernando Haddad (org.)
iccionario de bolso do almanaque philosophico zero à esquerda
Paulo Eduardo Arantes
s direitos do Antivalor
Francisco de Oliveira
m defesa do socialismo
Fernando Haddad
stados e moedas no desenvolvimento das nações
José Luís Fiori (org.)
eopolítica do caos
Ignacio Ramonet
lobalização em questão
Paul Hirst e Grahame Thompson
uy Debord
Anselm Jappe
ilusão do desenvolvimento
Giovanni Arrighi
erbert Marcuse – A grande recusa hoje
Isabel Loureiro (org.)
s metamorfoses da questão social
Robert Castel
método Brecht
Fredrich Jameson
s moedeiros falsos
José Luís Fiori
s novos cães de guarda
Serge Halimi
oder e dinheiro – Uma economia política da globalização
Maria da Conceição Tavares e José Luís Fiori (orgs.)
s sentidos da Democracia – Políticas do dissenso e a hegemonia global
Equipe de Pesquisadores do Núcleo de Estudos dos Direitos da Cidadania – Nedic
nta o drama
Iná Camargo Costa
s últimos combates
Robert Kurz
na utopia militante – Repensando o socialismo
Paul Singer
cidade do pensamento único – Desmanchando consensos
Otília Arantes, Carlos Vainer e Ermínia Maricato
m tudo que é sólido desmancha no ar – Ensaios de peso
Jorge Miguel Marinho
asil no espaço
José Luís Fiori
opiratraria
Vandana Shiva
cultura do dinheiro
Fredric Jameson
larização mundial e cresci[illegible]
José Luís Fiori (org.)
teoria da revolução no jovem Marx
Michael Löwy
des-ordem na periferia
Andreas Novy

coleção zero à esquerda

Coordenadores

Paulo Arantes
Iná Camargo Costa

EDITORA
VOZES

SEDE E SHOWROOM

PETRÓPOLIS, RJ
Internet: http://www.vozes.com.br
(25689-900) Rua Frei Luís, 100
Caixa Postal 90023
Tel.: (0xx24) 2233-9000
Fax: (0xx24) 2231-4676
E-mail: vendas@vozes.com.br

UNIDADE DE VENDA NO EXTERIOR

PORTUGAL
Av. 5 de Outubro, 23
R/C 1050-047 Lisboa
Tel.: (00xx351 21) 355-1127
Fax: (00xx351 21) 355-1128
E-mail: vozes@mail.telepac.pt

UNIDADES DE VENDA NO BRASIL

BELO HORIZONTE, MG
Atacado e varejo
(30130-170) Rua Sergipe, 120 – loja 1
Tel.: (0xx31) 3226-9010
Fax: (0xx31) 3222-7797
Varejo
(30190-060) Rua Tupis, 114
Tel.: (0xx31) 3273-2538
Fax: (0xx31) 3222-4482

BRASÍLIA, DF
Atacado e varejo
(70730-516) SCLR/Norte, Q. 704, Bl. A, nº 15
Tel.: (0xx61) 3326-2436
Fax: (0xx61) 3326-2282

CAMPINAS, SP
Varejo
(13015-002) Rua Br. de Jaguara, 1097
Telefax: (0xx19) 3231-1323

CUIABÁ, MT
Atacado e varejo
(78005-970) Rua Antônio Maria Coelho, 197 A
Tel.: (0xx65) 3623-5307
Fax: (0xx65) 3623-5186

CURITIBA, PR
Atacado
(80220-040) Rua Pamphilo D'Assumpção, 554 – Rebouças
Tel.: (0xx41) 3333-9812
Fax: (0xx41) 3332-5115
Varejo
(80010-050) Rua Emiliano Perneta, 332 – loja A – Centro
Tel.: (0xx41) 3233-1392
Fax: (0xx41) 3224-1442

FLORIANÓPOLIS, SC
Atacado e varejo
(88010-030) Rua Jerônimo Coelho, 308
Tel.: (0xx48) 3222-4112
Fax: (0xx48) 3222-1052

FORTALEZA, CE
Atacado e varejo
(60025-100) Rua Major Facundo, 730
Tel.: (0xx85) 3231-9321
Fax: (0xx85) 3221-4238

GOIÂNIA, GO
Atacado e varejo
(74023-010) Rua 3, nº 291
Tel.: (0xx62) 3225-3077
Fax: (0xx62) 3225-3994

JUIZ DE FORA, MG
Atacado e varejo
(36010-041) Rua Espírito Santo, 963
Tel.: (0xx32) 3215-9050
Fax: (0xx32) 3215-8061

LONDRINA, PR
Atacado e varejo
(86010-160) Rua Senador Souza Naves, 158 C
Tel.: (0xx43) 3337-3129
Fax: (0xx43) 3325-7167

MANAUS, AM
Atacado e varejo
(69010-230) Rua Costa Azevedo, 105 – Centro
Tel.: (0xx92) 3232-5777
Fax: (0xx92) 3233-0154

PETRÓPOLIS, RJ
Varejo
(25620-001) Rua do Imperador, 834 – Centro
Telefax: (0xx24) 2246-5552

PORTO ALEGRE, RS
Atacado e varejo
(90010-273) Rua Riachuelo, 1280
Tel.: (0xx51) 3226-3911 e 3225-4879
Fax: (0xx51) 3226-3710

RECIFE, PE
Atacado e varejo
(50050-410) Rua do Príncipe, 482
Tel.: (0xx81) 3423-4100
Fax: (0xx81) 3423-7575

RIO DE JANEIRO, RJ
Atacado
(20031-143) Rua México, 174 – sobreloja – Centro
Tel.: (0xx21) 2215-6386
Fax: (0xx21) 2533-8358
Varejo
(20031-143) Rua México, 174 – Centro
Tel.: (0xx21) 2215-0110
Fax: (0xx21) 2533-8358

SALVADOR, BA
Atacado e varejo
(40060-410) Rua Carlos Gomes, 698 A
Tel.: (0xx71) 3329-5466
Fax: (0xx71) 3329-4749

SÃO PAULO, SP
Atacado
(03168-010) Rua dos Trilhos, 623/627 – Moóca
Tel.: (0xx11) 6693-7944
Fax: (0xx11) 6693-7355
Varejo
(01006-000) Rua Senador Feijó, 168
Tel.: (0xx11) 3105-7144
Fax: (0xx11) 3107-7948
Varejo
(01414-000) Rua Haddock Lobo, 360
Tel.: (0xx11) 3256-0611
Fax: (0xx11) 3258-2841

PARCERIAS

APARECIDA, SP
Varejo
Amanda Carine Chagas Arneiro – ME
(12570-000) Centro de Apoio aos Romeiros, Setor "A", Asa "Oeste"
Rua 02 e 03 – lojas 111/112 e 113/114
Telefax: (0xx12) 3104-1117

BOA VISTA, RR
Varejo
Nepomuceno e Padilha Com. de Livros Ltda. – ME
(69301-110) Av. Major Williams, 5408 – Centro
Telefax: (0xx95) 624-1221 e 224-6047

CAMPOS DOS GOITACAZES, RJ
Varejo
W.T. Castro Livraria e Papelaria Ltda
(28027-140) Rua Visconde de Itaboraí, 169 – Parque Rosário
Tel.: (0xx22) 2735-0003 e 2733-0967
Fax: (0xx22) 2733-0807

SÃO LUÍS, MA
Varejo
J.M.F. de Lira Comércio e Representações de Livros e Artigos Religiosos
(65010-440) Rua da Palma, 502 – Centro
Tel.: (0xx98) 3221-0715
Fax: (0xx98) 3231-0641

xx – CÓDIGO DAS PRESTADORAS DE SERVIÇOS TELEFÔNICOS PARA LONGA DISTÂNCIA.